Antidoti

Originariamente pubblicato negli Stati Uniti d'America da Public Affairs™,
un membro del Perseus Books Group.

Per la Prefazione all'edizione italiana:
© 2008 Charles R. Morris

Per l'Introduzione:
© 2008 Luigi Spaventa

Titolo originale: The Trillion Dollar Meltdown:
Easy Money, High Rollers, and the Great Credit Crash

Traduzione dall'inglese di Renato Spaventa e Fabio Bernabei

I edizione ottobre 2008
© 2008 Elliot Edizioni s.r.l.
via Isonzo 34, 00198 Roma
Tutti i diritti riservati

Cover design. Illustrazione: Maurizio Ceccato | IFIX project

ISBN 978-88-6192-070-5

info@elliotedizioni.it
www.elliotedizioni.it
www.myspace.com/elliotedizioni

Charles R. Morris

CRACK

Come siamo arrivati al collasso del mercato e cosa ci riserva il futuro

Introduzione di Luigi Spaventa

Traduzione di Renato Spaventa e Fabio Bernabei

elliot

Charles R. Morris

CRACK

Come siamo arrivati al collasso del mercato
e cosa ci riserva il futuro

Introduzione di Luigi Spaventa

Traduzione di Renato Spaventa e Fabio Bernabei

elliot

INDICE

INDICE

Introduzione

1. Quando, circa otto mesi fa, lessi il libro di Charles Morris nella sua edizione originale, lo apprezzai anche per la vivacità e per l'accattivante efficacia dell'esposizione; ma mi parve che nelle sue tinte un po' forti peccasse forse di eccessivo pessimismo. Mal sapevo… Ricordiamo e completiamo il conto che lo stesso autore fa nella prefazione all'edizione italiana. Dopo Bear Stearns, due massime banche d'affari americane hanno cessato di esistere: l'una, Lehman, perché lasciata finire in certificata bancarotta, l'altra, Merrill Lynch, che per evitare lo stesso fato si è lasciata assorbire da un altro istituto. I due mitici giganti del mercato americano del credito fondiario, Fannie Mae e Freddie Mac, sono stati posti in amministrazione pubblica, così svelando che la forma privata da essi assunta serviva a distribuire profitti a manager e azionisti, ma non a sopportare le perdite di una incauta gestione. La massima compagnia di assicurazioni del mondo e due grandi istituzioni bancarie hanno fatto la stessa fine. Il male americano ha contagiato non solo l'Inghilterra, che, solidalmente anglosassone, ha sofferto per prima della malattia di oltre Atlantico, ma anche l'Europa continentale. Si è arrestata la circolazione del credito a breve, con i tassi di mercato moneta-

rio a livelli di record assoluto; sono crollate le borse e la volatilità ha toccato massimi storici. Le banche centrali, divenute prestatrici "di sola istanza", hanno dovuto accettare in garanzia carta di ogni specie e di dubbia qualità; si è dovuta offrire garanzia pubblica non solo ai depositi, ma, di fatto, a tutte le passività delle banche, anche a medio termine. Si è previsto il trasferimento al settore pubblico di attività finanziarie illiquide, di cui gli istituti bancari non riuscivano a sbarazzarsi. Il segretario al Tesoro americano, nato in Goldman Sachs, è stato costretto a imporre alle maggiori banche una partecipazione dello Stato per ricapitalizzarle; per la stessa ragione, in molte banche europee lo Stato è divenuto azionista, in alcuni casi totalitario (in ABN, la costola olandese di Fortis) o maggioritario (in Royal Bank of Scotland).

In definitiva sono andati in fumo ben più dei mille miliardi evocati nel titolo dell'edizione originale. E in tutto il mondo industrializzato, non solo negli Stati Uniti, si è consolidata una recessione, che rischia ora di scivolare in depressione. Scritto oggi, il libro di Morris avrebbe tinte ben più fosche.

2. Nel libro si intrecciano e si connettono due vene espositive. Una è l'anatomia della crisi, nelle sue cause prossime e nei modi in cui si è dispiegata. Si tratta di questioni, che per quanto semplificate, conservano una connotazione tecnica, esigendo dal lettore un po' di paziente applicazione (con l'ausilio dell'utile glossario dell'edizione italiana). Vi

recita' parte prevalente d'innovazione finanziaria nella sua fisiologia utile mezzo per accompagnare e favorire lo sviluppo economico, perché offre nuove opportunità di investimento e di diversificazione dei rischi; ma divenuta strumento di ogni licenza, in quel Far West senza regole che, soprattutto negli Stati Uniti, era diventato il settore finanziario nell'ultimo decennio (prefazione all'edizione italiana).

Tuttavia, la degenerazione dell'innovazione finanziaria non può da sola spiegare e far comprendere una crisi grave come quella che oggi viviamo, ben più grave di quelle che con frequenza crescente si sono succedute sin dagli anni Settanta del secolo scorso. Al di là dell'analisi della nuova finanza, Morris individua le cause profonde di essa nelle politiche perseguite negli Stati Uniti (dunque nella nazione che ospita il maggior centro finanziario del mondo), nelle ideologie che le hanno ispirate, nello squilibrio economico di base che ne è derivato. "Stiamo assistendo agli ultimi giorni di un altro ciclo politico-ideologico durato venticinque anni il cantolo del capitalismo finanziario selvaggio, di stampo Scuola di Chicago, che si è inserito nel vuoto creato negli anni Settanta dal crollo del modello keynesiano-liberal" così, al capitolo 7, un autore che, ammiratore di Reagan e della stretta monetaria di Volcker, non è certo un estremista radicale. Nel corso di questo ciclo gli americani hanno cessato di risparmiare e si sono illusi, come altre volte in passato, che il resto del mondo potesse finanziare in perpetuo i loro eccessi di spesa privata non che pubblica. Negli anni recenti vi hanno prov-

veduto, in abbondanza e con apparente facilità, l'eccedenza di risparmio dei paesi emergenti e segnatamente
della Cina. "Per un decennio abbiamo goduto di una
prosperità fallace, resa possibile da un continuo turbinio
di denaro, che è servito ad assecondare una sbornia consumistica finanziata dai debiti e favorita dalle importazioni"
(prefazione all'edizione italiana). L'espressione è forse un
po' forte, ma ci ricorda che l'instabilità finanziaria affon-
da le sue radici negli squilibri dell'economia reale.

Questa crisi, infatti, si manifesta negli effetti dirom-
penti di una riduzione forzata e disordinata dell'indebitamento, che riguarda anzitutto i bilanci degli intermediari
finanziari e, alla fine, la circolazione del credito erogato
all'economia. Ne sono al centro i paesi, soprattutto anglo-
sassoni, con i maggiori squilibri interni ed esterni; ma la
diffusione è globale, perché si trovano in quei paesi le capitali di una finanza che non conosce confini.

3. In una lunga esperienza storica quasi tutte le crisi
finanziarie (da sempre avvenute e che sempre avverran-
no) sono accompagnate e precedute da un'espansione
anomala del credito. Quella di oggi non solo non è eccezione a questa regolarità, ma ne rappresenta l'esempio più
evidente e clamoroso. Negli anni recenti, in una situazione permissiva di elevata liquidità, di bassi tassi d'interesse, di inflazione moderata e di buona crescita economica,
il credito è aumentato a un ritmo straordinario, in assoluto e rispetto all'aumento del prodotto reale. La domanda

di credito è stata alimentata da una noncuranza per il rischio da parte degli investitori, che si manifestava non solo in un maggiore "appetito" per investimenti ad alto rendimento e perciò meno sicuri, ma ancor più in una valutazione ottimistica, consapevole o inconsapevole, dei rischi che vi erano insiti, da quello di insolvenza a quello di illiquidità. L'altra faccia dell'aumento del credito è l'aumento dell'indebitamento, che ha determinato un gonfiamento delle poste attive e passive dei bilanci degli intermediari e, insieme alla maggiore propensione al rischio, un eccezionale aumento del *leverage* del sistema, inteso non solo come rapporto fra indebitamento e capitale ma anche nel senso più generale di esposizione a eventi sfavorevoli.

Quando un evento siffatto si verifica – razionalmente prevedibile ma irrazionalmente imprevisto, come la caduta del prezzo delle case negli Stati Uniti e la conseguente impennata delle insolvenze sui mutui fondiari americani di peggiore qualità (i cosiddetti *subprime*) – si innesca un processo disordinato di *deleveraging*, tanto più rovinoso e diffuso, quanto più impetuosa e incontrollata era stata la crescita dell'indebitamento e dell'esposizione al rischio. Si manifestano pesanti perdite nelle poste all'attivo degli intermediari, di cui viene intaccato il capitale; quando quelle poste consistano di strumenti finanziari illiquidi – oggi le obbligazioni rappresentative del credito fondiario – il tentativo di venderle provoca ulteriori cadute dei prezzi; il rinnovo dell'indebitamento richiede un aumento dei margini sui titoli offerti in garanzia e ora svalutati; la provvista di fondi può addirittura essiccarsi quando il finanziamento avvenga con carta a breve sul mercato. In conseguenza, i bilanci delle banche, prima gonfiati, devono ora rattrappirsi all'improvviso. La situazione si aggrava quando è ignota la distribuzione dei rischi fra gli operatori finanziari del sistema: questa incertezza induce a diffidenza ogni operatore verso ciascuna controparte, nel timore che questa possa rivelarsi insolvente nel rispetto dei propri impegni. Non fidandosi gli intermediari l'uno dell'altro, si arresta anche il mercato dei fondi interbancari che, in condizioni normali, provvede all'olio necessario per il funzionamento del motore del sistema finanziario. Il trasferimento dei crediti dalle banche che li avevano originati a una miriade di prenditori terzi, nella forma di complesse obbligazioni strutturate, e lo sviluppo negli anni di credito facile di un cosiddetto "sistema finanziario ombra", formato da entità non regolate e da veicoli che le banche creavano fuori dai propri bilanci, hanno reso massima quella incertezza. Tale vuoto informativo a livello di sistema ha accelerato il *feedback* fra caduta del valore dell'attivo, inaridimento delle fonti di finanziamento, caduta della liquidità, perdite delle banche e sopravvenuta insufficienza del loro capitale.

Questo processo, che moltiplica le conseguenze dell'evento scatenante (dopo tutto le perdite derivate dalle insolvenze dei mutui *subprime* non erano gran cosa rispetto alle dimensioni del mercato finanziario globale), si manifestò già nell'agosto del 2007; dopo aver moderato i ritmi, ebbe una fase acuta nei primi mesi del 2008; ha assunto natura violenta e distruttiva dal settembre dello stesso anno.

4. Se il fenomeno si esaurisse all'interno del settore finanziario, i danni potrebbero essere contenuti, come la constatazione che il grosso della crescita del debito negli ultimi anni era avvenuto soprattutto all'interno del settore finanziario (in quella che è stata definita una grande e costosa lotteria per i propri partecipanti) faceva sperare all'inizio. Ma quando il processo di *deleveraging* si accelera e si trasmette dall'una all'altra istituzione finanziaria, divengono inevitabili conseguenze pesanti sull'economia reale delle imprese e delle famiglie; e queste conseguenze possono a loro volta aggravare le condizioni del settore finanziario. Il primo canale di trasmissione, negli Stati Uniti, ma anche in altri paesi in cui era stata più vivace l'espansione del credito fondiario, è stato quello dell'edilizia residenziale: caduta del prezzo delle case; impossibilità di rifinanziare i mutui; insolvenze; immobili dei debitori insolventi messi sul mercato e ulteriore eccesso di offerta con ulteriore riduzione dei prezzi; impoverimento delle famiglie con possibile effetto sui consumi; caduta dell'edilizia residenziale. Ma ormai si è aperto un altro canale, che rende la trasmissione della crisi finanziaria più potente e dannosa. Si tratta del *credit crunch*, ossia di una stretta creditizia generalizzata.

Le banche colpite dalle perdite hanno due modi per restaurare le condizioni di adeguatezza patrimoniale prescritte dalle regole e dalla prudenza. Possono aumentare il proprio capitale. Ma in condizioni di sofferenza e di perdite effettive o potenziali (o comunque di forte calo della redditività) è difficile o impossibile trovare soggetti pronti ad investire: quei fondi sovrani che intervennero per ricapitalizzare alcune banche americane fra fine 2007 e inizio 2008 ancora si leccano le ferite dopo che le stesse banche furono costrette a rivelare sempre nuove e sempre maggiori perdite. L'altra via aperta alle banche è quella di ridurre il valore del proprio attivo tagliando il credito a imprese e famiglie. Le conseguenze, quali già oggi si manifestano, possono essere particolarmente pesanti. Mancando il normale affidamento creditizio, imprese anche sane si possono trovare in situazione di insolvenza verso i fornitori; certamente devono rinunciare agli investimenti progettati. Si riduce la provvista di mutui fondiari alle famiglie. Le conseguenze si diffondono sul sistema. Le difficoltà delle famiglie, e soprattutto delle imprese, si ripercuotono sulle banche, aumentandone le sofferenze.

5. Ci si poteva attendere che, sulla scorta di tante precedenti esperienze e soprattutto di quella degli anni Trenta del secolo scorso, il presidio pubblico offerto dal sistema delle regole e delle istituzioni di vigilanza avrebbe impedito l'erompere di una crisi finanziaria di tale portata. Come mai ciò non è avvenuto? La domanda riguarda soprattutto gli Stati Uniti, perché quello è il paese ove scoppia la crisi e quello è il paese ove si sono manifestate

le condizioni che l'hanno provocata. Gli errori compiuti possono essere attribuiti a colpe gravi della politica e dei regolatori e a clamorose inefficienze del sistema.

Una fiducia cieca nell'efficienza dei mercati e nella loro capacità di autoregolarsi, nutrita dalle dottrine indicate nel libro di Morris, ispirò sia, a livello macroeconomico, la politica monetaria dell'era Greenspan, sia gli episodi di deregolamentazione (riguardanti soprattutto i derivati e le libertà concesse alle grandi banche d'affari), sia la disattenzione, o addirittura l'esplicita benevolenza, nei confronti di strumenti finanziari sempre più complessi e pertanto sempre meno comprensibili. Si riteneva che gli anni detti della "grande moderazione", con bassa inflazione, alta crescita, liquidità abbondante e credito facile, potessero continuare indefinitamente, sino a configurare un mondo nuovo da cui parevano rimossi i vincoli di bilancio. L'inefficienza si manifesta nella struttura "balcanizzata" (il termine è del segretario al Tesoro Paulson) del sistema di vigilanza americano: tre autorità che concorrono al controllo della moneta e delle banche commerciali; il controllo delle banche d'affari (che non raccolgono depositi) sottratto alla banca centrale e affidato alla commissione per la regolazione dei mercati (SEC); la competenza sui derivati assegnata a un regolatore separato; supervisione statale frammentata, e non federale, delle imprese di assicurazione e degli istituti di credito fondiario; supervisori catturati dai soggetti regolati per promuoverne gli interessi. L'attività di questa pletora di soggetti ricorda poi il titolo di una vecchia canzone: "non so, non ho visto, se c'ero dormivo". L'esempio più grave è quello della carenza informativa dei controllori, non solo americani, che la crisi ha svelato. Le autorità dopo tutto avevano gli strumenti necessari per fare un po' di luce sul sistema finanziario cresciuto all'ombra delle banche, su cui dovevano vigilare per valutarne l'indebitamento e le posizioni di rischio. Ma i rapporti ufficiali mostrano che ci si preoccupava solo dell'esposizione delle banche agli *hedge funds*, ignorando che quelle banche medesime avevano trovato il modo di eludere i requisiti di stabilità.

Tali questioni, tuttavia, appartengono al passato, oppure a un futuro non vicino – quello in cui il sistema di regolazione dovrà essere radicalmente riformato. Altre questioni, più immediate, riguardano la risposta delle autorità al dispiegarsi della crisi e l'efficacia degli interventi disposti in drammatico crescendo al fine di limitare i danni o quanto meno di impedire un ulteriore aggravamento.

6. Si ritenne all'inizio – comprensibilmente – che il problema principale fosse quello di restituire liquidità in una situazione in cui, sin dall'agosto del 2007, i mercati monetari e del credito a breve si erano paralizzati. Le banche centrali (prima quella europea e con qualche ritardo quella americana) furono pronte nel rendere disponibile al sistema tutta la liquidità necessaria, estendendo la portata delle operazioni di rifinanziamento e rendendone più permissive le regole di ammissione e di garanzia. La

banca centrale americana accompagnò queste operazioni con riduzioni successive dei tassi d'interesse. Non fu sufficiente. Ci si dovette rendere conto che, sin quando i bilanci delle banche erano appesantiti dalla presenza di titoli non vendibili se non a prezzi di saldo e la cui continua perdita di valore si rifletteva sui bilanci, l'interazione fra illiquidità dell'attivo e difficoltà di accesso al finanziamento avrebbe continuato ad operare, erodendo il capitale e provocando rischi di insolvenza. Il che puntualmente avvenne, costringendo le autorità americane sia ad accogliere in garanzia titoli di qualità sempre più dubbia per le operazioni di rifinanziamento a breve, sia a offrire esplicita garanzia sui debiti della banca d'affari Bear Stearns, per consentirne l'acquisizione, e il salvataggio, da parte di una più forte consorella. Da allora, e fino ai giorni recenti, si è continuato a reagire caso per caso, senza avere l'immaginazione e l'audacia di elaborare un piano di sistemazione a lungo termine. Le difficoltà in conseguenza si sono continuamente aggravate, sino a investire l'intero sistema. Nel settembre scorso, il Tesoro e le autorità monetarie degli Stati Uniti consentirono, inesplicabilmente, che Lehman, una banca d'affari ben più grande ed esposta di Bear Stearns, andasse in bancarotta; poco dopo, il Congresso degli Stati Uniti bocciò in prima lettura un piano di pulizia dei bilanci delle banche, con il riacquisto dei titoli compromessi, che il segretario al Tesoro aveva finalmente, ma tardivamente, elaborato. In ricaduta di questi due eventi (e di altri episodi di insolvenze e di salvataggi) la crisi ha avuto un improvvisa accelerazione, estendendosi all'Europa e minacciando la stabilità dell'intero settore finanziario. Si è dovuto riconoscere che solo un massiccio intervento degli Stati avrebbe potuto offrire risposta adeguata.

Dall'epoca della grande depressione mai vi era stato un tale dispiego di intervento pubblico: singolare coronamento di un'era che aveva visto una continua ritirata non solo dello Stato interventista ma anche dello Stato regolatore. Gli interventi disposti sia in Europa (con una commendevole azione comune e coordinata dei principali paesi) sia negli Stati Uniti perseguono due direttrici: un'ampia garanzia pubblica sulle passività delle banche, non solo per tutelare i risparmiatori, ma anche per impedire episodi di panico; una ricapitalizzazione degli istituti in sofferenza con partecipazioni assunte dallo Stato, ove ciò sia necessario per assicurarne l'adeguatezza patrimoniale. Sono misure divenute assolutamente necessarie; resta da chiedersi se siano sufficienti ad arrestare il progresso della crisi.

Anzitutto non si sa ancora se tutte le falle siano state tamponate. La questione principale riguarda le posizioni lasciate aperte dal fallimento di Lehman. Chi aveva venduto protezione su quella banca attraverso *credit default swaps* si trova ora esposto per qualche centinaio di miliardi di dollari: su chi grava questa esposizione? Una seconda questione riguarda la sorte delle assicurazioni sui titoli rappresentativi del credito contro eventi di insolvenza che i compratori di quei titoli avevano acquistato da istituti specializzati ormai liquidati o in difficoltà: se la perdita di valore derivante dal venir meno dell'assicurazione sia completamente emersa.

Il secondo interrogativo riguarda l'efficacia dell'intervento pubblico nel prevenire una pesante stretta creditizia. La possibilità di partecipazione pubblica al capitale garantisce che non si ripetano episodi di insolvenza. Ma le banche, se non costrette, preferiranno non avvalersi di questo paracadute, il cui costo sarebbe una riduzione della propria indipendenza e una diluizione della partecipazione privata. Per evitarne la necessità, rispettando i requisiti di adeguatezza patrimoniale, esse potrebbero essere indotte a contrarre l'erogazione del credito. Se così fosse, il consolidamento del settore finanziario non impedirebbe un aggravamento delle conseguenze recessive sull'economia reale.

7. Conviene spingere lo sguardo più lontano, anche trascurando il disegno delle nuove regole in un sistema riformato e la possibilità di un governo globale della finanza.

Una recessione pare oggi inevitabile. Quanto lunga dovrà essere per eliminare gli squilibri che si sono accumulati? Se, come ritiene Morris, la condizione necessaria per trovare un nuovo equilibrio è l'eliminazione negli Stati Uniti dell'endemico eccesso di spesa rispetto al reddito, con un aumento della propensione al risparmio e una riduzione dell'indebitamento di Stato e famiglie, la risposta dipende solo in parte dal mondo industrializzato, ove pure la crisi si è manifestata. Le conseguenze recessive di una riduzione della spesa nella più grande (per ora) economia del mondo possono essere compensate o quanto meno alleviate solo da una crescita elevata e stabile della domanda interna nei paesi emergenti e soprattutto in Cina. Sinora la crescita di quelle economie è stata trainata dalle esportazioni, e, in contropartita, dalla loro disponibilità a finanziare lo straordinario indebitamento verso l'estero degli Stati Uniti. Per evitare che la recessione si trasformi in una lunga depressione, occorre che in quei paesi si riduca la propensione al risparmio, elevatissima, e aumentino gli investimenti e soprattutto i consumi.

Gli interventi messi in opera e altri che inevitabilmente seguiranno configurano per il settore finanziario una singolare situazione di economia mista: con uno Stato che diviene non solo più occhiuto regolatore, ma addirittura azionista. I ricordi più recenti di situazioni analoghe (soprattutto nella degenerazione del caso italiano) non sono esaltanti. Sapranno gli Stati ritirarsi ordinatamente e soprattutto evitare la tentazione di erigere barriere all'integrazione finanziaria e di mettere voce in scelte industriali? I danni prodotti dalla finanza globale non potrebbero giustificare quelli diversamente ma non meno gravi di un ritorno alla frammentazione nazionalistica e alla protezione.

Per concludere un sommario elenco, questa crisi dovrebbe rappresentare una lezione per gli economisti: dovrebbe loro insegnare a evitare innamoramenti dottrinari e a rifuggire dalle ambizioni luciferine nutrite da teorie raffinate, che non si confrontano con una realtà dei mercati diversa dall'immagine che esse ne danno. Negli anni Settanta dello scorso secolo la teoria economica compì una svolta ad U: la ragionevole e fondata critica della vulgata keynesiana si trasformò in una negazione radicale anche di quanto si poteva apprendere da Keynes e da altri economisti lasciati fuori dal *mainstream*: non tanto per gli strumenti di analisi, quanto per la percezione che il mercato, insieme a indubbi benefici, genera anche squilibri che non trovano spiegazione soddisfacente nelle rappresentazioni di una modellistica raffinata. Oggi assistiamo a un *revival* sia di Keynes, soprattutto nelle prescrizioni di politica economica, sia di studiosi, dimenticati o trattati con supponenza, come Hyman Minsky, che con pur rozzi mezzi analitici aveva anticipato una interpretazione efficace della crisi che oggi viviamo. Non si tratta certo di compiere un'altra svolta ad U, per tornare al punto di partenza. L'evoluzione della teoria economica negli ultimi trenta anni ci ha dotato di strumenti potenti: essi possono aiutare a comprendere il mondo, ma non sono il mondo.

Luigi Spaventa
ottobre 2008

Prefazione dell'autore all'edizione italiana

Nel settembre 2008 la macchina finanziaria statunitense ha definitivamente deragliato. Dopo una serie ripetuta di salvataggi su più fronti – interventi di cui non si ha memoria dagli anni della Grande Depressione del 1929 – il segretario al Tesoro Henry Paulson e il presidente della Federal Reserve Ben S. Bernanke hanno proposto un maxi piano per acquisire tutte le attività finanziarie colpite dalla crisi che si trovano nelle mani delle banche americane. Il costo stimato è di 700 miliardi di dollari, anche se in realtà, a parere di molti, quello reale sarebbe di 1000 miliardi di dollari. Questa prefazione è stata scritta nel momento in cui il Congresso e l'amministrazione Bush stanno accanitamente dibattendo sia sulla congruità – e qui le posizioni sono diverse – sia sui dettagli dell'operazione di salvataggio.

La possibilità che nascessero seri problemi a causa dei mutui subprime si era palesata a giugno 2007, ed era poi diventata più concreta nell'agosto dello stesso anno. I mutui subprime, convenientemente cartolarizzati, erano stati venduti in tutto il mondo, infettando l'intero sistema creditizio.

Le banche centrali, sia in Europa che negli Stati Uniti,

hanno risposto al panico creatosi nell'agosto 2007 riversando nel sistema fiumi di denaro. Negli Stati Uniti, la Fed ha disposto una decisa riduzione dei tassi che temporaneamente ha tranquillizzato i mercati.

Ciononostante, a ogni trimestre continuavano ad accumularsi perdite su perdite, e si rinnovavano interventi aggressivi a sostegno del sistema finanziario. Le assicurazioni che la crisi era stata contenuta divenivano sempre meno convincenti e l'abisso del collasso appariva sempre più profondo.

Nella primavera del 2008, l'enormità delle perdite ha scatenato una cascata di fallimenti che ha coinvolto alcune delle più grandi istituzioni finanziarie. A marzo, Bear Stearns ha evitato la bancarotta solo grazie al matrimonio forzato con J.P. Morgan. A maggio, la Countrywide Financial, il più grande erogatore americano di mutui ipotecari, è stata salvata da Bank of America. Ad agosto Fannie Mae e Freddie Mac, i giganti dei mutui con un portafoglio di 5000 miliardi di dollari in prestiti ipotecari, sono state di fatto nazionalizzati. È stato uno shock. A settembre, Lehman Bros., un baluardo di Wall Street con centocinquant'anni di storia, è stata lasciata fallire. Poco dopo, lo stesso mese, il gigante assicurativo AIG è riuscito a sopravvivere grazie a un rifinanziamento pubblico che aveva tutto il sapore di una nazionalizzazione. Poi è toccato a WaMu, costretta a fondersi con J.P. Morgan. Merrill Lynch ha avuto il buonsenso di agire senza interventi o pressioni esterne, facendosi incorporare per sua decisione da Bank of America. Con una situazione ormai fuori controllo, con decine di altre banche di grandi e piccole dimensioni sull'orlo del baratro, Paulson e Bernanke sono stati costretti a congegnare frettolosamente un salvataggio senza precedenti.

Ma come è potuto accadere? Tra le aziende fallite o in odore di fallimento figurano i nomi più importanti della finanza. Ciononostante sono state costrette a gettarsi nelle braccia del governo, per essere liquidate, nazionalizzate o costrette ad accettare costose fusioni.

La stretta creditizia e la sofferenza dei grandi istituti di credito riempiono i titoli dei quotidiani. È bene sapere che questi scossoni sono solo i sintomi superficiali di una crisi più profonda dell'economia americana. Finché non saranno affrontate le fondamenta della crisi – e, a ora, nessuno tra coloro che occupano poltrone di rilievo nell'amministrazione in carica, né, se è per questo, i candidati alla futura presidenza, lo ha fatto – la crisi non potrà che continuare.

**

L'aritmetica della crisi è semplice. Dal 2000 al 2007 il totale del PIL degli Stati Uniti – l'insieme dei beni e servizi prodotti – è stato di 925.000 miliardi di dollari al valore corrente. La spesa totale, però, è stata di 970.000 miliardi di dollari, con un eccesso di 45.000 miliardi di dollari, quasi il 5% dell'intero PIL. Quando un paese spende più di quanto produce, la differenza deve essere colmata dall'estero.

L'eccesso di spesa è stato in gran parte alimentato dai consumatori attraverso un maggior ricorso al credito. Infatti, il debito dei consumatori è aumentato di circa 68.000 miliardi di dollari in quel periodo, un debito che aveva a garanzia soprattutto valori immobiliari, nella fattispecie le case. Il potere d'acquisto generato dal valore degli immobili di proprietà – vale a dire le entrate da mutui ipotecari non reinvestite in abitazioni o non impiegate per ripagare i debiti contratti – è stato di circa 42.000 miliardi di dollari, praticamente il valore del deficit commerciale. La capacità di spesa dovuta all'incremento dei prezzi immobiliari è stata, nel periodo 2000-2007, più del 6% del reddito disponibile delle famiglie. Il consumo pro capite in percentuale del PIL è balzato da una media di lungo periodo del 66% al 72% del 2007: il maggior valore mai registrato in qualsiasi luogo e in qualsiasi tempo.

Tutti questi prestiti sono stati possibili perché i prezzi delle case sono più che raddoppiati nel periodo 2000-2005. Questa crescita dei prezzi non è stata guidata da alcun fattore demografico di rilievo. È stata piuttosto costruita ad arte, quasi nella sua interezza, dall'ingegneria finanziaria di Wall Street. Il meccanismo di propagazione del credito è consistito nel "sistema finanziario ombra": hedge fund, banche d'investimento, veicoli fuori bilancio e simili.

All'inizio del 2007, secondo la Federal Reserve Bank di New York, il sistema bancario ombra aveva al suo attivo una quantità di prestiti maggiore dell'intero sistema bancario tradizionale.

Non bisogna sottovalutare quanto in questi primi anni del secondo millennio sia stata sprovveduta, se non peggio, la condotta del settore finanziario, guidato peraltro da alcune delle menti più brillanti del paese. Per iniziare: la leva finanziaria di questo sistema bancario ombra è estremamente elevata, spesso nell'ordine di cento a uno. Gli strumenti finanziari più in auge, come i CDO (Collateralized Debt Obligations), sono molto spesso illiquidi e, alla prova dei fatti, di difficile collocazione sul mercato. Alla fine del 2007, Merrill Lynch aveva nel suo portafoglio commerciale quasi 250 miliardi di dollari in titoli; di questi, solo il 30% aveva un valore determinabile nel mercato. Poi, ad aggravare le cose, c'era l'abitudine di finanziare le posizioni nei mercati a breve, o addirittura sui mercati *overnight* (con **scadenza giornaliera**), creando squilibri terribili di scadenza e di liquidità tra attivi e passivi. Infine, **tutte queste** posizioni ad alta leva finanziaria, illiquide, a breve **termine**, erano costruite sulla base di titoli che per loro stessa natura avevano un alto grado di rischio di insolvenza – soprattutto quelli riferiti a mutui fondiari di bassa qualità.

La predilezione per gli strumenti finanziari costruiti sulla base di mutui ad alto rischio non è un fatto accidentale. Dalla metà del 2004, la politica monetaria espansiva della Fed ha ridotto il rendimento dei mutui di alta qualità, generando quindi guadagni troppo bassi per soddisfare gli appetiti della "finanza strutturata" favorita da Wall Street. Nel 2006 i mutui ipotecari ad alto rischio rappresentavano circa un terzo del totale. Le banche d'investimento, pur di assicurarsi un flusso stabile di questi prodotti, hanno fatto a gara per accaparrarsi i prestiti generati dai mutui subprime.

Fenomeni simili si sono ripetuti, seppure su scala minore, nelle acquisizioni aziendali ad alta leva finanziaria, nella gestione del patrimonio immobiliare non residenziale e nei prestiti per l'acquisto di automobili. Il livello di irresponsabilità è impressionante, ma lo era anche la dimensione dei profitti. Nel 2007, il Dipartimento del Commercio statunitense stimava che il 41% di tutti i profitti aziendali era da attribuirsi al settore finanziario. I regolatori non solo consentirono questo fenomeno, ma lo incoraggiarono attivamente.

La liquidità immessa dallo Stato nel sistema bancario – incluso l'assorbimento "temporaneo" da parte della Fed dei titoli cosiddetti "tossici", i ripetuti salvataggi degli istituti bancari in crisi e il maxi piano d'aiuti di Stato messo in piedi da Paulson e Bernanke – è al momento di circa 2000 miliardi di dollari, cui bisogna aggiungere lo sgravio fiscale di 180 miliardi deciso dall'amministrazione Bush la scorsa primavera nella speranza di incentivare la ripresa economica.

Anche se gli interventi pubblici possono servire a far

tornare il sistema del credito a una parvenza di normalità, è la premessa che sta alla loro base a essere falsa. Le autorità politiche e finanziarie continuano a ripetere che si tratta di problemi "di liquidità". In pratica le banche avrebbero portafogli pieni di asset di buona qualità che non possono trattare sui mercati a causa di un blocco nel funzionamento del sistema monetario. In realtà, non è questo il problema. Le banche sono gonfie di titoli su mutui ipotecari concessi in base a prezzi delle case inflazionati fuor di misura. Il prezzo delle case sta cadendo a picco, e continuerà a cadere fino ad arrivare a una soglia che sia compatibile con il reddito medio delle famiglie e dei consumatori. Questo vale anche per i titoli basati sulle acquisizioni aziendali ad alta leva finanziaria, per i mutui ipotecari non residenziali, per i prestiti per l'acquisto di automobili e per molte altre categorie di credito.

Le bolle finanziarie sono inevitabili. Ciò che rende diabolicamente unica questa crisi è che "l'innovazione finanziaria" ha permesso di convertire istantaneamente la bolla dei mutui ipotecari in una fonte di finanziamento per la spesa dei consumatori, raddoppiando in questo modo l'ammontare del debito. È accaduto così che il valore degli asset è di gran lunga inferiore alla piramide di debiti che è stata costruita sulla loro base. Questo è un problema di solvibilità, non di liquidità. Inondando il sistema con sempre più credito le istituzioni pubbliche rischiano di peggiorare di molto la situazione.

In realtà non c'è una soluzione facile a portata di mano. Per un decennio abbiamo goduto di una prosperità fallace, resa possibile da un continuo turbinio di denaro, che è servito ad assecondare una sbornia consumistica finanziata dai debiti e favorita dalle importazioni: una classica crisi di tipo argentino. Il tasso di risparmio delle famiglie è caduto a zero e il mondo è inondato di dollari.

Per decenni abbiamo pomposamente insegnato alle altre nazioni, dall'alto del nostro pulpito, come far fronte alle sbornie speculative. I consumi devono diminuire, di almeno quattro o cinque punti percentuali del PIL, e i soldi devono essere utilizzati nel risparmio e negli investimenti. Questo sistema finanziario ipertrofico deve fare una drastica cura dimagrante. Dobbiamo ritornare a vendere beni e servizi reali, non pezzi di carta. Gli Stati Uniti sono un paese con grande capacità di recupero, e prima o poi la nazione tornerà a prosperare. Affinché ciò accada, però, è necessario un periodo di drastica recessione: prima lo affronteremo, meglio sarà.

Il ministro delle Finanze tedesco, Peer Steinbrueck, ha detto di recente che la crisi in atto avrà come conseguenza la fine dell'egemonia statunitense in campo finanziario. Steinbrueck ha affermato che gli Stati Uniti sono "l'origine, l'epicentro della crisi... che si è propagata a macchia d'olio avvelenando il mondo".

Entrambe quelle affermazioni sono vere, ed è un peccato. La supremazia finanziaria americana, fin dai giorni del Piano Marshall, è stata un motore di benessere, anche se con episodi temporanei di irresponsabilità, come negli anni Settanta. Ma quest'ultimo episodio è il peggiore di tutti: l'America e il mondo intero ne pagheranno il prezzo ancora per molto tempo.

Charles R. Morris
settembre 2008

Per Charlie-chan

Crack

Prefazione

Il sole splendeva come non mai sui mercati finanziari nella primavera del 2007. Cresceva la spesa al consumo, cresceva il mercato dei titoli di qualità, e i premi per gli investimenti sui debiti ad alto rischio erano a un minimo storico. Lo Standard & Poor's 500, da marzo a maggio di quell'anno, salì di nove punti percentuali.

La prima scossa arrivò a metà giugno: due hedge fund di Bear Stearns, specializzati nell'investimento in titoli collegati ai mutui fondiari, non riuscirono a far fronte alla richiesta di adeguare la garanzia (margin call). Moody's aveva corretto al ribasso il rating di alcune obbligazioni relative ai mutui subprime, e poiché le banche avevano in possesso quei titoli come garanzia dei debiti contratti dai due fondi, avevano richiesto un adeguamento della garanzia a fronte del minor valore dei titoli in deposito. I fondi riuscirono a vendere alcuni dei titoli, ma solo alcuni: la maggior parte non erano più collocabili, ad alcun prezzo. Di conseguenza, il valore di tutti i titoli rappresentativi di mutui subprime crollò. Per coprire le perdite Bear Stearns fu obbligata a versare 3,2 miliardi di dollari.

Il fatto era a dir poco preoccupante, ma quelli che avevano sangue freddo spiegavano al mondo che i mutui subprime erano solo un mercato di piccole dimensioni: il problema era, per così dire, "contenuto". Poi il mondo intero fu scosso dall'implosione dei mutui subprime. Un hedge fund di Londra, il cui valore era stimato intorno ai 900 milioni di dollari, chiuse i battenti. Alcune banche svizzere e tedesche denunciarono perdite importanti. Anche la Cina fu colpita dall'ondata del terremoto. Nei mercati cominciò a diffondersi il panico. In agosto, sia la Fed sia la Banca Centrale Europea inondarono i mercati di liquidità. Non servì a niente.

Si scoprì che il problema andava al di là dei mutui subprime: grandi banche, tra cui Citigroup, avevano gestito circa 400 miliardi di dollari di oscuri prestiti in entità fuori bilancio chiamate SIV. La maggior parte dei prestiti erano a lungo termine, ma le banche li avevano finanziati con carta commerciale a breve termine. Quando i mercati monetari londinesi si accorsero di quanto stava accadendo, il collocamento della carta commerciale si interruppe. Fu allora che gli azionisti delle banche si resero conto che, in realtà, i SIV non erano *propriamente* fuori bilancio, poiché di norma le banche avevano promesso di riprenderseli se fosse venuta meno la possibilità di finanziamento a breve.

Il nervosismo aumentò quando si scoprì che il sistema bancario si trovava in pancia prestiti ponte per circa 400 miliardi di dollari, concessi per finanziare operazioni di private equity con leva finanziaria particolarmente elevata. Le banche coinvolte avevano creduto di poter vendere questi prestiti nei mercati ormai soffocati dalla crisi dei mutui subprime. Le stesse banche cercarono di sottrarsi agli accordi che avevano sottoscritto: fu una pioggia di citazioni legali.

La Fed corse tempestivamente in aiuto; prima, il 18 settembre 2007, tagliando di 50 punti base (mezzo punto percentuale) il costo dei prestiti a breve, poi con un ulteriore taglio di 25 punti base alla metà di ottobre. Sembrava che l'ordine fosse stato restaurato: si levarono osanna all'indirizzo del nuovo presidente della Fed, Ben Bernanke. Il mercato azionario s'impennò. Le banche iniziarono a vendere parte dei prestiti ponte, e il mercato della carta commerciale e quello delle acquisizioni a debito tornarono a nuova vita.

I saggi affermavano senza esitazioni che i mercati avevano fatto il passo più lungo della gamba: era tempo di darsi una regolata. Tutti erano d'accordo che le banche avrebbero riportato un ultimo trimestre pessimo: ripulivano i loro forzieri da qualsiasi cosa che non apparisse solida procedendo alle necessarie svalutazioni. Le ultime trimestrali rivelarono risultati pessimi: oltre 20 miliardi di svalutazioni, inclusi 5 milioni di Merrill Lynch e 6 di Citigroup. Per lo meno non c'erano più scheletri nell'armadio: i mercati tirarono un sospiro di sollievo e ripresero a tirare.

Ma poi Merrill dichiarò una perdita di 8,4 miliardi di dollari, anziché di 5. Gli investitori si sentirono defraudati, e l'amministratore delegato Stan O'Neal fu licenziato in tronco (e a caro prezzo). Solo pochi giorni dopo Citigroup dichiarò che le perdite non erano di 6 ma 11 miliardi, e che la loro stima non era ancora completa. Nel frattempo, l'amministratore delegato di Citigroup, Chuck Prince, si era già dimesso.

Gary Crittenden, il direttore finanziario di Citigroup, fu forse il primo a dire la verità agli analisti. A novembre gli avevano chiesto se la stima delle perdite fosse completa. Rispose che non poteva dare assicurazioni in merito. Disse che la sua valutazione degli strumenti finanziari coinvolti, assai complessi, era di fatto solo un "ragionevole tentativo": "non c'è modo di stabilire quale sarà la situazione al termine del quarto trimestre, più di quanto sia possibile sapere quale sarà la situazione da qui a un paio di settimane". In altre parole il direttore finanziario di Citigroup *non aveva idea del valore del suo portafoglio.*

A settembre, gli analisti finanziari stimavano la perdita derivante dai mutui subprime in circa 20 miliardi di dollari. Solo due settimane dopo le stime raggiunsero i 400-500 miliardi di dollari, una cifra ben più realistica.

La triste realtà è che la crisi dei mutui subprime rischia di essere soltanto il primo masso di una frana di svalutazione di titoli che continuerà per tutto il 2008. Un eccesso di attività finanziarie simili ai "subprime", almeno di pari entità è nascosto nei portafogli di debiti delle imprese, di debiti ipotecari commerciali, delle carte di credito e in portafogli simili. Anche le obbligazioni delle amministrazioni locali potrebbero essere a rischio. Perdite nell'ordine dei 400-500 miliardi di dollari sono una stima ottimistica.

Siamo abituati a considerare le crisi di mercato e le bolle

speculative come fenomeni che investono segmenti di mercato specifici, come i "titoli spazzatura", gli immobili no residenziali, le azioni hi-tech. Gli asset sopravvalutati sono come funghi velenosi: li mangi, stai male e impari a evitarli.

Una bolla del credito è differente. Il credito è aria per i mercati, e se l'aria diventa avvelenata non c'è più luogo dove nascondersi.

Ecco una cruda disamina della bolla creditizia. Non molto tempo fa, il valore di tutte le attività finanziarie – azioni, obbligazioni, prestiti, mutui e simili, che rappresentano diritti sul prodotto nazionale – era pari circa al PIL globale. Oggi sta per raggiungere un valore pari a quattro volte il valore del PIL mondiale. Inoltre, i derivati finanziari, strumenti che incorporano una sorta di diritto sulle attività finanziarie, hanno un valore nozionale pari a più di dieci volte il PIL globale.

Il rapporto crescente del credito rispetto al prodotto reale è una misura del leverage, ovvero del rischio finanziario. Si pensi a una piramide invertita. Più il credito si accumula in cima, più la base vacilla.

E quando una piramide del genere crolla, lo fa molto velocemente. In questo libro racconto, sulla base di ipotesi francamente moderate, la probabile successione di svalutazioni e fallimenti che investirà l'intero gamma di attività finanziarie: mutui immobiliari e commerciali, titoli ad alto rendimento, prestiti strutturati, carte di credito e tutte le complesse strutture obbligazionarie che stanno a monte. Siamo intorno ai mille miliardi di dollari.

Per quanto impressionante, questa stima si basa sull'idea che la riduzione della leva finanziaria avvenga in modo ordinato. Tuttavia, durante le grandi crisi finanziarie, si assiste a un comportamento molto meno razionale. Inevitabilmente si verificano richiami di garanzie, ondate di vendite dettate dal panico, proteste degli azionisti, e una fuga generale dalle attività a rischio che potrebbe raddoppiare o triplicare i danni. Alcuni investitori più abili e smaliziati riusciranno a fare grandi guadagni dalle svendite. Ma per la maggior parte dei venditori le perdite saranno reali, e ci vorranno due o tre anni prima che i mercati si riprendano e gli "avvoltoi" possano ottenere i loro profitti.

La crisi attuale viene spesso paragonata all'implosione del Long-Term Capital Management che scosse la finanza globale nel 1998. Ma in quell'occasione il valore delle posizioni era di circa 100 miliardi di dollari, di cui non più di 10 erano seriamente a rischio. La crisi finì quando un nutrito gruppo di banchieri si incontrò nelle stanze della Fed e accettò di mettere mano alla borsa per tirare fuori 3,6 miliardi di dollari. Oggi, il rischio collegato alla crisi è 100 volte più alto. Non ci sarebbe più spazio grande abbastanza per una riunione del genere, e poi, anche se vi fosse, sarebbe difficile preparare una lista degli invitati.

Come siamo giunti a questo punto? In questo libro cerco di dare una risposta, tentando per quanto possibile di essere chiaro e conciso. Il mio obiettivo è scrivere un testo leggibile in un paio d'ore. Non c'è alcuna storia di trader cattivi, né alcun resoconto di riunioni "segrete".

Semplicemente, il mio tentativo è di mostrare al lettore una panoramica degli strumenti finanziari utilizzati, spiegando come sono stati costruiti e come se ne sia abusato. Cercherò, per quanto possibile, di dipanare la massa degli eventi, di dare una descrizione di quelli più importanti, di mostrare come la montagna sia pericolosamente instabile, e di dar conto delle possibili perdite derivanti dall'implosione della bolla. Esaminerò, inoltre, lo stato attuale del dollaro, e come, a causa di ciò, la Fed abbia poteri d'intervento limitati. Infine, tenterò di descrivere i possibili scenari futuri, tenendo conto di possibili ulteriori perdite.

Nei primi due capitoli esaminerò il contesto entro cui si è venuta a creare l'attuale crisi finanziaria. Un lungo periodo di politiche liberal, con un forte accento sull'intervento pubblico e il fallimento della politica di controllo dei prezzi, creò i presupposti per la grande inflazione degli anni Settanta. Paul Volcker, nominato presidente della Fed nel 1979, riuscì a dare un taglio all'inflazione, a rafforzare il dollaro sui mercati valutari e in generale a creare i presupposti di una crescita prolungata dei mercati finanziari. Le elezioni presidenziali del 1980 segnarono uno spartiacque nella politica americana. Il monetarismo, propagandato dalla cosiddetta Scuola di Chicago, diventò il nuovo cardine della politica economica: i mercati finanziari furono progressivamente deregolamentati e fu messo un freno al potere del governo centrale. La ricostruzione di ciò che rimaneva delle vecchie aziende, vanto dell'industria americana nel dopoguerra, creò nei primi anni

Ottanta le condizioni per la ripresa della competitività e per l'economia Goldilocks[1] degli anni Novanta.

Tuttavia, il prolungato boom della finanza conteneva in sé i germi della propria distruzione. Nel terzo capitolo affronterò tre eventi che, negli anni Ottanta e Novanta, segnarono il futuro percorso della finanza: la nascita della cosiddetta "finanza strutturata"; il grande successo del mercato dei derivati e, infine, l'importanza crescente della matematica finanziaria nel trading. L'insieme di questi tre elementi ha contribuito a creare la bolla finanziaria la cui implosione sta creando tanti danni. Nel quarto capitolo approfondirò gli strumenti e i meccanismi che hanno operato prima nella fase ascendente dei mercati e poi nella successiva crisi. Analizzerò anche il ruolo delle banche centrali, specie di quella americana. Nel quinto capitolo concentrerò l'attenzione sulla svalutazione del dollaro, sulle accumulazioni di grandi riserve in dollari da parte di alcuni tra i peggiori governi del pianeta, sullo sviluppo di fondi sovrani, e, infine, sull'umiliazione di dover vendere i gioielli di famiglia per pagare gli interessi creati da un'epoca di eccessi e ingordigia. Nel sesto capitolo farò una panoramica degli strumenti a rischio, spiegherò nel dettaglio il ruolo cruciale degli hedge fund, farò una stima dei numeri della crisi e cercherò di analizzare gli scenari che si stanno aprendo.

Negli ultimi due capitoli esaminerò alcune conseguenze del crack. Esiste una teoria dei cicli politici americani, dovuta ad Arthur Schlesinger, in base alla quale il consenso sulla politica in generale e sulla politica economica in particolare, tende a oscillare ogni venticinque-trenta anni tra politiche liberal e politiche conservatrici. All'inizio di un ciclo, il nuovo modo di pensare è una ventata d'aria fresca che spazza via le mitologie. Inevitabilmente, seguendo una sorta di legge di Gresham applicata alle leadership e alle ideologie dominanti, la brezza viene meno e i nuovi leader restano intrappolati nelle loro ideologie. In generale, i cicli liberal soccombono alle corruzioni del potere, e quelli conservatori alla forza corruttrice del denaro.

L'attuale ciclo conservatore, segnato dal dominio dell'ideologia dei liberi mercati, è iniziato sotto la presidenza Reagan. Nonostante gli iniziali successi, da tempo è affondata in eccessi grossolani. Se non altro, è assolutamente necessario ripristinare una ragionevole regolamentazione dei mercati finanziari.

La trasparenza e l'integrità dei mercati finanziari statunitensi hanno sempre attirato grandi flussi di investimenti dall'estero. Questo capitale di fiducia è stato in gran parte gettato al vento e sarà ancor più messo a dura prova nei prossimi anni. Per riacquistare credibilità, la classe dirigente americana dovrà innanzitutto avere il coraggio di ammettere apertamente la portata del problema, e quindi purgare i mercati dai titoli sopravvalutati, dai rating scandalosamente falsi, dai bilanci gonfiati e dalle passività nascoste ad arte nelle scritture contabili. Se ciò non avvenisse ci sarebbe un crollo totale della fiducia nei mercati americani, una perdita di gran lunga più grave di un crack di mille miliardi di dollari.

Ci sono due precedenti. Il primo è il crollo dei mercati finanziari durante la grande crisi inflattiva degli anni Settanta. I risultati ottenuti da Volcker nel rovesciare la situazione sono un buon esempio di come ripristinare l'integrità del mondo finanziario. Il secondo precedente è lo scoppio della bolla giapponese negli anni Ottanta: un evento simile – sia per le proporzioni che per i meccanismi di mercato coinvolti – alla crisi che stiamo attraversando ora. In quel caso, la casta di finanzieri e politici decise di negare l'evidenza, con il risultato che, quasi vent'anni dopo, il Giappone non si è ancora ripreso. Fino a questo momento, il mondo della politica e della finanza statunitense ha seguito una condotta simile. Continuare in questa direzione sarebbe suicida.

Negli anni Novanta per un certo periodo sono stato presidente di una software house che realizzava applicazioni per la costruzione e l'analisi degli strumenti finanziari che sono al cuore degli eventi narrati in questo libro. I derivati del credito e strumenti come i CDO sembravano il futuro dei mercati, quindi ero molto attento al loro sviluppo. Credevo e credo ancora oggi che questi strumenti rappresentino innovazioni importanti, che possano davvero contribuire a incrementare la liquidità e ad abbassare i costi delle transazioni nella maggior parte dei mercati finanziari.

Avevo già scritto un libro sui cicli dei mercati finanziari (*Money, Greed, and Risk*, 1999) in cui spiegavo che tutte le innovazioni finanziarie di successo devono attraversare una crisi prima che se ne possano valutare appieno i limiti e i rischi. Eppure, l'utilizzo dei CDO e dei derivati del credito continuò a crescere a un ritmo vertiginoso, quasi fossero strumenti che rendevano i mercati immuni dalle crisi.

Nel gennaio 2007, dopo aver terminato un altro progetto, cominciai a studiare il fenomeno, ma non avevo ancora intenzione di scrivere un libro. A marzo, però, capii che la bolla era di dimensioni assai più vaste di quanto avessi immaginato all'inizio. Chiamai Peter Osnos di PublicAffairs e gli spiegai che mi aspettavo a breve, più o meno a metà del 2008, la madre di tutte le crisi. Dissi che avrei concluso il libro per il giorno della festa del Ringraziamento e gli domandai se fosse possibile farlo uscire a giugno 2008. Peter è uno dei pochi editori che può tenere fede a un impegno del genere. Normalmente il libro sarebbe uscito l'autunno successivo. Poi, Peter, di sua iniziativa, accelerò il processo, e il libro fu pubblicato a marzo.

Devo ringraziare Susan Weinberg e Lindsay Jones di PublicAffairs. Grazie alla loro capacità di revisione, ai loro consigli e alle loro critiche sono riuscito a rispettare il piano di lavoro. È stato un grande piacere lavorare insieme a loro. Tim Seldes, il mio agente di lungo corso alla Russell & Volkening, ha dimostrato tutta la sua abituale saggezza.

Un ringraziamento particolare va a Nouriel Roubini, di Roubini Global Economics, che ha seguito dall'inizio l'intera vicenda e mi ha dato libero accesso al suo incredibile archivio di dati e di fonti; a George Soros per le sue dettagliate analisi sull'economia valutaria e, infine, a Satyajit Das, che ha scritto la maggior parte dei testi di riferimento sui derivati del credito e sulla finanza strutturata: da quando l'ho contattato, ormai mesi fa, è stato una fonte preziosa d'informazioni e un test importante per questo libro.

Mi sono anche avvalso del tempo prezioso di amici e conoscenti che lavorano nel campo della finanza strutturata, così da approfondire la mia comprensione del funzionamento dei mercati e dei rischi correlati. Mi hanno fatto un enorme favore, che ricambio non facendo i loro nomi.

Ho sfruttato alcuni pezzi di grande giornalismo economico sulla bolla creditizia: grazie a Henny Sender e Serena Ng del "Wall Street Journal", a Paul Davies, Gillian Tett e Saskia Scholtes del "Financial Times", e a Gretchen Morgenson e Jenny Anderson del "New York Times".

Infine, grazie agli amici che hanno letto tutto o parti del manoscritto migliorandolo con i loro contributi. Tra questi vorrei ricordare: Joan Hochman, Art Speigel, Herb Sturz, Jon Weiner, Dick Leone e Andrew Kerr. L'ultimo ringraziamento, di cuore, a mia moglie Beverly, che oltre al sostegno e all'aiuto mi ha fornito gli anticorpi per resistere alla tentazione di scrivere in gergo.

---

1. *Goldilocks*, letteralmente "Riccioli d'oro", indica uno stato ideale dell'economia in cui la crescita non è né troppo sostenuta né troppo lenta e non si richiede alcun intervento dello Stato sulla leva fiscale o finanziaria per correggerne il corso [N.d.T.].

CAPITOLO 1

La morte del liberalismo

Per gli appassionati di sciagure economiche il decennio 1973-1982 fu un autentico banchetto.

Il trend di crescita fu uno dei peggiori dalla fine della Seconda Guerra Mondiale. Gli Stati Uniti affrontarono uno dei periodi inflazionistici più lunghi della loro storia. Gli investitori stranieri scappavano dal dollaro quasi fosse il peso messicano.

Le industrie giapponesi umiliavano una dopo l'altra le aziende più blasonate. Nell'industria pesante licenziamenti e precariato erano all'ordine del giorno. Al termine del decennio, quella che un tempo era l'arteria pulsante dell'industria era diventata la "Rust Belt", una zona di industrie tradizionali ormai in declino, situata soprattutto negli Stati di New York, Pennsylvania, Ohio e Michigan.

I paesi dell'OPEC incrementarono di dieci volte il prezzo del petrolio e così facendo si assicurarono un posto al tavolo dei grandi interessi petroliferi.

Fu un'epoca di contestazioni antimilitari e di battaglie all'interno dei campus universitari. Le città erano devastate da criminalità e disordini. New York rischiò la bancarotta. Un presidente fu costretto a rassegnare il suo mandato, e il suo vice si dimise dopo essere stato accusato di corruzione.

Con la guerra ormai persa, il personale diplomatico fu fatto evacuare in elicottero dai tetti dell'ambasciata americana a Saigon. L'Unione Sovietica accelerò la corsa missilistica e inviò 100.000 soldati in Afghanistan. Il presidente Carter passò gli ultimi mesi del suo mandato a negoziare il prezzo del riscatto di 52 cittadini americani, ostaggi della componente più radicale del nuovo regime iraniano.

Il malessere fu tale che anche gli economisti trovarono la maniera per tradurlo in cifre. Nel 1980, il Misery Index, che misura la somma del tasso d'inflazione e del tasso di disoccupazione, era al suo massimo storico. Una nuova orrenda parola, stagflazione, fece il suo ingresso nel vocabolario politico.

Eventi così dilaganti, che accadono e si succedono senza sosta, sono di norma il frutto di una *molteplicità* di cause, e non di una sola. I disastri che si susseguirono negli anni Settanta avevano tre radici principali: la perdita di una visione industriale, i cambiamenti demografici e una serie di errori grossolani nella gestione dell'economia.

Business e incompetenza

Prendiamo un elenco delle maggiori aziende americane intorno al 1910: troveremo U.S. Steel e Bethlehem Steel; Standard Oil e Gulf; Swift, Armour e General Foods; AT&T, General Electric e Westinghouse; Anaconda Copper e Alcoa; Dupont e American Tobacco. Prendiamo adesso un elenco delle principali aziende americane negli anni Settanta. Eccetto per le imprese dei settori emergenti, come General Motors e RCA, si noterà che i due elenchi sono sorprendentemente simili. Le principali aziende che dominavano l'economia nel 1910 avevano mantenuto le loro posizioni per settant'anni, nonostante le vicissitudini legate a fusioni, cambi di nome e provvedimenti antitrust.

Le aziende dominanti agli inizi del Novecento emersero dalla più spietata selezione darwiniana che si ricordi nella storia dell'industria. Rockefeller, Carnegie e compagnia arrivarono al vertice con spietata efficienza e con metodi altrettanto spietati. Le migliori aziende inglesi e tedesche, sia chimiche sia metallurgiche, restavano competitive in settori di nicchia, ma in generale gli Stati Uniti potevano contare sul più grande arsenale industriale a memoria d'uomo. Poi l'America si fermò.

Sin dalla fondazione della U.S. Steel, nel 1901, Elbert Gary, che ne era a capo, iniziò a organizzare una serie di accordi di spartizione del mercato, concertando i prezzi con la concorrenza. Appena nata, la U.S. Steel già controllava più della metà del mercato. Gary sosteneva che, se i concorrenti avessero tenuto alti i prezzi seguendo la politica della U.S. Steel, avrebbero mantenuto le loro quote nel settore dell'acciaio. Così facendo le cose sarebbero andate bene per tutti. Dopo la frammentazione della Standard nel 1911, anche l'industria petrolifera adottò lo stesso schema. Seguirono l'industria dell'auto e quella dei televisori.

Il presidente di un'azienda petrolifera, al cospetto di

un comitato del Senato incaricato di verificare potenziali abusi nella politica antitrust, disse: "Se abbassiamo i prezzi, la concorrenza farà lo stesso, con l'effetto di ridurre i profitti a posizioni relative invariate".

La guerra contribuì a consolidare e a espandere la pigra egemonia industriale americana. Lucrando sugli ordinativi militari e gli appalti per la ricostruzione postbellica, le aziende americane si riempivano la pancia, schiacciando al tempo stesso la concorrenza dall'estero. "I nostri venditori non vendono l'acciaio, lo allocano" si vantava negli anni Cinquanta un dirigente dell'industria siderurgica. Annientando la concorrenza, però, la politica dei "prezzi concertati" finì per annientare il progresso tecnologico. Fu così che il cuore dell'innovazione si spostò dagli Stati Uniti all'Europa e al Giappone.

La politica del "Big Labor" fu introdotta nel sistema industriale negli anni Cinquanta attraverso la cosiddetta "Formula General Motors" per gli accordi sindacali. Di norma, l'azienda che fissava i prezzi nel settore guidava la contrattazione con la controparte sindacale. I contratti di lavoro, al tempo, avevano tipicamente una durata di tre anni e comprendevano incentivi legati alla produttività. In seguito, col crescere dell'inflazione, i contratti prevedevano sia un premio di produttività sia un correttivo annuale legato all'inflazione. Quando, negli anni Settanta, la produttività si fermò e al tempo stesso l'inflazione cominciò a crescere, le aziende si trovarono ad affrontare un problema di costi a cui non poterono sottrarsi.

Chi viveva negli anni Cinquanta e Sessanta si rendeva conto benissimo che quella era un'epoca d'oro. Gli standard salariali adottati dalle grandi aziende si estesero ai fornitori più piccoli. La maggior parte delle aziende offriva benefit in campo pensionistico e sanitario. Per gran parte degli americani il sogno di una casa con giardino e di una scuola decente dove poter educare i figli divenne reale. Nel 1958 John Kenneth Galbraith, nel suo libro *La società opulenta*, spiegò che il problema della produzione era stato risolto: i bisogni dei consumatori erano perlopiù soddisfatti e quindi era tempo di concentrarsi sull'obiettivo di "eliminare il dolore, la tensione, la sofferenza e la diffusa piaga dell'ignoranza".

Tra gli anni Cinquanta e Sessanta in America fiorirono le cosiddette "Labor School" per la formazione dei quadri sindacali. La maggior parte di queste scuole erano cattoliche e avevano sede in collegi retti da gesuiti (nelle principali organizzazioni sindacali i cattolici spesso raggiungevano i due terzi). Vi si insegnavano le tecniche della contrattazione e della gestione organizzativa, il diritto e l'economia del lavoro, e si esaltavano le virtù del principio "solidaristico" di divisione dei poteri, tipico dell'Europa cattolica. Spesso i corsi erano frequentati anche da imprenditori. Di fatto, i leader sindacali e i manager cominciarono a considerarsi alla stregua di statisti dell'industria.

Nelle scuole di economia il potere delle grandi aziende era dato per scontato, come parte di un ordine naturale delle cose. I temi caldi degli anni Cinquanta e Sessanta erano l'organizzazione e la finanza: in altre parole, come risistemare i mobili dentro le grandi imprese consolidate del moderno "capitalismo manageriale". La spinta alle fusioni degli anni Sessanta aveva un carattere prettamente accademico. L'idea era che, mettendo insieme attività e portafogli diversi, le aziende avrebbero stabilizzato il loro ciclo di profitto. Per quanto possa sembrare assurdo, la Exxon investì nel settore dei materiali da ufficio e la Mobil acquistò un circo e una catena di grandi magazzini.

Le linee guida per la gestione aziendale si decidevano nelle università e i dirigenti avevano sempre meno dimestichezza con la prassi commerciale quotidiana. Fino alla fine degli anni Settanta nei libri di testo si insegnava che la Ford, la General Motors e la Dupont avevano scolpito a fuoco i principi della produzione negli anni Venti. Dal dopoguerra, le uniche innovazioni di rilievo consistevano in una serie di tecniche matematiche per ottimizzare la gestione dei macchinari e del magazzino. Formule che si potevano utilizzare senza dover fisicamente mettere piede là dove era localizzata la produzione.

Le aziende americane erano come galline che avevano sempre vissuto su un'isola priva di predatori: quando la concorrenza dall'estero arrivò in cerca di nuovi territori di caccia, si ritrovarono senza difese. Fu un massacro. Alla fine del decennio, di fatto, in America non si producevano più televisioni o radio, le aziende europee e giapponesi controllavano l'industria dei macchinari e i settori siderurgico e tessile versavano in condizioni catastrofiche. Perfino la IBM era minacciata nel suo core business, la produzione delle unità centrali di elaborazione informatica (CPU), da aziende come Amdahl e Fujitsu.

Gli sporadici tentativi di resistere al massacro rivelavano soltanto quanto fossero diventate incompetenti le industrie americane. Mentre a Detroit ci si faceva abbagliare dalle cromature, dalle linee allungate e dalle teorie sull'"obsolescenza pianificata", aziende come Toyota e Volkswagen cominciarono a portare in America vetture di piccole dimensioni, ben costruite e dai bassi consumi. Le importazioni delle cosiddette utilitarie guadagnarono una fetta di mercato tale da indurre la Ford e la Chevrolet a produrre modelli come la Pinto e la Vega, entrambi sul mercato a partire dagli anni Settanta. Quando nel 1973 esplose la crisi petrolifera, e con essa il mercato delle utilitarie, la Pinto e la Vega furono esposte al pubblico ludibrio. Tempo dopo "Forbes" le segnalò come "le peggiori automobili di sempre".

Come se l'inefficienza e l'autoindulgenza dell'industria americana non bastassero, ad aggravare la situazione ci si mise l'esplosione demografica.

Il baby boom

Chiedete a un economista le ragioni del brusco crollo della produzione americana negli anni Settanta, e vi spiegherà che ci fu una caduta negli investimenti. Certo, la classe dirigente aveva le sue colpe; d'altra parte, l'aumento simultaneo dell'inflazione e del tasso d'interesse rendeva assai costoso il capitale.

Un demografo, invece, punterebbe il dito sull'aumento improvviso della forza lavoro. La generazione del baby boom era arrivata a vent'anni, creando un flusso dilagante di lavoratori senza alcun tipo di formazione professionale che avrebbero inevitabilmente ridotto la produttività e i compensi. Quando si dispone di forza lavoro a basso costo e il capitale è particolarmente costoso, è logico e sensato ridurre gli investimenti.

Il fenomeno del baby boom mostra quale sia l'impatto di cambiamenti anche marginali nella composizione della popolazione. Nel 1960 la popolazione di età compresa tra i diciotto e i vent'anni era il 4,3%, mentre negli anni Settanta era salita al 5,6%: una variazione percentuale apparentemente modesta. Tuttavia, in valore assoluto, le persone di età compresa tra i diciotto e i ventiquattro anni erano aumentate di circa il 50%, da 7,6 a 11,4 milioni, un fenomeno di portata devastante.

Richard Easterlin, autore di uno dei primi e migliori libri di sempre sul fenomeno del baby boom, ha spiegato gli effetti potenziali della crescita demografica tra una generazione e l'altra. Durante gli anni della Depressione il tasso di natalità aveva fatto registrare una brusca diminuzione, così che negli anni Cinquanta, in un contesto di domanda crescente, il numero di coloro che si affacciavano sul mercato del lavoro era relativamente scarso. La differenza salariale fra vecchie e nuove generazioni di lavoratori era insolitamente ridotta, e di conseguenza i giovani tendevano sempre di più a sposarsi e a mettere su famiglia. L'incremento nella ricchezza pro capite determinò una decisa diminuzione in tutti gli indici di deviazione sociale, come ad esempio il tasso di criminalità. Secondo la teoria di Easterlin, le variazioni nei segmenti demografici creavano un effetto volano.

Intorno alla metà degli anni Cinquanta, tuttavia, il fenomeno cominciò ad avere effetti distruttivi. Quando la generazione del baby boom raggiunse l'età scolare, le scuole primarie furono costrette a inserire doppi e anche tripli turni. Nelle periferie era ancora peggio: bisognava costruire le scuole da zero. In seguito, quando la generazione del baby boom raggiunse l'adolescenza, l'agenda sociale fu dominata dal fenomeno della delinquenza giovanile. In affanno, le forze di polizia furono costrette a selezionare il tipo di reati cui dare priorità d'intervento, un processo che Daniel Patrick Moynihan in seguito chiamò *defining deviance down*, 'ridimensionamento della devianza'.

Negli anni Sessanta il numero di giovani in età universitaria raggiunse il suo massimo, e con esso il numero degli iscritti. Gli eroici studenti in prima linea durante le proteste per i diritti civili negli anni Cinquanta e Sessanta furono d'esempio per le successive rivolte studentesche contro le "strutture dell'oppressione" in ogni parte del mondo. Quando, con l'aggravarsi della crisi in Vietnam, il fenomeno della leva obbligatoria provocò violente rivolte nei campus universitari, il confronto tra le forze di polizia e i dimostranti prese la brutta piega dello scontro di classe. Erano le prime schermaglie delle cosiddette "guerre culturali" che avrebbero segnato gli anni a venire.

Allarmato dalla spirale di crimine e violenza che attanagliava le principali città americane, Lyndon Johnson varò una serie di misure chiamate "Guerra alla povertà e città modello", un pot-pourri di vecchi metodi che risalivano agli anni Venti per migliorare le condizioni sociali, nuovi sistemi d'ingegneria militare e concetti che strizzavano l'occhio al *self-empowerment*. Il fenomeno della guerriglia urbana aumentò di dieci volte, andando a colpire le principali città e devastando gran parte dei quartieri più poveri. Le grandi aziende abbandonarono le periferie lasciando in mano ai sindaci la patata bollente del crollo del gettito fiscale e di una crescente domanda di sicurezza e servizi.

Gli anni Sessanta si conclusero nel 1971. Le proteste contro la guerra avevano avuto un ruolo importante nella decisione di Lyndon Johnson di non ricandidarsi nel 1968. Richard Nixon aveva annunciato un "piano segreto" per far terminare la guerra, ma una volta alla Casa Bianca si concentrò sulla cosiddetta "vietnamizzazione": minimizzare le perdite americane spostando il peso del conflitto sui due contendenti locali. Le proteste studentesche si infiammarono durante l'invasione della Cambogia nel 1970, ma terminarono bruscamente quando, l'anno successivo, fu abolita la leva obbligatoria. Le morti durante un concerto rock nel 1971, in Florida, mostrarono il peso della droga e della violenza nel fenomeno della controcultura.

Nel 1969 Kevin Phillips scrisse *The Emerging Republican Majority*, spiegando che l'atteggiamento snob del movimento studentesco e delle élite liberali e la crescente preoccupazione per l'aumento della criminalità avrebbero fatto spostare il voto democratico della classe lavoratrice verso i repubblicani. Nel 1972 Nixon, confermando le previsioni di Phillips, trionfò, dopo aver vinto di misura su Hubert Humphrey nel 1968.

Quando Nixon s'insediò per la prima volta, nel 1969, l'economia stava già pericolosamente sprofondando verso il baratro. Nixon fece del suo meglio affinché il baratro fosse il più profondo possibile.

La mala gestione come arte politica

Durante i cinque anni della presidenza Johnson, nonostante l'aumento dei prezzi, il tasso di crescita annuale al netto dell'inflazione era superiore al 5%. Nel 1970, con il secondo anno di Nixon, il tasso di crescita era vicino allo zero, e l'inflazione era salita al 6%. Nixon stava già pianificando il suo secondo mandato, e quelle cifre erano drammatiche per il lancio della sua ricandidatura.

C'erano, tuttavia, pochi spazi di manovra. Nel 1970 il deficit federale era enormemente più alto che ai tempi di Johnson. Ogni tentativo di utilizzare la leva fiscale in modo espansivo avrebbe con ogni probabilità peggiorato la spinta inflazionistica. L'impegno statunitense a redimere il dollaro a 35 dollari per oncia d'oro teneva a galla l'ordine economico mondiale. Ma le riserve auree erano in calo, così i falchi della finanza si adoperarono per valutare l'effettiva tenuta degli impegni sottoscritti dal Tesoro americano. Secondo la vulgata dei libri di testo bisognava incrementare i tassi d'interesse affinché gli investitori stranieri si tenessero stretti i dollari in loro possesso. Ma, con un'economia così debole, un incremento nei tassi d'interesse avrebbe rischiato di scatenare una vera e propria recessione.

Pochi politici hanno saputo tirar fuori l'asso nella manica come Nixon. Nell'agosto del 1971, il presidente portò in elicottero il suo intero staff economico a Camp David per un fine settimana che Herbert Stein, membro del Council of Economic Advisers, non esitò a definire il più importante consesso di economisti dall'epoca del New Deal. La settimana successiva Nixon annunciò che avrebbe ridotto le tasse, imposto controlli su prezzi e salari, messo soprattasse su tutte le importazioni e abolito la parità aurea a 35 dollari l'oncia.

Politicamente fu un capolavoro. Con i prezzi sotto controllo, Nixon e l'allora capo della Federal Reserve Arthur Burns poterono aumentare l'offerta di moneta senza preoccuparsi dell'inflazione: nel 1971 l'offerta di moneta aumentò di più del 10%, risultato storico per i tempi. Obbedendo alla nuova politica, la crescita economica trovò nuova linfa, con un tasso d'incremento che superò il 5% nel 1972, anno delle elezioni presidenziali: proprio quello che sperava l'amministrazione Nixon.

In un solo fine settimana Richard Nixon aveva liberato il big business dalla spinta salariale, dall'aumento dei prezzi all'ingrosso e dalla competizione internazionale, era riuscito a stimolare la crescita e a frenare i prezzi per la felicità dei consumatori. Al termine del 1971, un'oncia d'oro valeva circa 44 dollari. In altri termini i maggiori partner commerciali degli Stati Uniti, specialmente il Giappone che aveva vaste riserve in dollari, avevano perso circa il 25% del valore dei loro averi.

La portata del disastro economico divenne evidente solo dopo la travolgente vittoria elettorale di Nixon. L'incremento del prezzo del petrolio deciso dall'OPEC, che contribuì ad alimentare la Grande Inflazione degli anni Settanta, fu diretta conseguenza della fluttuazione della moneta americana. Nel 1973, quando l'OPEC triplicò il prezzo del petrolio, la quotazione della moneta americana era arrivata a 100 dollari per oncia d'oro. Nel 1979 il prezzo del petrolio aumentò nuovamente di tre volte. Il dollaro oscillava ora tra 233 e 579 dollari per oncia d'oro: l'OPEC dunque continuava a perdere rispetto al valore dell'oro. Quando nel 1980 la quotazione del dollaro per oncia d'oro arrivò a 850, la contropartita in termini auriferi del petrolio era la più bassa mai registrata. Il problema era che gli Stati Uniti avevano deprezzato il valore della loro moneta.

Le misure varate nel 1971, con cui ci si proponeva inizialmente di congelare salari e prezzi per un periodo di 90 giorni, furono estese per i successivi tre anni. Quando si mettono in atto sistemi di controllo in ambito economico è sempre difficile porvi fine. Mentre l'inflazione monta sottotraccia, una selva di regole lascia spiragli di profitto solo a pochi fortunati o a chi dispone di buoni agganci. Nella primavera del 1974 il Congresso mise fine ai controlli, con l'unica eccezione del prezzo interno del petrolio. Lo stesso anno Nixon fu coinvolto nello scandalo Watergate. L'assenza di una guida certa contribuì a far esplodere una brutta inflazione e recessione negli anni 1974 e 1975. Intanto, il declino dell'economia americana continuava: nel 1977 la Chrysler evitò la bancarotta per un soffio grazie a prestiti garantiti dal governo.

Il conservatorismo sociale di Nixon, unito all'odio viscerale che suscitava nei liberal, oscura il fatto che, per gli standard attuali, in realtà la sua fu una politica decisamente liberal. Al termine della guerra, dopo aver dato un taglio netto alla spesa militare, aumentò la spesa per la Previdenza Sociale e creò i programmi federali di *affirmative action*, che riservavano quote alle minoranze nelle maggiori aziende e istituzioni pubbliche.

In politica economica, Nixon era decisamente keynesiano, con uno stile dirigista tipicamente europeo. I membri del suo gabinetto, anche quelli che erano considerati i più conservatori, condividevano gran parte delle sue idee. Tra questi il segretario al Tesoro John Connelly, già giurista e avvocato di spicco, e il ministro per la Casa, l'ex presidente dell'American Motors George Romney. Quest'ultimo arrivò a sostenere che l'economia statunitense "non era più fondata sui principi della libera concorrenza". Anche

Arthur Burns, che esprimeva la quintessenza del conservatorismo più ruvido, giustificò davanti al Congresso la necessità di una politica basata sul controllo di prezzi e salari poiché "i principi fondanti dell'economia non sembrano più funzionare come una volta".

La politica interventista e dirigista, specialmente in campo energetico, continuò durante l'interregno post-Watergate di Gerald Ford e ancora oltre con l'elezione di Jimmy Carter nel 1976. Quando Carter annunciò le linee strategiche della sua politica energetica, la definì "l'equivalente morale di una guerra". L'editorialista Russell Baker la ribattezzò subito MEOW[1], votando al fallimento i piani di Carter. La politica energetica di Carter, concepita dal fin troppo brillante segretario all'Energia James Schlesinger, già segretario alla Difesa sotto le presidenze Nixon e Ford, prevedeva un complesso meccanismo di tassazione, incentivi, allocazione delle risorse e politica dei prezzi, tra cui l'imposizione di prezzi diversi per il petrolio prodotto prima e dopo il 1977, un'imposta sui proventi straordinari, tasse ad hoc sull'importazione di greggio, la creazione della corporation statale Synfuels, e molto, molto altro ancora. Si pensò seriamente di introdurre forme di razionamento del greggio simili a quelle adottate durante la Seconda Guerra Mondiale. Alle stazioni di benzina era la norma trovare lunghe code di automobilisti. Occasionalmente la situazione degenerava in episodi di violenza.

Preso dalla disperazione, Carter, sulle orme di Nixon, tentò di reintrodurre una sorta di schema "volontaristico" di controlli su prezzi e salari. Quando nella primavera del 1979 l'inflazione raggiunse il 14%, il "New York Times" scrisse:

I responsabili economici dell'amministrazione Carter hanno mostrato più disperazione che speranza: a parer loro si può fare ben poco se non cercare di guidare meno, non mangiare manzo (a favore della meno costosa carne di maiale) e non "speculare" sull'acquisto di nuove abitazioni. Alfred E. Kahn, presidente del Consiglio per la stabilità dei salari e dei prezzi ha ammesso nel corso di una conferenza stampa di "sentirsi come una foglia fluttuante in un oceano macroeconomico".

Dire che all'estero guardavano ai consulenti economici dell'amministrazione Carter con disprezzo non è un'esagerazione. Ecco quanto si affermava in un memorandum preparato dall'ufficio per gli scambi internazionali con l'estero della Federal Reserve in occasione di una riunione del Federal Open Market Committee (FOMC):

Nelle due settimane che hanno seguito [il nostro ultimo] [...] incontro, il dollaro è stato ripetutamente messo sotto pressione per la quantità di vendite dovuta alla reazione negativa dei mercati di fronte ai ritardi dell'amministrazione Carter nell'annunciare la politica energetica, poi all'annuncio delle dimissioni del suo gabinetto, per finire con l'annuncio della lista di collaboratori cui era stato richiesto di non continuare il loro mandato[2]. [...] Ciò fu percepito non tanto come una crisi economica, ma come una crisi di leadership, [...] l'incapacità di dar forma a una politica economica coerente facendola approvare dal Congresso e di risolvere una politica energetica in preda al caos.

Gli ultimi giorni dell'amministrazione Carter furono segnati dalla crisi degli ostaggi in Iran. Nel 1979, lo Scià iraniano, vecchio alleato americano, fu deposto dagli estremisti islamici. Sui mercati energetici si scatenò il caos. Al crescere dell'instabilità economica, Carter a luglio pronunciò il tanto criticato discorso sul "malessere", in cui sembrava attribuire la colpa dei suoi guai al popolo americano. A novembre, gli iraniani occuparono l'ambasciata statunitense a Teheran prendendo 66 persone in ostaggio. Quattordici furono rilasciate durante le settimane e nei mesi immediatamente successivi, le restanti 52 furono tenute prigioniere per 444 giorni. Carter per rappresaglia boicottò l'importazione di greggio iraniano, un tentativo risibile, poiché non impediva ai fornitori di scambiarsi petrolio tra di loro. Dato il momento di crisi dell'amministrazione americana, sei settimane dopo i sovietici ne approfittarono per invadere l'Afghanistan. Carter rispose cancellando la fornitura di grano ai russi e boicottando le olimpiadi di Mosca, col risultato di far infuriare gli agricoltori americani e gli sportivi di tutto il mondo. Nell'aprile successivo, il tentativo di salvare gli ostaggi via elicottero fallì miseramente: nell'evacuazione furono uccise otto persone. Carter si rifugiò nel

Giardino delle Rose della Casa Bianca, e fino alla fine del suo mandato si concentrò sulla liberazione degli ostaggi.

Mai il prestigio americano era caduto tanto in basso. La politica estera era disastrosa così come la politica economica. Nel 1980 l'inflazione era al 13,5%, la produzione era in calo e il dollaro scivolava negli abissi. Ciononostante, a Carter va riconosciuto il merito di due decisioni. Malgrado l'opposizione del Congresso, mise fine alla politica di controllo del prezzo del petrolio, anche se il piano sarebbe entrato in vigore soltanto durante la presidenza Reagan. In secondo luogo, nominò Paul Volcker alla guida della Fed, lasciandogli piena libertà nel contrastare la spinta inflazionistica. Fu la più importante nomina politica dell'epoca.

Che cos'è il liberalismo?

Secondo le definizioni attuali, il liberalismo è una teoria dell'arte di governare che si pone come un particolare ramo delle scienze economiche. Adam Smith e David Ricardo chiamarono la loro disciplina "economia politica", concetto assai utile. Il termine "politica" fu successivamente abbandonato nel XX secolo, allorché il connubio tra matematica avanzata e dottrine economiche diede l'illusione che l'economia potesse essere una scienza esatta. Ma i fondamenti empirici dell'economia che si occupa della "cosa pubblica" – vale a dire quella parte della dottrina economica che cerca di informare e orientare le politiche di governo – mostrano spesso una fragilità tale che, per poterne capire la natura, sarebbe meglio definirli ideologie.

La versione keynesiana della politica economica di cui John Kennedy si fece alfiere quando s'insediò alla Casa Bianca nel 1961 non era altro che l'espressione di un forte credo nel potenziale di un'alta intelligenza messa al servizio di una politica decisa e attiva in ogni ramo dell'organizzazione sociale. Costruita in parte su un eccesso di fantasia nostalgica per i risultati raggiunti durante gli anni del New Deal e delle guerre mondiali, il punto centrale della politica economica kennediana era che una intellighenzia economica potesse usare le leve di governo per raggiungere nella società gli obiettivi prefissati.

In pratica, tuttavia, Kennedy fu estremamente cauto nella sua politica economica. Il cuore della politica economica della sua amministrazione, vale a dire favorire la ripresa attraverso tagli fiscali, trovò espressione solo quando la ripresa era comunque già in atto. Una ripresa che, tuttavia, non fece altro che dare nuova linfa al mito del controllo centralizzato. Un mito che assunse i toni della parodia di se stesso quando Lyndon Johnson si riuniva ogni notte insieme ai suoi collaboratori per decidere gli obiettivi da bombardare il giorno successivo in Vietnam. Per Richard Nixon, invece, la principale attrattiva dell'attivismo di governo di stampo keynesiano era il fascino che esercitava sul pubblico, come lui stesso aveva imparato a sue spese durante la campagna elettorale del 1960. Dopotutto, l'obiettivo principale della radicale centralizzazione della politica economica cui

Nixon diede avvio nel 1971 era quello di ottenere una vittoria schiacciante alle successive elezioni presidenziali.

Non bisogna sottovalutare il fascino che l'idea di un "governo burattinaio" esercitava negli anni Settanta e Ottanta sui liberal di vecchio stampo, specialmente nel mondo accademico (gli accademici sono sempre pronti ad appropriarsi di qualsiasi teoria che dimostri le virtù di una intelligenza superiore). Secondo uno studio sul declino dell'industria americana realizzato nei primi anni Ottanta (Laura Tyson, futura presidente del Council of Economic Advisers durante la presidenza Clinton, ne era tra i curatori) il calo della competitività era dovuto alla mancanza di una "politica industriale". Alcuni forum sulla "competitività" tenuti al Massachusetts Institute of Technology elencavano nel dettaglio le politiche industriali, settore per settore. Uno studio sul Giappone concludeva: "l'unico modo per rispondere alla sfida giapponese e riaffermare la leadership mondiale è una forte politica industriale. Senza un forte Stato centrale e una burocrazia di alto livello professionale – i due prerequisiti per una politica industriale – gli Stati Uniti sono condannati al declino economico".

Al Ministero per il Commercio e l'Industria giapponese, il famigerato MITI, presunto cervello della "conquista" nipponica, furono attribuiti poteri sovraumani. Se da una parte è innegabile che il MITI abbia favorito gli interessi dei cartelli industriali giapponesi, i suoi risultati sono contrastanti. Ad esempio, nello sviluppo dei computer mainframe, il MITI ingaggiò una battaglia ventennale contro il primato dell'IBM, solo per scoprire con orrore che aveva scelto il bersaglio sbagliato. Quando alla fine degli anni Ottanta l'industria giapponese raggiunse gli standard IBM, la stessa IBM si trovò in difficoltà per la concorrenza dei produttori di microprocessori, settore nel quale il Giappone non vantava alcuna eccellenza.

Non era solo l'accademia a credere nella ricetta dirigistica. Andrew Grove, presidente di Intel e tra gli uomini d'affari di maggior acume e successo in America, dichiarò allarmato che in assenza di una forte risposta governativa che ricalcasse le orme del MITI gli Stati Uniti rischiavano di diventare una "tecno-colonia" del Giappone. Il culmine dell'idiozia si raggiunse quando qualcuno invocò l'intervento pubblico affinché in America si costruissero televisori ad alta definizione in grado di raggiungere gli standard qualitativi dei modelli della Sony (che, per inciso, si basavano su una tecnologia obsoleta e non digitale).

Gli intellettuali sono sempre un passo indietro. Sono bravissimi, quasi infallibili, nello spiegare al mondo quello che era vero in passato. L'infatuazione americana per le politiche industriali stile MITI raggiunse il suo massimo proprio quando il Giappone iniziava a scivolare in una crisi economica che sarebbe durata per 15 dolorosi anni. Il prolungato declino economico francese e tedesco, quasi contemporaneo a quello giapponese (anche se non così grave), diede luogo a diffusi timori su una fantomatica e incurabile "eurosclerosi", dovuta a un'eccessiva centralizzazione delle politiche economiche e industriali.

***

Con l'eclissi del liberalismo keynesiano, era arrivato il momento di una teoria alternativa che aveva lungamente pazientato nell'ombra: il "monetarismo" di Milton Friedman.

Come dice il nome, il "monetarismo" è una teoria che ha il suo epicentro nella moneta. Friedman aveva fatto lunghe ricerche sulla storia dell'economia, e si era convinto che l'inflazione "era sempre stata un fenomeno monetario": vale a dire che, se la disponibilità di moneta cresce più dell'economia reale, allora crescono anche i prezzi. Inoltre, Friedman era convinto che in qualsiasi sistema economico il tasso di disoccupazione fosse definito dalla tecnologia disponibile e dalla capacità della forza lavoro. Qualsiasi tentativo di incrementare il tasso di occupazione attraverso l'uso della leva fiscale oltre questa soglia avrebbe avuto come unico risultato un incremento nel tasso d'inflazione.

Secondo i monetaristi, la disponibilità monetaria è conseguenza dell'ammontare di moneta circolante in un dato momento. In sintesi, la somma data dalle monete, dalle banconote, dai conti correnti e via dicendo, moltiplicata per il tasso di ricambio del circolante: in altre parole, della sua *velocità*. Gli studi compiuti convinsero Friedman che storicamente la velocità era più o meno costante: dunque, la politica di un qualsiasi governo doveva preoccuparsi solo della disponibilità di moneta. Ad esempio, se la Fed avesse aumentato la quantità di moneta circolante approssimando il tasso di crescita dell'economia, allora i prezzi sarebbero a loro volta rimasti costanti. Fatto ancora più importante, una rigorosa politica monetaria avrebbe limitato le ingerenze indebite del dirigismo statale e del suo apparato amministrativo.

Nei fatti, la dottrina monetarista non fu di facile applicazione, e fu effettivamente abbandonata dopo un paio d'anni di sperimentazione. Ma i risultati di una politica economica hanno poco a che fare con la bontà delle ideologie. Se da una parte i keynesiani confidavano nell'onniscienza dei tecnocrati, dall'altra la religione friedmaniana ergeva a mito la mano libera del mercato (Friedman si opponeva a qualsiasi forma regolatoria, fossero anche misure di sicurezza come la concessione pubblica delle licenze ai medici).

L'elezione di Ronald Reagan nel 1980 segnò la morte del liberalismo di stampo keynesiano. L'elettorato, sia pur confusamente, aveva segnalato la necessità di un cambio di marcia ideologico. Fu allora che i teorici del libero mercato provarono a vincere la loro battaglia.

---

1. Acronimo per "Moral Equivalent of War", che rimanda tuttavia al suono onomatopeico del verso del gatto [N.d.T.].

2. A luglio, probabilmente nel tentativo di riaffermare la sua autorità, Carter aveva chiesto a tutti i componenti del suo gabinetto di rassegnare le dimissioni, per poi riconfermarne la maggior parte. La richiesta di dimissioni coinvolse l'intera struttura fino a raggiungere anche le segreterie. Così furono toccate centinaia di persone paralizzando gran parte dell'attivita governativa.

CAPITOLO 2

Wall Street trova il suo credo

Frank Knight, uno dei maggiori rappresentanti della Scuola di Chicago fondata da Milton Friedman, scrisse in una prefazione a un manuale: "È effettivamente insolito cominciare una prefazione avvertendo il lettore che la materia trattata non è di grande importanza, ma nel caso della teoria economica è un avvertimento necessario, vista l'importanza eccessiva che le si attribuisce".

La cautela di Knight è stata premonitrice. Nel corso degli anni, la Scuola di Chicago da semplice metodo di analisi si è trasformata in una sorta di "Teoria del Tutto". Secondo i discepoli di Friedman, per la quasi totalità dei problemi pubblici e sociali, il sistema di mercato, liberato da tutti i vincoli, non può che produrre risultati ottimali. Una teoria onnivora che tratta omogeneamente argomenti diversi, come la criminalità, il welfare, l'educazione e la sanità. Argomenti che un tempo non erano considerati oggetto di analisi economica.

Agli inizi degli anni Ottanta, schiere di conservatori si convertirono in massa al credo dei dogmatici profeti del libero mercato. Le ragioni furono due. La prima fu l'impennata degli investimenti da venture capital a partire dal 1978, a seguito di una netta riduzione della tassazione sui capital gains. La seconda fu il crollo del cartello dell'OPEC all'inizio del 1981 quando il presidente Reagan mise fine al controllo sui prezzi del petrolio. Eppure, a ben vedere, nessuno dei due fenomeni trovava le sue cause nella politica monetarista dell'era reaganiana.

Nell'aprile del 1978, un deputato semisconosciuto, William Steiger, riuscì a far passare al Congresso un taglio della tassazione sui guadagni da capitale. Fu un evento che Robert Bartley, allora direttore del "Wall Street Journal", commentò così: "È l'alba di un giorno in cui tutto sembra finalmente vero, [...] è la fine di un decennio fondato sull'invidia, è il momento in cui coscienziosamente si cerca la formula per stimolare la crescita". Secondo Bartley, l'enorme crescita di aziende come Apple, Compaq e Sun Microsystems nel settore informatico, di Genentech nel settore biotech e perfino di un'azienda come Federal Express, che vantava un suo passato, per così dire, "rivoluzionario", era merito di Steiger.

La verità, ben più prosaica, era che la crescita degli investimenti da venture capital trovava origine in una legge del 1973 che obbligava le aziende ad accantonare fondi per le pensioni dei lavoratori. Presto i fondi pensione arrivarono a mille miliardi di dollari, e i gestori dei fondi spinsero per una maggior libertà d'azione in un settore rigidamente regolamentato. Quando nel 1979 arrivò la deregolamentazione, furono i fondi pensione, le fondazioni e i fondi di dotazione a dare il maggior impulso al venture capital. Parliamo di soggetti che già erano esentati dalle tasse, a cui non importava nulla di Steiger. Questo non vuol dire che l'incidenza del prelievo fiscale sia ininfluente. Ma se si perde un po' di tempo a cercare di capire *quanto* influisce davvero, beh, di solito la risposta è "non molto"[1].

Il "fattore Steiger" è considerato alla stregua di un mito fondante dagli adepti del libero mercato, ma è poco noto al pubblico. Gli effetti del combinato disposto tra la fine dei controlli sul prezzo del petrolio e il crollo dell'OPEC furono invece immediatamente evidenti per chiunque avesse un'automobile.

Uno dei primi provvedimenti di Ronald Reagan, una volta eletto presidente nel 1981, fu quello di eliminare ogni traccia della vecchia politica dei controlli sul prezzo del greggio. Pochi mesi più tardi, il "Times" evidenziò, non senza stupore, che "in tutti i distributori del paese […] i prezzi sono in ribasso. […] Le prospettive per l'estate non sono mai state così rosee". In autunno il prezzo del carburante era in picchiata. Sempre secondo il "Times", "gli esperti del settore sostengono che il controllo sui prezzi ha avuto l'effetto perverso di aumentare e non diminuire il costo della benzina al consumo". Proprio ciò che la Scuola di Chicago andava proclamando da anni.

La rapidità e l'entità del crollo del prezzo del carburante furono sorprendenti. I consumatori ripresero ad andare in automobile con regolarità, optando per modelli che consumavano meno. Gli impianti di case, condomini, uffici e fabbriche furono ristrutturati e talvolta rifatti da zero in modo tale da diminuire la dispersione di calore. La produzione di petrolio esplose in settori marginali che si pensava non avessero più nulla da offrire. Nel 1988 i prezzi del combustibile al netto dell'inflazione erano più bassi che nel 1973. Dopo un decennio di spese folli, i membri dell'OPEC avevano un bisogno disperato di valuta estera, venendo continuamente meno agli accordi di cartello. Con malcelata soddisfazione gli esperti osservavano che per viaggiare nel deserto erano tornati in auge i cammelli, che si facevano strada tra vecchie limousine arrugginite.

In realtà, proprio come per la vicenda "Steiger", la verità dei fatti era molto più banale. Il rapporto tra PIL e importazione d'energia iniziò a migliorare bruscamente dal 1973 di circa il 2% all'anno, e non certo per merito della Scuola di Chicago (prima del 1973 il rapporto tra energia e PIL peggiorava). Durante l'amministrazione Reagan il miglioramento era ancora più rapido, del 2,6% annuo (valore che certo non può essere visto come una discontinuità rispetto al 1973). In un'analisi realizzata dal Dipartimento per l'Energia veniva suggerito che gran parte del guadagno energetico era dovuto più allo sviluppo del settore servizi e a un ridimensionamento di comparti industriali come quello metallurgico che a una maggiore efficienza nel consumo d'energia. I dati dell'OCSE mostrano in quel periodo valori più o meno comparabili in termini di efficienza energetica in tutto il mondo industrializzato.

Fatte queste considerazioni, perché i prezzi del carburante crollarono proprio nel 1981? Con ogni probabilità, l'effetto dell'incremento in termini di efficienza nei sette anni precedenti, combinato con la recessione del 1981 – che ebbe effetti sostanzialmente globali – falsò le previsioni dell'OPEC sul rapporto tra domanda e offerta. Ciò avvenne proprio quando la guerra tra Iran e Iraq era al culmine, e i paesi arabi stavano inondando l'Iraq di finanziamenti per scongiurare una vittoria iraniana. I costi della guerra uniti alle necessità economiche per mantenere un tenore di vita sopra le righe rendevano difficile ridurre la produzione di greggio, elemento che favoriva il mancato rispetto degli accordi tra i paesi dell'OPEC. I prezzi scesero tanto da annullare qualsiasi vantaggio di cartello.

In altre parole, la logica di mercato aveva funzionato. Ma aveva funzionato nel lungo periodo, un periodo nel quale si erano avvicendati governi che avevano messo in atto politiche contrastanti e in cui il mercato era stato influenzato da correnti sotterranee che spesso la politica non aveva voluto o saputo prendere in considerazione, come ad esempio lo spostamento delle economie avanzate verso il terziario. La rimozione dei controlli sui prezzi nel gennaio del 1981 fu una mossa di buonsenso politico, ma non fu certo la causa della rottura dell'OPEC. Una seconda importante lezione è che l'amministrazione Carter avrebbe raggiunto gli stessi risultati in termini di efficienza senza lo *Sturm und Drang* dei razionamenti energetici. Per farla breve, la storia conferma in pieno la massima di Knight sulla teoria economica e sull'importanza di non esagerarne il valore.

Morte all'inflazione

Nel 1979, Carter designò Paul Volcker a capo della Fed durante quello che fu probabilmente il periodo più buio del suo mandato. Sia a Wall Street sia nelle stanze dei Ministeri delle Finanze degli altri paesi regnava grande preoccupazione. Volcker era nel migliore dei casi un candidato di terza scelta. Presidente della Fed di New York, la più importante tra le banche distrettuali della Federal Reserve, era un esperto d'economia finanziaria che aveva diviso la sua carriera tra il Tesoro e la Chase Manhattan Bank. Era conosciuto per essere un conservatore con grande esperienza nel districarsi nella giungla dei mercati finanziari, un "falco" nella lotta all'inflazione, dotato di una forte leadership. Per gli uomini dell'amministrazione Carter era il "candidato di Wall Street".

A Volcker era stata affidata una delle due o tre cariche più importanti al mondo, con il preciso mandato di tagliare l'inflazione e ripristinare l'ordine nel sistema finanziario in qualsiasi modo avesse ritenuto opportuno. Il persistere di tassi d'inflazione elevati aveva traumatizzato gli investitori a lungo termine, che avevano spostato i loro investimenti dai mercati azionari e obbligazionari che finanziavano il mondo degli affari alla compravendita di beni "durevoli" come oro, oggetti d'arte e proprietà immobiliari. Sui mercati a pronti il prezzo del petrolio aumentò del 6% in un mese, mentre quello dell'oro salì del 28%. Un fenomeno iperinflazionistico stile Weimar non era più del tutto inconcepibile.

Tutti erano spaventati. La paura contagiò in egual misura sindacalisti e datori di lavoro. Non era solo una grave recessione, ma una grave recessione accompagnata da un'inflazione galoppante, un fenomeno mai accaduto prima nella storia degli Stati Uniti. Le recessioni vanno e vengono. L'inflazione, però, continuava a crescere, che le cose andassero bene o no, segnale allarmante di un'economia fuori controllo.

Volcker prese il suo posto a capo della Fed in un momento in cui le idee di Milton Friedman avevano sempre più ammiratori a Washington. Per Friedman il monetarismo era, in parte, uno strumento indispensabile per arginare l'invasività dello Stato centrale nelle attività economiche e sociali. Friedman insegnava che il solo modo per tenere sotto controllo l'inflazione era monitorare la disponibilità di valuta, la quantità fissa di "M1", la somma dei depositi a vista e del circolante. La Fed non aveva altro compito che assicurarsi del fatto che lo stock di moneta crescesse allo stesso ritmo dell'economia. A quel punto la dinamica dei prezzi sarebbe stata sotto controllo.

Volcker non era stato mai un monetarista convinto. Dopo pochi mesi dal suo insediamento decise tuttavia, destando grande preoccupazione sia in Europa che nella stampa finanziaria, di mostrare la sua risolutezza nella lotta all'inflazione adottando una politica tipicamente monetarista. "C'è sicuramente del vero nella posizione monetarista" mi avrebbe detto quarant'anni dopo "e mi sembrava uno strumento utile, sia per far capire quello che stavamo facendo, sia come forma di autodisciplina". D'altra parte, quando si trovò a illustrare la sua strategia al FOMC spiegò che i dati sulla quantità di moneta potevano per loro natura non essere del tutto attendibili, e che, di conseguenza, poteva darsi che si sarebbe mancato clamorosamente il bersaglio, "dopo tutto il clamore su questa novità".

Il cambio di strategia della Fed fu annunciato pubblicamente durante una conferenza stampa, ed ebbe l'effetto desiderato di un vero e proprio shock. In occasione di una pesante caduta di Wall Street, comparve un editoriale nel "New York Times" in cui, sotto il titolo *La Verdun di Volcker*, si leggeva: "Volcker è un giocatore d'azzardo. Punta alto avendo poco a disposizione. Alla nazione intera non resta che sperare, contro ogni probabilità, che la sua sia una mano vincente".

La verità è che non fu il monetarismo a battere l'inflazione, ma Volcker stesso. Per qualche motivo, i monetaristi non erano riusciti a capire che, se la Fed avesse imposto limiti drastici alla disponibilità di moneta, le banche alla caccia di profitti avrebbero inventato nuovi strumenti finanziari per aggirare la restrizione. Cosa che fecero da subito, creando fondi comuni di investimento monetari ad alto rendimento, conti correnti con interessi, strumenti elettronici di gestione della liquidità aziendale, e altro ancora. I verbali delle riunioni del FOMC durante gran parte degli anni Ottanta tradiscono una disperazione a tratti comica quando si doveva misurare l'esatta quantità dell'offerta di moneta. A dire il vero, Volcker riuscì ad abbattere l'inflazione semplicemente con il pugno di ferro, usando tutte le armi a sua disposizione: i tassi d'interesse, l'offerta di moneta e la sua capacità di persuasione. A gennaio del 1981, i tassi d'interesse erano al 19%, un valore di cui da tempo non si aveva memoria, mentre i buoni del Tesoro a tre mesi pagavano il 20%. Nel secondo trimestre l'economia scivolò in recessione, e poiché la Fed continuava a stringere la cinghia in un contesto di declino apparentemente irreversibile, le proteste del Congresso contro la sua politica si fecero sempre più vibrate. A suo credito, in aprile Reagan si espose fortemente a sostegno della Fed: "Né questa amministrazione né la Fed permetteranno il ritorno alle politiche fiscali e monetarie del passato, quelle che hanno creato i presupposti per la situazione odierna". Nel 1982 la crescita del PIL era a meno 1,9%, il dato peggiore dalla fine della guerra.

Incredibilmente, il popolo americano sembrò accettare la politica della Fed. Nella primavera del 1982, uno dei presidenti distrettuali della Fed affermò, in occasione di una riunione del FOMC, che nel suo territorio di competenza sia i dirigenti sia i leader sindacali erano determinati ad attraversare il guado. "Anche da parte dei lavoratori e dei loro rappresentanti" disse "c'è il forte riconoscimento della bontà del nostro operato, e la speranza che continueremo ad affrontare il problema con soluzioni a lungo termine invece che limitarci a reagire alla situazione contingente". La stessa primavera Volcker accettò di parlare alla convention dei costruttori edili, con una certa trepidazione, visto che il loro era uno dei comparti più colpiti dalla crisi.

Volcker lanciò un messaggio che non dava adito a compromessi: "Se abbandoniamo i nostri sforzi nella lotta all'inflazione [...] tutti i nostri tentativi saranno stati vani, avremo solo posticipato il giorno della verità, una verità molto più amara rispetto a quella attuale". Con sua sorpresa, il discorso fu accolto da un'ovazione.

Per fortuna, a metà del 1982, l'inflazione cominciò a calare: l'indice dei prezzi al consumo era essenzialmente stabile. Alla fine dell'anno i tassi d'interesse erano a un ragionevole 8,7%. Durante l'ultimo trimestre la crescita era ancora lenta, ma nel 1983 salì al 4,5%, per poi esplodere al 7,2% nel 1984. Le quotazioni del dollaro salirono rapidamente. Con grande sgomento dei Repubblicani, nonostante si avvicinassero le elezioni, Volcker a metà del 1984 diede un'ulteriore stretta alla politica monetaria ed ebbe, ancora una volta, la benedizione di Reagan. Il PIL rimase su valori alti per tutto l'anno per poi assestarsi alla rispettabile cifra del 4,1% nel 1985. L'inflazione scese all'incredibile valore dell'1,9%, il più basso da vent'anni.

La fiducia tornò a regnare sovrana a Wall Street. Il tasso d'interesse dei buoni del Tesoro a lungo termine si abbassò, iniziando una discesa che si sarebbe protratta nei vent'anni successivi. Gli Stati Uniti avevano mostrato quali sacrifici erano disposti a sopportare pur di proteggere la propria valuta, cambiando decisamente la percezione del mondo sulla gestione economica del paese. Da allora in avanti, l'impegno americano sul fronte della stabilità dei prezzi non è più stato messo in discussione.

Due parabole di mercato

Reagan era un uomo di semplici e solidi principi. La trasparente determinazione del suo anticomunismo fu un elemento importante nel crollo dell'impero sovietico. In economia credeva fermamente nei principi della scuola monetarista: meno tasse, libero mercato, regolamentazione ridotta all'osso. All'atto pratico, però, i risultati furono contrastanti. Due dei principali eventi degli anni Ottanta, il boom dei leveraged buyout (LBO) e la crisi delle casse di risparmio (savings and loans) mostrarono sia la forza sia la debolezza della deregolamentazione del libero mercato.

Il boom degli LBO durò dal 1983 al 1989. Per circa quattro anni gli LBO furono portati ad esempio del potere autorigenerante dei mercati. I giganti vecchi e inefficienti dell'economia americana, che avevano fallito miseramente nella competizione internazionale, furono acquisiti, fatti a pezzi e rivoluzionati così da riposizionare il business: fu fatta piazza pulita del vecchio management e tutti gli asset non pertinenti al nuovo corso furono smembrati dal core business (ad esempio la divisione alberghiera della Goodyear o le autostrade possedute dalle acciaierie).

I nuovi manager trasformarono le industrie tessili in aziende altamente specializzate, come Fieldcrest and Cannon nella produzione di asciugamani e lenzuola e Stevens e Collins & Aikman nella produzione di abiti. Gordon Cain rastrellò una serie di piccole società chimiche per dare vita a quella che sarebbe diventata una delle aziende chimiche a più alta produttività del mondo. Lexmark, nata da un buyout della divisione stampanti dell'IBM, una volta svincolata dalla burocrazia interna della ex casa madre, divenne immediatamente un attore importante nel mercato di riferimento. In quegli anni furono centinaia i casi di LBO, molti dei quali per così dire "amichevoli", spesso portati avanti da manager di secondo o terzo livello frustrati dalla scarsa attitudine al cambiamento mostrata dai loro capi.

I mercati azionari, prima comatosi, fiorirono a nuova vita. Intorno al 1986, il valore medio dei cosiddetti multipli P/E (il prezzo delle azioni diviso per l'utile) era triplicato. In base a tutti i parametri storici, il prezzo delle azioni era eccessivamente gonfiato. La situazione avrebbe dovuto spingere gli dei del mercato ad annunciare, dall'alto del loro empireo, la fine della festa. L'investitore assennato, da parte sua, avrebbe dovuto tirare il freno e selezionare di più i suoi investimenti.

E invece i mercati impazzirono: i ritorni sui primi investimenti furono così spettacolari che i grandi investitori, come fondi pensione e fondi di dotazione, non vedevano l'ora di entrare in gioco. I nuovi fondi spuntavano come funghi. A differenza di altri settori, ad esempio quello metallurgico, i mercati finanziari promettevano ritorni rapidi e di gran lunga superiori, attraendo operatori con pochi scrupoli che investivano denaro normalmente preso in prestito dalle banche.

Il costante afflusso di capitali alla ricerca di nuovi affa-

ri rese il sistema sempre più complicato, con obbligazioni
che continuavano a impilarsi una sull'altra. Tra gli strumenti finanziari più in voga c'erano i cosiddetti PIK, obbligazioni che prevedevano il "pagamento in natura": se si
saltava una rata di pagamento si dava al creditore il contro-
valore in azioni. A Wall Street si scherzava sulla "spirale
della morte": serie ripetute di mancati pagamenti si tradu-
cevano in un numero sempre maggiore di PIK, in una
spirale senza fine. Nel 2007 l'uso dei PIK riapparve nel
contesto delle acquisizioni più aggressive condotte dai
fondi di private equity.

Quello che sarebbe stato ribattezzato il "decennio
dell'aridità" durò dal 1986 al 1989. Ai primi segni di isteria, il sistema finanziario crollò in pochi mesi. Nell'estate
del 1989 una spettacolare guerra al rialzo per l'acquisizione della United Airlines si concluse con un sorprendente
nulla di fatto quando le banche rifiutarono i finanziamenti. Una lunga serie di contrattazioni e di accordi divenne
carta straccia. Il gennaio successivo la Federated Depart-
ment Stores, a soli tredici mesi dal buyout, annunciò che
non era in grado di pagare i suoi debiti. Da quel momento simili annunci si ripeterono uno dopo l'altro. Revco –
una catena di farmacie – era già insolvente al momento
dell'acquisizione, anche se nel frattempo le parcelle dei
banchieri e dei gestori del fondo avevano raggiunto la cifra
di 80 milioni di dollari. Bisogna ricordare che quelli che
acquistavano quel tipo di obbligazioni erano investitori
esperti.

La seconda crisi finanziaria, la crisi dei savings and loans (S&L), le casse di risparmio, fu sostanzialmente un puro e semplice spreco di denaro. Fu un segnale della necessità di un'attività regolatoria in grado di prevedere l'evolversi dei moderni mercati finanziari.

Il mercato delle S&L sfruttava i depositi locali per finanziare i mutui della zona, spesso a tasso fisso. Negli anni Settanta l'alta inflazione e i fondi che operavano sui mercati valutari spinsero i tassi sui depositi fino al 20% d'interesse, e le S&L non avevano più mercato.

Una legge bipartisan volta a salvaguardarne l'attività ebbe l'unico effetto di prolungare l'agonia. Ma ben più devastante fu la nomina di Richard Pratt, famoso per il suo sostegno alle dottrine liberiste antiregolatorie. Pratt provvide subito ad abolire di fatto ogni freno alle attività di self-dealing, ovvero le transazioni in conflitto d'interesse.

Quando Pratt ebbe terminato la sua opera, chiunque poteva prendere il controllo di una S&L e riorganizzarla tramite una ragnatela di prestiti a società controllate per l'acquisizione di terreni, la costruzione di immobili e via dicendo. In altre parole, chiunque poteva costruirsi un piccolo impero immobiliare personale interamente attraverso l'uso dei depositi. O, più comunemente, *far finta* di costruire un impero immobiliare, dirottando nel frattempo il denaro per l'acquisto di altri beni, ad esempio un jet personale (attività assai di moda nel Texas di quegli anni).

Dal 1980 fino alla metà del 1983, Charles Knapp, un operatore immobiliare, gonfiò nei bilanci il valore dei prestiti a un ritmo di 10 miliardi di dollari a semestre. Nel 1985 andò fallito, e solo allora il governo federale scoprì che il valore reale dei prestiti era di 500 milioni di dollari. Un altro signore, che a bilancio presentava un'attività creditizia per 1,8 miliardi di dollari, era riuscito ad acquistare sei jet Lear prima che i federali si accorgessero che il 96% dei prestiti concessi erano inesistenti. Ancora nel 1988, 132 S&L *insolventi* stavano ampiamente prosperando in Texas.

Tristemente, alcune delle figure più importanti di Wall Street furono coinvolte nello scandalo. Suscitò particolare costernazione il fatto che nella lista comparissero alcuni tra i più prestigiosi studi legali e di revisione contabile. Tra gli studi legali costretti a patteggiare cifre multimilionarie si possono ricordare nomi come Jones, Day, Reavis, and Pogue; Paul, Weiss, Rifkind; e Kaye Scholer. Il conto totale che le società di revisione dovettero pagare per spese legali, multe e altro fu stimato intorno agli 800 milioni di dollari. In particolare, Ernst & Young e Arthur Andersen (più avanti coinvolte nello scandalo Enron) furono costrette a risarcimenti molto onerosi. Naturalmente, il conto per i contribuenti fu di gran lunga più salato rispetto alla cifra versata dai diretti responsabili del disastro.

Quali insegnamenti possiamo trarre da quanto detto finora? Da una parte, è vero che i mercati funzionano, come dimostra la risoluzione della crisi petrolifera. Sia il Giappone che l'Europa erano chiaramente più competitivi rispetto agli Stati Uniti all'inizio degli anni Ottanta, ma alla fine del decennio erano parecchio indietro. Poiché entrambi interferivano intenzionalmente con il libero andamento dei mercati in nome della stabilità, ci volle molto tempo per uscire dalle secche della recessione degli ultimi anni Ottanta: nel caso del Giappone quasi due decenni. Al contrario, negli Stati Uniti la forzata ristrutturazione delle grandi corporazioni degli anni Ottanta, per quanto brutale, spianò il terreno per un'agile economia ad alta produttività quale fu l'America degli anni Novanta.

D'altra parte, la seconda fase del boom degli LBO e la crisi delle S&L mise in luce i danni creati da una regolamentazione insufficiente dei mercati finanziari. Nei mercati, il profumo del denaro fa sì che si perda qualsiasi moralità e buonsenso. In entrambi i casi descritti, a ingrassarsi a spese di consumatori e contribuenti furono persone abili, scaltre, pericolose e senza scrupoli.

Interludio: rose e fiori negli anni Novanta

Al momento in cui Bill Clinton ascese alla presidenza, tutti gli esperti concordavano che ci sarebbe stata una grave recessione dell'economia mondiale. Clinton prese il mandato avendo in tasca una ricetta dettagliata per stimolare l'economia, ricetta che era stata uno dei punti principali della sua campagna elettorale. Lungi dall'applicarla, fu preda di una bizzarra conversione: d'improvviso i Democratici dissero che la causa di ogni male erano i *deficit di*

bilancio, e che solo contrastandoli si sarebbe potuta aggan-
ciare la ripresa. A sentire i cosiddetti "falchi del deficit"
guidati da Robert Rubin, capo del Domestic Policy Council e già alla Goldman Sachs, i deficit prosciugavano il
risparmio, provocavano il rialzo dei tassi d'interesse e depri-
mevano gli investimenti e la crescita. Era sufficiente convincere il mercato finanziario che i deficit sarebbero stati ridot-
ti con rigore e determinazione per ottenere un abbassamento dei tassi. Il resto sarebbe avvenuto di conseguenza.

Rubin dettò l'agenda, ma Clinton per poco non perse
l'appoggio del partito. La versione finale della legge di bilancio (per la gran parte aumenti delle tasse) fu proposta al
voto del Senato con un richiamo alla disciplina di partito
all'insegna dell'"o con me o tutti a casa". La legge fu appro-
vata per un soffio grazie al voto decisivo del vicepresidente
Al Gore.

Così come avevano promesso i seguaci di Rubin, Clinton ebbe miracolosamente il suo boom: la bolla delle dot-
com.

Poche persone avevano sentito parlare di Internet prima
che una start-up, Netscape, la prima azienda a proporre
un motore di ricerca utilizzabile da tutti, si affacciasse sul
mercato azionario nell'agosto del 1995. Il valore delle azioni triplicò il primo giorno, e nell'arco di pochi mesi Jim
Clark, un investitore veterano della Silicon Valley che aveva
da subito creduto nell'azienda, divenne il primo miliardario del mondo delle dot-com, dando inizio all'esplosione
del mercato tecnologico.

La frenesia alimentava ulteriore frenesia sul mercato. Nel 1996, Alan Greenspan, nuovo governatore della Fed, esternò pubblicamente la sua preoccupazione in merito a una "esuberanza irrazionale" dei mercati, per poi contraddirsi l'anno successivo accettando, con le dovute precauzioni, la possibilità di un "nuovo paradigma": un'era di crescita non inflattiva determinata dall'evoluzione tecnologica. Un commento che non poteva che accrescere l'ingordigia degli investitori.

La gran parte delle bolle speculative trovano le loro fondamenta in fatti reali. Lo sviluppo del web e di Internet fu una vera rivoluzione, probabilmente tanto importante quanto lo sviluppo delle ferrovie. Comunicazioni sicure via web appiattiscono i grafici organizzativi nelle grandi aziende, spazzano via interi strati di burocrazia, avvicinano clienti e fornitori, favoriscono l'outsourcing delle attività non attinenti al core business. Nell'ultima metà del decennio la produttività incrementò a un eccezionale tasso annuale del 4%.

Greenspan, anche lui un fanatico dell'antiregolamentazione dei mercati, non pensò mai che le bolle speculative fossero affare della Fed. Durante gli anni più tempestosi del boom degli LBO, decise di non limitare i prestiti bancari per operazioni ad alto indebitamento, finché non fu troppo tardi. Analogamente, negli anni Novanta, si rifiutò di dare un giro di vite sui guadagni azionari così da drenare aria per sgonfiare la bolla tecnologica.

La bolla scoppiò solo dopo che Clinton ebbe consegnato le chiavi della Casa Bianca al suo successore, portandosi a casa una serie di risultati economici più che lusinghieri. Durante il suo mandato, la crescita reale si era attestata su una media del 3,7%, il miglior risultato dai tempi del ticket Kennedy/Johnson. Il tasso d'inflazione era, in valore medio, del 2,8%, un dato mai visto dai tempi di Eisenhower. I tassi dei buoni del Tesoro a lungo termine furono intorno al 5% per gran parte degli anni 1989 e 1990, i più bassi dagli anni Sessanta. Infine, durante gli ultimi tre anni della presidenza, il surplus di bilancio era di 300 miliardi di dollari, il miglior risultato dalla fine della guerra.

Quale fu la ricetta magica? Secondo la versione ufficiale, sponsorizzata specialmente da Rubin, fu l'applicazione della "Rubinomics": tagliare il deficit per abbassare i tassi d'interesse. Una versione tanto priva di fondamento quanto quella propagandata negli anni precedenti dai teorici della *supply side*, secondo cui tutti i boom economici partono dalla riduzione delle tasse. In effetti, una lunga serie di studi, realizzati da esperti sia di area liberal che conservatrice, ha dimostrato che la riduzione dei deficit pubblici fa calare gli interessi a lungo termine solo di un decimo di punto percentuale, se non meno. In ogni caso, gli effetti degli aumenti nella pressione fiscale dell'era Clinton furono controbilanciati dai guadagni fiscali ottenuti grazie alla effervescenza dei mercati finanziari.

In realtà, il boom degli anni Novanta si spiega con la convergenza di una serie di fattori più ampi che assicurarono una crescita stabile. I baby boomer, la generazione che aveva segnato in modo così profondo la storia americana sin dagli anni Cinquanta, avevano ormai quaranta o cinquant'anni, gli anni di maggior produttività e maggior risparmio. Ci fu un boom della produttività delle aziende americane. Non solo la generazione dei baby boomer aveva assorbito il know-how giapponese, ma ne aveva creato uno esclusivamente americano, che favorì sia l'esplosione informatica che quella delle comunicazioni digitali. Dopo un decennio di eccesso d'investimenti in proprietà immobiliari, la grande liquidità di cui disponevano i fondi pensione e i fondi comuni d'investimento si spostò verso i mercati azionari e obbligazionari. La popolazione anziana non aumentava, la spesa militare era in ribasso e il surplus del bilancio previdenziale, determinato da un aumento delle tasse che risaliva al 1983, ebbe l'effetto di ridurre i deficit ereditati dall'era reaganiana. La somma di questi fattori rese inevitabile un abbassamento dei tassi d'interesse e una forte crescita dei mercati finanziari, soprattutto quelli di ultima generazione.

Oltre a ciò, vi fu l'effetto di quarant'anni di investimenti pubblici nella progettazione e nello sviluppo di Internet (e di gran parte delle tecnologie collegate) e nella realizzazione di un sistema in grado di farlo funzionare in ogni angolo della terra. L'impegno devoluto nello sviluppo tecnologico avrebbe poi reso possibile il trasferimento delle conoscenze tecnologiche dal settore pubblico a quello privato, a partire dal 1995. Gli aumenti di tasse di Rubin furono un fenomeno secondario.

***

Nonostante l'andamento irregolare dell'economia negli anni Ottanta e Novanta, la dottrina dei conservatori ebbe la meglio, basando la propria visione su due principi fondamentali. Il primo, ampiamente dimostrato dal recupero dei mercati nei primi anni Ottanta e negli anni Novanta, si basava sul grande potere del libero mercato. Il secondo si basava sullo sviluppo di mercati finanziari ampiamente deregolamentati, cosa alquanto strana poiché il continuo manifestarsi di bolle speculative offriva una forte ragione per fare il contrario.

Nel prossimo capitolo esaminerò nel dettaglio alcuni specifici strumenti d'ingegneria finanziaria nati negli anni Ottanta e Novanta, che sarebbero poi diventati la causa principale della bolla creditizia del secondo millennio.

---

1. L'incremento delle start-up fu anche dovuto ai cambiamenti demografici. Nei primi anni Ottanta ero un dirigente di una grande banca. Eravamo tutti sulla quarantina e coordinavamo centinaia e centinaia di baby boomer trentenni che volevano fare carriera e non trovavano spazi. Le grandi aziende che al tempo erano nostre clienti avevano tutte lo stesso problema: anzi, erano impegnati nel downsizing. Non è sorprendente quindi che a quel tempo si registrò un grande incremento nelle iniziative imprenditoriali.

CAPITOLO 3

Bolle speculative: prove tecniche

Anche se è stato lo sviluppo delle nuove tecnologie ad alimentare il boom delle dot-com, la bolla rappresenta un classico caso di isteria e di perdita del senso della misura dei mercati. Il decennio che va tra la fine degli anni Ottanta e la fine degli anni Novanta fu segnato non solo dalla bolla tecnologica, ma da altri tre casi, di natura diversa, in cui i mercati trovarono il paradiso per poi ritrovarsi nella polvere. Il 1994 fu contraddistinto dal crack dei mutui, anticipato da gravi crisi del sistema finanziario: il crollo della borsa nel 1987 e il fallimento del fondo LTCM (Long-Term Capital Management) nel 1988. Quest'ultima débacle ebbe proporzioni tali che la Fed, a un certo punto, temette il collasso dell'intero sistema dei mercati finanziari.

Le tre crisi trovarono fondamento nello sviluppo di nuovi sistemi d'investimento alimentati da un lato sull'utilizzo di nuove tecnologie informatiche, dall'altro sulla scoperta di nuovi e raffinati strumenti di matematica finanziaria. Una nuova generazione di strumenti matematici o "quant" riuscì a riorganizzare gli elementi costitutivi dei vecchi asset per produrre nuove formule in grado di soddisfare le necessità degli investitori. L'evoluzione dei computer permetteva di sfruttare anche minime differenze nell'andamento del mercato azionario o dei tassi d'interesse. L'avvento di una nuova serie di strumenti d'investimento complessi e "strutturati" rivoluzionò su larga scala le prassi del sistema bancario. Ma come tutte le tecnologie e le strategie innovative, anche queste presentavano difetti pericolosi che avrebbero fatto la loro comparsa solo in momenti di grave difficoltà. L'evoluzione di tutte queste tecniche e strategie finanziarie nuove è alla base della crisi finanziaria che oggi mette seriamente a rischio la stabilità dell'economia mondiale.

Ascesa, declino e ripresa dei mutui

Il New Deal aveva fatto delle S&L, le casse di risparmio, il fulcro della propria strategia per aumentare le possibilità di acquisto della prima casa. Per garantire la disponibilità finanziaria delle S&L, il governo statunitense creò delle agenzie "parastatali", Fannie Mae, Ginnie Mae e Freddie Mac[1], in grado di fornire liquidità ai mercati locali attraverso l'acquisizione di mutui ipotecari dalle S&L e da altri soggetti qualificati. Col tempo, le tre agenzie impararono come garantire la loro liquidità attraverso la cessione di titoli garantiti dai mutui sottoscritti, o pass-throughs. Un pass-through si crea trasferendo una quota di mutui a un trust, il quale a sua volta emette titoli in cui è rappresentata una quota pro rata del capitale e degli interessi. Ad esempio: un trust in possesso di mutui per un valore di

100 miliardi di dollari con un rendimento pari al 6% avrebbe potuto emettere titoli in grado di garantire agli investitori un ritorno dell'1% dei ricavi del trust. Un qualsiasi investitore avrebbe, in linea di principio, potuto avere un rendimento annuale pari all'1% di sei miliardi di dollari, aggiustato in base alla quota di insolvenze o di ricavi dalla restituzione del capitale, fino all'estinzione di tutti i mutui ipotecari coinvolti.

La formula del pass-through non ha mai soddisfatto a pieno i grandi investitori. Un problema era costituito, per così dire, dalla natura dei loro appetiti finanziari: di preferenza investivano a entrambi gli estremi della scala del rischio, investendo la parte principale dei loro asset negli strumenti finanziari a minor rischio e una piccola quota negli strumenti ad alto rischio. I mutui ipotecari si collocavano circa a metà della scala: non erano appetibili né per gli investitori in cerca della sicurezza garantita dai titoli a tripla A, né per quelli in cerca di ritorni elevati. Inoltre, il sistema di pagamento mensile tipico dei mutui ipotecari risultava scomodo (in genere le obbligazioni pagano due volte l'anno) e le date di scadenza erano comunque incerte. A ogni calo dei tassi d'interesse, i proprietari avrebbero tentato in ogni modo di rifinanziarsi. Al contrario, in caso di tassi crescenti, avrebbero mantenuto a ogni costo il mutuo sottoscritto. Variazioni inaspettate in merito alle date di scadenza delle obbligazioni potevano sortire effetti devastanti per gli interessi degli investitori.

Molti di questi problemi si risolsero quando nel 1983

Larry Fink insieme a un team della First Boston creò i CMO – Collateralized Mortgage Obligations – per conto di Freddie Mac. Come nel pass-through, i mutui erano trasferiti a un trust, ma poi venivano riorganizzati in tre segmenti, con la conseguente emissione di obbligazioni per ciascun segmento. Il trucco era che le obbligazioni di migliore categoria, che potevano rappresentare, ad esempio, il 70% del valore venduto, avevano una prima opzione su tutti i flussi di cassa. Poiché non era concepibile che il 30% di un normale portafoglio di mutui ipotecari potesse determinare il collasso dell'intero asset, l'altro 70% otteneva un triplo A, e pagava di conseguenza un basso rendimento. La seconda tranche delle obbligazioni tipicamente poteva essere il 20% dei mutui e aveva un rendimento più alto, e il residuo 10%, ad alto rendimento, assorbiva per intero le eventuali perdite. Proprio per questo quel 10%, pur rappresentando un alto rischio, avrebbe potuto remunerare efficacemente gli investitori attratti dai cosiddetti "titoli spazzatura" o *junk bonds*. Per farla breve, i CMO non solo sembravano obbligazioni, ma garantivano anche il guadagno delle altre obbligazioni presenti sul mercato. In altre parole, rispondevano efficacemente agli appetiti sull'intero spettro di rischio.

I CMO furono un'invenzione importante, e come tale ebbero una profonda influenza nell'industria dei mutui ipotecari. Tradizionalmente, i concessionari di mutui avevano le stesse caratteristiche di un negozio a più funzioni. Si faceva l'istruttoria, si approvava il credito, si assumeva come garanzia l'ipoteca sull'immobile, si raccoglievano le rate mensili e si gestivano le morosità. Solo pochi anni dopo l'introduzione dei CMO, il settore dei mutui ipotecari subì una profonda diversificazione. I broker esaminavano le domande, piccole banche specializzate, sottocapitalizzate, facevano a gara per concedere prestiti in modo da averne in quantità sufficiente per costruire un CMO. Le banche d'affari creavano e mettevano sul mercato obbligazioni costruite sul modello CMO. Nacque una intera generazione di specialisti nel gestire i portafogli di CMO e le eventuali insolvenze. Una competizione estrema ridusse i margini a livelli minimi. Infine, poiché i CMO suscitavano una così grande attrattiva presso gli investitori, il tasso d'interesse o spread rispetto alle obbligazioni del Tesoro diminuì a un passo costante. Uno studio universitario concluse che, a metà degli anni Novanta, i CMO avevano consentito complessivamente ai possessori di case un risparmio di 17 miliardi l'anno. Fu un classico esempio di come l'innovazione finanziaria può contribuire al benessere sociale.

Tuttavia, la linea che separa il successo dei mercati da una vera e propria mania è sottile. All'inizio l'innovazione portata dai CMO generava profitti tali che quasi tutti gli operatori a Wall Street facevano a gara per salire sulla nuova nave dei miracoli, rastrellando mutui ipotecari e riproponendoli come CMO. Per la concorrenza furono generati strumenti finanziari ancora più complessi (ad esempio, la creazione di CMO con tasso fluttuante a partire da un insieme di mutui ipotecari a tasso fisso non fu un'impresa facile, ma c'era richiesta da parte degli investitori, per cui si mise in atto un'opportuna struttura di cartolarizzazione)[2]. L'ufficio dove si effettuavano le operazioni CMO della Kidder Peabody, a capo del quale c'era un geniale matematico finanziario di nome Michael Vranos, dominò il mercato alla stessa maniera con cui la Drexel Burnham di Michael Milken aveva fatto con i titoli spazzatura.

La complessità degli strumenti finanziari crebbe fino a rasentare l'assurdità. Nel 1983, il calcolo della redditività dei CMO elaborati da Fink, operazione relativamente semplice, richiedeva l'impiego di un elaboratore centrale per un intero fine settimana. Agli inizi degli anni Novanta, quando le workstation della Sun erano diffuse ovunque, i mercanti di CMO riversarono sul mercato la cifra iperbolica di 125 strumenti finanziari in tranche (derivate dalla segmentazione dei mutui ipotecari reali) al di fuori di qualsiasi possibilità di comprensione. Per quanto ingegnosa fosse la strutturazione dei CMO, l'insieme non era altro che un sistema chiuso: tutte le tranche avevano come base lo stesso numero di mutui ipotecari. Più si privilegiavano le tranche ad alta valutazione (le obbligazioni a tre A), più violento era l'impatto sulle tranche a minor valutazione, al fondo della montagna obbligazionaria, i cosiddetti "rifiuti tossici".

Disfarsi di questi rifiuti divenne subito il principale freno alla crescita. Le imprese potevano metterne solo una parte a bilancio, cercando di vendere il resto a investitori innocenti, come, ad esempio, ricche tribù indiane o fondi pensione dei medici. Ma il segreto del successo della Kidder Peabody fu farsi assorbire dalla General Electric, che avendo risorse abbondanti non si preoccupava minimamente di quello che faceva l'acquisita. Per un trader avventuroso, la disponibilità di denaro fuori controllo è come una manna dal cielo.

La festa finì nella primavera del 1994, quando a sorpresa la Fed alzò i tassi d'interesse di mezzo punto percentuale, gettando tutta la matematica dei CMO in confusione. David Askin, uno dei geni dei CMO, finì per essere l'emblema di una piccola apocalisse. Askin gestiva un hedge fund con un portafoglio di circa due miliardi di dollari investiti in CMO, e quasi tutti nella parte "tossica", con un leverage (rapporto fra posizioni in attivo e capitale) di circa 3 a 1. Quando il rialzo dei tassi deciso dalla Fed ridusse il valore degli asset a rendimento costante, i creditori domandarono ulteriori assicurazioni, in valuta o in titoli, a garanzia dei prestiti. Allora sorse la domanda: quanto valevano le garanzie fornite da Askin? La maggior parte proveniva da strumenti finanziari che quasi mai erano stati negoziati. I modelli di valutazione delle banche davano risultati diversi dai risultati proposti da Askin. Di conseguenza, Askin fu obbligato a mettere sul mercato parte dei suoi titoli, salvo scoprire, con sua amara sorpresa, che non c'erano compratori. A tutti gli effetti, il valore degli strumenti congegnati da Askin rasentava lo zero. Bear Stearns, la più aggressiva delle banche, si mosse per valutare gli asset in possesso di Askin. Per non esser da meno, le altre banche seguirono l'esempio. In un battito di ciglio, Askin e i suoi investitori avevano perso tutto. L'intero mercato dei CMO crollò.

Jack Welch, amministratore delegato di General Electric, scoprì d'improvviso che la sua banca d'investimenti, il suo gioiello, la banca che aveva appena avuto l'onore di essere citata come la migliore da "Institutional Investor", era una sanguisuga di denaro. Questo non era certo il modo di fare di General Electric. La Kidder Peabody era forse l'istituzione più venerabile a Wall Street. Fondata nel 1864, era stata una delle prime banche d'affari in America. Ciononostante fu fatta fallire, e i suoi asset più pregiati furono venduti a Paine Webber. Fink fu chiamato per metter fine all'operato di Vranos, che ovviamente si riciclò come ricchissimo gestore di hedge fund nel settore dei mutui ipotecari. Ci si può chiedere se, nella primavera del 2007, con l'esplodere della crisi dei mutui subprime, egli non abbia avvertito un *déja vu*, essendo costretto a sospendere i pagamenti dei ritorni ai clienti del suo fondo.

In totale, le perdite determinate dal crollo dei CMO furono pari a 55 miliardi, solo il 5% delle perdite di 1000 miliardi determinate dal crollo dei mutui subprime. Ciononostante, ci vollero due o tre anni affinché il mercato dei mutui assorbisse l'impatto della perdita.

Superficialmente, le due crisi del mercato finanziario, il crollo della borsa e il disastro del fondo Long-Term Capital Management (LTCM), sembrano assai diversi dalla crisi dei CMO, ma, come si vedrà più avanti, ci sono temi ricorrenti.

1987: *il crollo della borsa*

Il Dow Jones Average scivolò sotto i 1000 punti per la prima volta dal 1968, per poi rimanere sospeso tra gli 800 e i 900 punti per quindici lunghi e tristi anni, in cui il suo valore fu costantemente eroso dall'inflazione. In altre parole, chi in quell'arco di tempo avesse detenuto titoli Dow Jones avrebbe perso i due terzi dell'investimento al netto dell'inflazione.

I primi LBO (leveraged buyout) crearono una certa eccitazione nei mercati. Ma fu solo nel 1983, quando l'inflazione finalmente iniziò a scendere, che i mercati si risvegliarono. Fu allora che il toro riprese a scalpitare: nell'estate del 1987 l'indice Dow Jones era triplicato. A giugno, il multiplo P/E basato sull'indice S&P 500 raggiunse un valore superiore a 21, quota ragguardevole in un mondo pre dotcom. All'epoca, era il quinto miglior risultato dal dopoguerra. Gli esperti sapevano molto bene che i mercati erano al massimo, ma pensavano di essersi assicurati attraverso una nuova generazione di prodotti "quant", chiamati "assicurazioni sul portafoglio", che si riteneva potessero minimizzare le perdite in caso di un andamento negativo dei mercati.

Le "assicurazioni sul portafoglio" non erano che uno tra gli strumenti di negoziazione e di copertura da rischi che Wall Street stava introducendo per meglio servire i clienti più importanti, come i fondi pensione e i fondi comuni di investimento. Gli elementi comuni erano i derivati, il ricorso a formule innovative di matematica finanziaria per la gestione dei portafogli e un abbondante uso delle tecnologie informatiche.

La caratteristica degli strumenti derivati, come le opzioni o i futures, è che il loro valore deriva da altri strumenti finanziari. L'opzione garantisce un diritto, ma non un obbligo, alla vendita o all'acquisto di un'azione a un determinato prezzo entro un tempo prefissato. Nel settembre 2007, la quotazione dell'IBM era di 113 dollari per azione. Con una spesa di circa 7 dollari, un investitore avrebbe potuto acquistare un'opzione "call", vale a dire il diritto a comprare un'azione IBM per 115 dollari nel gennaio del 2008. Se nel gennaio del 2008 le azioni fossero salite a 130 dollari, lo stesso investitore, esercitando il suo diritto di "call" (vale a dire il diritto di comprare a 115), avrebbe ottenuto un profitto finale di 15 dollari a fronte di una spesa di 7. In alternativa, avrebbe potuto puntare su una caduta del prezzo delle azioni: in questo caso avrebbe acquistato un'opzione "put" per vendere le azioni a un dato prezzo alla data prefissata.

I futures, invece, sono contratti che prevedono l'obbligo di vendere o acquistare a una data prefissata nel futuro. Il grande fascino dei futures sta nel fatto che i margini possono essere monitorati giorno per giorno. Ammettiamo che qualcuno venda un future a 30 giorni su titoli del Tesoro americano con valore nominale di 100.000 dollari e un prezzo di consegna di 95 dollari per unità, vale a dire di 95.000 dollari complessivi, e ammettiamo che i titoli siano attualmente quotati a 95 dollari. Se la quotazione scende a 92 dollari, allora il compratore deve aggiungere un margine di 3000 dollari; se invece sale a 96 dollari, è il venditore a dover mettere sul piatto 1000 dollari, e così via. Al termine del contratto, il saldo dei margini tra debiti e crediti equivarrà esattamente ai guadagni o alle perdite degli strumenti sottesi all'operazione.

I mercati delle opzioni e dei futures esplosero con l'avvento della "formula di Black-Scholes", l'equazione più famosa nella storia della finanza. Inserendo nella formula le variabili note in un dato momento (il tasso d'interesse su strumenti privi di rischio, la scadenza dell'opzione, il prezzo e la volatilità dell'azione, e il prezzo fissato – "strike price" – per l'opzione) la formula dà come risultato il prezzo dell'opzione considerata. Poiché qualsiasi transazione finanziaria può essere ridotta alla forma di un'opzione, la formula di Black-Scholes diventò presto un metodo di valutazione universale. Grazie a questa teoria, i gestori di portafogli più versati nei nuovi strumenti di matematica finanziaria potevano convertire quasi tutti gli strumenti finanziari in altri: ad esempio, un portafoglio in moneta, opzioni e futures poteva simulare perfettamente un portafoglio azionario, le obbligazioni fluttuanti potevano imitare quelle a tasso costante e così via. Poiché le strategie di trading "sintetiche" basate su opzioni e futures sono al contempo più efficienti e meno costose delle operazioni sugli strumenti sottostanti, e per di più hanno un grado di ambiguità che le rende più attraenti (e spesso più facili da nascondere agli occhi della concorrenza), diventarono uno strumento essenziale per qualsiasi gestione di grandi portafogli.

L'"assicurazione sul portafoglio" che tanto piaceva ai grandi investitori era in effetti una strategia di copertura (hedging) basata sui futures. Un modo poco costoso per fare hedging o per proteggere un vasto portafoglio azionario da possibili crolli di mercato è vendere futures sugli indici azionari (i futures sugli indici come lo S&P 100 vengono scambiati sul "Merc", il Chicago Mercantile Exchange). Se il mercato cresce, ci saranno perdite sui futures, ma se il mercato cala i profitti ottenuti dai futures copriranno le perdite sul portafoglio azionario. I dettagli di questa strategia furono messi a punto da Hayne Leland e Mark Rubinstein, due professori di Economia finanziaria all'Università di Berkeley. L'investitore sceglie un valore di minimo per il suo portafoglio: a quel punto, utilizzando strumenti matematici del tipo Black-Scholes, si determina il valore dell'investimento in futures. Quando il valore del portafoglio è ben al di sopra del valore minimo prefissato, le vendite di futures sono al minimo; viceversa, quando il valore del portafoglio azionario scende, le vendite di futures crescono in proporzione, in modo che perdite e guadagni siano più o meno in equilibrio. Leland e Rubinstein fondarono una loro società così da proporre la loro strategia di hedging a grandi investitori. Pochi mesi dopo, la maggior parte delle società operanti a Wall Street vendeva prodotti simili. Nell'autunno del 1987 qualcosa come 100 miliardi di dollari investiti in portafogli azionari erano "assicurati". La definizione della strategia era così complessa che sia i calcoli sia l'attività di trading avvenivano tramite l'uso di computer.

Dopo che il Dow Jones segnò un nuovo picco raggiungendo in agosto quota 2700, nell'autunno i mercati iniziarono una costante e nervosa discesa. Il 14 ottobre, all'apertura della borsa, l'indice era sceso a 2500. Fu una settimana estremamente agitata per le notizie provenienti dal mondo: scaramucce tra Stati Uniti e Iran, il deficit commerciale aveva raggiunto un valore sorprendentemente elevato, vi era un aperto contrasto fra America e Europa sul valore del dollaro, i rendimenti obbligazionari erano in crescita e si parlava di introdurre una tassa sulle operazioni di scalata in borsa. Quel mercoledì il Dow perse il 4%, e nella notte i risultati delle borse di Tokyo e Londra furono anche peggiori. La mattina di giovedì i programmi che gestivano l'assicurazione dei portafogli, che in genere operano dopo un intervallo di 24 ore, cominciarono a operare a oltranza. Di norma i prezzi dei futures e quelli dei portafogli azionari si muovono in stretta sincronia, altrimenti gli arbitraggisti intervengono comprando gli strumenti che hanno il minor prezzo e vendendo gli altri. Ma quel giovedì la massiccia vendita di strumenti di copertura mandò in tilt il Merc, spezzando qualsiasi legame tra prezzo dei futures e prezzo dei portafogli azionari. Il caos si prolungò fino alla giornata di venerdì, con il valore dei portafogli che si trascinava dietro il vorticoso crollo dei futures. Nell'arco di soli tre giorni, da mercoledì a venerdì, i mercati persero oltre il 10% del loro valore, scostamento considerato assai significativo.

Il lunedì successivo, i fondi comuni di investimento scaricarono valanghe di azioni sul mercato londinese prima dell'apertura delle borse americane. Era il 19 di ottobre, da allora chiamato in gergo "Lunedì Nero". Un diluvio di vendita dei futures colpì Chicago subito all'avvio delle contrattazioni, e in pochi minuti l'attività di trading andò in cortocircuito sia a Chicago sia a New York. Per alcune importanti azioni il prezzo di apertura non uscì prima delle dieci e trenta. A un certo punto un operatore mise sul mercato futures per un valore di 100 miliardi di dollari con 13 ordini di vendita emessi nell'arco di pochi minuti. Man mano che il valore dei futures scendeva, gli acquirenti si volatilizzavano: come la spazzatura di Askin, i futures non avevano più valore. Il panico contagiò il mondo: i funzionari della borsa di New York, per la prima volta, invocarono le cosiddette "circuit breaker rules" per interrompere le contrattazioni. A New York il mercato azionario perse il 23%, un valore mai registrato nella storia della borsa. Il mercato dei futures perse ancora di più, non essendovi più alcun legame con i portafogli azionari.

La Fed rispose riversando sui mercati fiumi di dollari (si dice che Gerald Corrigan, presidente della Fed di New York, dovette fare forti pressioni sulle banche newyorkesi per assicurarsi che il denaro fosse effettivamente utilizzato per sostenere gli intermediari finanziari). Alla fine della settimana l'ordine era stato più o meno ripristinato, e i mercati mostravano una modesta ripresa. Ma erano stati bruciati circa 500 miliardi di dollari.

Il crollo dei mercati avvenne poco dopo l'insediamento di Alan Greenspan a capo della Fed. La sua prontezza nell'affrontare la situazione fu ben accolta da Wall Street. Due settimane dopo il crollo, durante una riunione del FOMC, Greenspan rinnovò la sua preoccupazione in merito alla possibilità di un crollo globale dei mercati finanziari, anche se i singoli presidenti delle banche federali ritenevano che localmente la crisi non aveva avuto che effetti marginali sulla attività economica. Le quotazioni azionarie si stabilizzarono, ma con una predisposizione al ribasso. Alla fine dell'anno il P/E di S&P 500 era poco meno di 15, di un terzo inferiore al valore che aveva in agosto. Tuttavia, era ancora un buon risultato.

L'aspetto più impressionante dell'intera vicenda è l'incredibile fatuità dell'idea di un'assicurazione sul rendimento dei portafogli azionari, per quanto brillante potesse essere il concetto di partenza. In effetti la strategia ha un senso se applicata a un singolo agente, ma se adottata dall'intero mercato non può che produrre disastri. Ovviamente Leland e Rubinstein erano persone brillanti e capaci. La loro azienda, a quanto pare, a un certo punto gestiva la metà dell'assicurazione di portafoglio del mercato azionario, per un valore di 50 miliardi di dollari. È incredibile che non avessero potuto accorgersi delle inevitabili conseguenze del loro operato.

Richard Bookstaber, che allora gestiva il portafoglio assicurativo di Morgan Stanley, ricorda una conversazione con un giovane venditore pochi giorni prima del Lunedì

Nero. L'agente gli aveva chiesto delle conferme: stava davvero gestendo un portafoglio assicurativo di tre miliardi di dollari? In caso di discesa nel valore delle azioni, avrebbe venduto futures a un tasso di accelerazione costante? E infine, era vero che almeno altre venti società avrebbero fatto la stessa cosa? Bookstaber rispose che sì, era tutto vero. Il giovane agente investì i suoi pochi risparmi in opzioni put, opzioni con buon rendimento in caso di crisi dei mercati, e un paio di settimane dopo si ritirò, arricchito, a vita privata.

Il disastro LTCM

Si dice che solo le persone più brillanti siano in grado di commettere errori veramente catastrofici. Long-Term Capital Management era il nome di un hedge fund fondato nel 1993 da John Meriwether, un famoso trader di Salomon. I nomi delle persone che Meriwether era riuscito a coinvolgere nell'operazione testimoniano del rispetto che gli era tributato nei circoli finanziari. Oltre ai suoi collaboratori più stretti, i partners includevano Myron Scholes e Robert Merton, entrambi vincitori del premio Nobel per l'economia nel 1997, e David Mullins, già vicepresidente della Fed.

Meriwether e soci erano specialisti del cosiddetto "relative-value". In pratica, prendevano nota delle relazioni tra prezzi di strumenti finanziari comparabili, cercando tutti quegli scostamenti che secondo i loro modelli non erano giustificabili. Un esempio classico in tal senso è dato dallo spread tra le obbligazioni del tesoro "on the run" e "off the run". Le obbligazioni "on the run" sono quelle di più recente emissione: essendo oggetto di scambi maggiori, offrono premi leggermente più alti rispetto alle obbligazioni emesse da più tempo. Ma il premio si azzera col tempo, così il trader va certo sui titoli "on the run", ossia li vende a termine senza possederli, e con il ricavato compra le obbligazioni "off the run". Di norma, quando avrà portato a termine le contrattazioni, i prezzi delle obbligazioni si saranno allineati, consentendogli un piccolo margine di guadagno dovuto alle differenze di prezzo iniziali. Questo tipo di strategia di arbitraggio è solitamente a basso rischio: non importa se il prezzo delle obbligazioni sale o scende, l'importante è che i prezzi relativi convergano. Può verificarsi che ciò non accada, ma la formula di Black-Scholes prevede che una simile eventualità sia un evento raro.

Per guadagnare somme considerevoli operando su margini tanto ristretti bisogna movimentare importanti quantità di denaro con un'elevata leva finanziaria. Dieci punti base di una posizione di un milione di dollari sono solo 1000 dollari. Ma se indebitandosi si incrementa la propria posizione di 25 volte, allora il ritorno sarà del 2,5% (poiché generalmente il periodo di possesso dei titoli è molto breve, il costo per gli interessi passivi sarà molto ridotto). Se durante l'anno si fanno un bel po' di queste operazioni, i profitti saranno strepitosi, anche con percentuali di successo dell'80-90%. Il pericolo sta nella leva finanziaria elevata: se qualcosa va male, andrà veramente male o, come dicono i trader, i fondi a valore relativo "mangiano come polli ma cagano come elefanti".

LTCM aprì nel 1994, dopo essere riuscito a raccogliere l'impressionante cifra di 1,25 miliardi di dollari degli investitori nell'offerta iniziale. Nella speranza di acquisire anche solo in parte i segreti delle tecniche di trading di Meriwether, Merrill, Goldman e altre banche accettarono di prestare a condizioni estremamente generose, chiedendo garanzie praticamente nulle a copertura dell'esposizione e disinteressandosi delle posizioni del fondo.

Il 1994 fu l'anno della crisi dei CMO, quando tutti i mercati obbligazionari, compresi quelli ipotecari, erano in subbuglio. La situazione, dunque, era assai vantaggiosa per i trader di relative value. LTCM realizzò un ritorno sugli investimenti del 20% operando prevalentemente sui mercati obbligazionari, proprio quando questi ultimi erano sotto botta. Nei due anni successivi il ritorno raggiunse il 40%. La leggenda cresceva.

I problemi cominciarono a manifestarsi nel 1997, quando i rendimenti tornarono a un più umano 17%. Numerosi operatori avevano adottato le strategie di LTCM, e l'aumento del numero degli arbitraggisti aveva ovviamente ridotto i margini di guadagno. A quel punto Meriwether ragionevolmente concluse che LTCM era sovradimensionato. L'enorme crescita di profitti degli investitori aveva fatto esplodere il capitale del fondo a 7 miliardi di dollari.

Con rapporti di leverage compresi tra 18 e 20, ciò significava dover gestire più di 125 miliardi di dollari. Alla fine dell'anno, nonostante le proteste, Meriwether costrinse gli investitori esterni a redimere una parte importante delle loro quote, diminuendo il capitale del fondo e rafforzando la partecipazione sua e dei suoi collaboratori. Fu il peggiore affare della sua vita. Per finanziare l'acquisizione delle quote alcuni suoi collaboratori s'indebitarono pesantemente. Ma forse il vero motivo del fallimento di LTCM fu l'arroganza, oltre che la continua ricerca di maggiori profitti. I partners di LTCM si erano man mano allontanati dalle loro competenze, addentrandosi in ambiti con cui avevano scarsa dimestichezza, come il mercato dei cambi o l'arbitraggio sulle azioni (con scommesse sulle acquisizioni), tutto questo aumentando la leva finanziaria.

Alla metà del 1998 i mercati divennero estremamente turbolenti, con crolli valutari che imperversavano in tutta l'Asia. Poi la Russia, tanto cara agli investitori occidentali, cominciò ad avere problemi a ripagare il debito estero. I rendimenti sugli investimenti a rischio aumentarono notevolmente: dal punto di vista di LTCM, lo spread tra obbligazioni ad alto e basso rischio (come i titoli del Tesoro americano) era un fatto insolito, ma assai promettente. LTCM si gettò nell'avventura con tutte le sue forze. In conseguenza del panico diffuso tra gli investitori occidentali, il rendimento dei titoli russi, prima trattati quasi come Euro bonds, schizzò al 90%. Secondo i modelli di LTCM era una situazione senza senso, così Meriwether e soci fecero incetta di titoli russi. In ottobre il governo russo annunciò al mondo che non avrebbe onorato i suoi impegni, nemmeno in rubli. LTCM era morta.

Fu un'agonia lunga un mese. Come nel caso del fondo di David Askin, la caduta a spirale si rifletteva nella continua richiesta di garanzie. Di nuovo, fu Bear Stearns una delle prime banche a entrare in azione. Alla ricerca disperata di soldi, Meriwether cercò di forzare un consorzio di banche a fornire una linea di credito di 500 milioni di dollari, cosa che fu interpretata come un segnale di panico. Nel frattempo, i corporate risk managers di Wall Street costringevano tutti gli operatori tipo LTCM a liquidare le loro posizioni, indipendentemente dalle perdite. Solo LTCM non poteva vendere, poiché altrimenti avrebbe travolto i mercati. Non restava altro da fare che stringere i denti, respingendo per quanto possibile i margin calls (gli ordini di ricostituzione dei margini originari) mentre il capitale diminuiva di centinaia di milioni di dollari al giorno, in attesa che cambiasse il vento. Alla spasmodica ricerca di capitali freschi, Meriwether si rivolse agli amici di un tempo presso Goldman Sachs, e non poté fare altro che render loro noto, almeno in parte, il valore della sua posizione finanziaria. Ci sono forti elementi per ritenere che i trader della Goldman abbiano utilizzato queste informazioni per operare sul mercato contro Meriwether.

La Fed non intervenne pubblicamente: non poteva certo, in qualità di istituzione pubblica, intervenire per salvare dal crollo una piccola consorteria di multimilionari. Almeno apparentemente: William McDonough, presidente della Fed di New York, costrinse, con la benedizione di Greenspan, le banche creditrici a correre in aiuto di LTCM. Quando Meriwether aprì la sua contabilità agli esperti della Fed di New York alla fine di settembre, fu uno shock. Nessuno avrebbe potuto immaginare che LTCM aveva posizioni aperte per oltre 100 miliardi di dollari, a fronte di un capitale che era crollato a un solo miliardo di dollari. LTCM era chiaramente insolvente, e non restava altro che liquidare tutti gli asset finanziari sul mercato. McDonough temeva seriamente che un evento di simili proporzioni avrebbe potuto scatenare il crollo globale dei mercati.

Alla Fed fu una settimana di discussioni animate e spesso violente, al termine delle quali venti tra le maggiori banche commerciali e d'investimento acconsentirono a mettere sul piatto 3,65 miliardi di dollari per l'acquisizione di LTCM e la sua ristrutturazione. Quando nel 2000 LTCM fu liquidato, le banche avevano recuperato i loro investimenti ma poco più. I partners di LTCM persero circa 1,9 miliardi di dollari, e molti erano in serie difficoltà finanziarie. D'altra parte, essendo persone di talento, non sarebbero certo mancate le opportunità di rimettersi in piedi. Di lì a poco Meriwether si rimise a far girare soldi, e oggi è socio di JWM investors, un hedge fund del valore di 2,6 miliardi.

L'intervento della Fed nella soluzione della crisi di LTCM fu largamente, e impropriamente, propagandato come il salvataggio di un'impresa privata da parte di un ente pubblico, anche se non vi furono oneri per i contribuenti. Di fatto, il capitale per il salvataggio di LTCM proveniva dalle stesse banche che avevano lungamente lucrato sull'attività del fondo. McDonough le costrinse a reinvestire una parte dei profitti per l'interesse della collettività. Infine, chiusa la vicenda, nessuno dei soci si ritrovò propriamente per strada, anche se in media avevano perso ciascuno il 90% o più della loro ricchezza. Questo è un esempio, più o meno, del modo in cui dovrebbero funzionare i mercati.

Fu Martin Mayer a porre il quesito più interessante nella sua acuta storia della Fed: a conti fatti, quali furono i motivi che spinsero la Fed a forzare un accordo tra banche e LTCM? Anche se in linea di massima c'era un vasto consenso sul fatto che il fallimento avrebbe avuto conseguenze assai nefaste, molti erano scettici sul valore di una simile argomentazione. Forse, una ragione abbastanza plausibile era che si volesse evitare la pubblica consapevolezza del *vero* scandalo: che proprio nel cuore del mondo finanziario statunitense, un piccolo numero di individui fosse stato in grado di farsi prestare centinaia di miliardi di dollari dalle banche, e che né le banche né chi aveva il compito di verificarne il corretto operato avessero la benché minima idea dell'effettivo ammontare di denaro prestato e del modo in cui era investito.

Cambiamenti geologici

Questi tre episodi illustrano l'entità dei cambiamenti che scossero come un terremoto i mercati finanziari negli anni Ottanta e Novanta, mostrandone tutte le crepe.

Innanzitutto, le tre crisi erano scoppiate in mercati per gran parte al di fuori dell'ambito di competenza delle autorità finanziarie. L'inesorabile attività di deregolamentazione iniziata negli anni dell'amministrazione Reagan faceva sì che sempre più denaro fosse concesso in prestito a soggetti non sottoposti ad attività di vigilanza. Nel 2006, solo un quarto del credito era destinato a organismi sottoposti a una qualsiasi forma di regolamentazione, a fronte dell'80% di vent'anni prima.

Il dogmatismo dei sostenitori del libero mercato sosteneva il trend della deregolamentazione. Tra i più entusiasti c'era Alan Greenspan. Nel 1995, ad esempio, Greenspan si era espresso contro qualsiasi regola atta a disciplinare i margini (ovvero il capitale minimo) sulle posizioni in derivati. Sosteneva, senza alcuna plausibilità, che l'*assenza* di margini di garanzia avrebbe promosso "la sicurezza e la validità delle banche d'affari, permettendo un maggior numero di strumenti finanziari a disposizione e quindi una miglior gestione della liquidità". La settimana prima dell'implosione di LTCM affermò davanti al Congresso: "La formazione dei prezzi sui mercati e la vigilanza delle controparti basta in larga misura ad assicurare sicurezza e affidabilità". Nel 2003 intervenne a un convegno sugli investimenti finanziari dicendo: "Chi critica i derivati spesso richiama lo spettro di un dealer che impone perdite importanti e debilitanti alle controparti, tra cui altri dealer, provocando una catena di fallimenti. Tuttavia, tutti gli attori nei mercati dei derivati sono ben coscienti del rischio creditizio cui potrebbero essere esposte le controparti, e si adoperano adottando misure in tal senso".

Certamente questo era lo stesso Greenspan che, rivolgendosi al Congresso, auspicava un intervento nella crisi di LTCM: "se la crisi di LTCM provocasse una paralisi dei mercati, un notevole danno sarebbe inflitto agli attori degli stessi, tra cui alcuni non direttamente coinvolti con le attività del fondo. Un fatto che avrebbe recato danni a molte economie, non ultima la nostra".

In altre parole, la vigilanza imposta dalle controparti commerciali funziona benissimo, a patto che si sia disposti ad accettare la crisi occasionale di "molte economie". Ma visti gli enormi profitti cui può accedere chi è in cima alla catena, come Meriwether, è un prezzo che gli oltranzisti del libero mercato possono essere disposti a pagare.

Un secondo fattore di preoccupazione è il peggioramento del cosiddetto "problema di agenzia", ovvero la questione di impedire che un dipendente o un'azienda agiscano contro gli interessi del proprio cliente. Nel 1997 un giovane trader di nome Nick Leeson fece fallire la Barings Bank correndo enormi rischi commerciali. A parere di tutti la responsabilità non poteva che essere attribuita alla Baring. Le scommesse ad alto rischio con i soldi provenienti dalle case rappresentano un caso estremo e ben noto di Agency problem: non a caso, quasi tutte le agenzie di trading hanno elaborato procedure estremamente sofisticate per la gestione del rischio, in modo tale da proteggersi. La Bearing no, e per questo ha pagato.

La ragione per cui molte istituzioni finanziarie sottolineano l'importanza del "rapporto" nelle loro campagne pubblicitarie è semplice: devono sedare le preoccupazioni dei clienti. Se c'è un rapporto a lungo termine con il cliente, così almeno dicono nelle pubblicità, l'istituzione non sfrutterà mai le sue maggiori conoscenze per ingannarlo. In questo modo le attese dei consumatori e i bisogni delle banche saranno perfettamente allineati.

La decomposizione del sistema degli investimenti bancari sul credito ipotecario seguita al successo dei CMO ha aggravato l'Agency problem. Quando le S&L locali concedevano un nuovo mutuo, i funzionari avevano tutto l'interesse nel proporre ai clienti la soluzione più vantaggiosa. Le banche avrebbero tenuto i mutui sui loro libri e spesso chi proponeva il contratto era un vicino di casa. I nuovi istituti di credito specializzati in mutui ipotecari, invece, li rivendevano nel giro di settimane o mesi. D'altro canto, gli intermediari erano pagati esclusivamente per le commissioni che portavano, e spesso trattavano con i clienti direttamente via e-mail o per telefono. È un fatto assodato che la Countrywide Financial, un grosso intermediario rimasto coinvolto nella recente crisi dei subprime, ha deliberatamente spinto la clientela verso prodotti con le commissioni più elevate, anche quando erano possibili alternative miglio-ri. La frammentazione dei mercati aumenta il rischio di Agency problem. Nel "nuovo mondo" in cui i mercati la fanno da padrone, non solo è pericoloso o ingenuo dare fiducia a chi eroga i mutui, ma, visti i recenti scandali sui prestiti agevolati per il pagamento delle rette scolastiche, anche a chi si propone come consulente per il finanziamen-to delle spese per l'istruzione.

Infine, c'è un fattore estremamente pericoloso determi-nato dall'utilizzo sempre più diffuso della matematica nelle decisioni di investimento. La matematica accosta il compor-tamento dei prezzi ai modelli di dispersione del calore o delle molecole di gas in ambienti chiusi utilizzati in fisica. In entrambi i modelli citati, l'enorme quantità di microin-terazioni casuali produce risultati quantitativi altamente prevedibili. Se, a livello teorico, è possibile che le molecole d'aria in una stanza si spostino tutte in un angolo, oppure che una fiamma applicata a una barra di metallo ne riscaldi solo la metà, la legge dei grandi numeri insegna che la proba-bilità di simili evenienze è prossima allo zero.

I portafogli composti da un numero elevato di titoli si comportano più o meno come suggerito dai modelli fisico-matematici. In situazioni di stress, tuttavia, i modelli appli-cati non hanno più valore. Se le azioni rispecchiassero vera-mente il comportamento delle molecole di gas, allora tutte le attività di trading dovrebbero avvenire a costi nulli, istan-taneamente e ripetutamente nel tempo. Spesso però il comportamento di un titolo è non lineare e intermittente, e quindi estremamente costoso. Inoltre, l'attività di trading si basa su scelte umane che spesso non hanno alcun senso in termini di modelli matematici. L'uomo detesta perdere soldi più di quanto non gli piaccia guadagnarne. Gli umani sono soggetti alla moda. Anche i trader più sofisticati si accodano alla massa. Il modello dell'"assicurazione sul portafoglio" di Leland e Rubinstein prevedeva che, una volta avviato il ciclo automatizzato delle vendite, i computer lato acquisti avrebbero freddamente applicato le formule per calcolare i giusti prezzi. Ma nella vita reale, il "lato acquisti" è una massa di trader in carne e ossa che urlano "C____! Stanno vendendo tutti. Molla tutto!" In altre parole, i tre casi esposti nelle pagine precedenti dimostrano che, nei mercati finanziari, le molecole d'aria hanno la sorprendente tendenza a spostarsi tutte insieme.

Poco prima che si verificasse la crisi di LTCM, il capo della divisione risk management di Merrill Lynch mi disse: "I matematici dicono che una perdita del 20% si verifica... quanto spesso, una volta ogni cinquant'anni? E allora i 150 miliardi persi dalle S&L, o i guadagni del 1000% in un giorno sulle monete europee [1992], o il crollo dei titoli spazzatura? Beh, sono passati pochi anni, e questi avvenimenti sono realtà. Poi, se si fa una copertura sulle azioni equity italiane, cosa puoi fare se i mercati decidono di chiudere per cinque giorni, e non sai quali sono i valori in portafoglio?".

I mutui ipotecari sono diventati materiale da gestione di portafoglio dopo essere stati reingegnerizzati e trasformati in strumenti che avevano tutto l'aspetto di obbligazioni. L'efficienza dei modelli applicati ha garantito grandi benefici sia alle banche di investimento sia ai consumatori, ma è arrivata a estremi pericolosi. Da allora, non a caso, c'è stata una forte spinta a riconfigurare la maggior parte di questi asset (mutui sulla costruzione di uffici, mercati obbligazionari emergenti, prestiti bancari a rischio e molto altro) per far sì che si comportassero come strumenti finanziari ideali, ma nascondendo la loro vera natura contorta e imperfetta.

I sistemi di reingegnerizzazione finanziaria hanno migliorato nettamente l'efficienza dei mercati e hanno abbassato i costi di raccolta, ma allo stesso tempo hanno creato l'illusione che i rischi fossero ben compresi e sotto controllo.

I tre trend, l'evolversi delle transazioni finanziarie in mercati non regolati, il progressivo peggioramento dell'Agency problem, e l'illusione che tutti gli eventi del mondo della finanza potessero essere "matematizzati", crearono le premesse per la grande bolla creditizia del secondo millennio.

1. Fannie Mae, la Federal National Mortgage Association (FNMA), fu creata nel 1938 come agenzia governativa sia per garantire mutui ipotecari "qualificati", sia per l'emissione di obbligazioni in grado di finanziare l'acquisto dei mutui da parte di agenti qualificati nel sistema creditizio. Fannie Mae fu privatizzata nel 1968, ed è stata recentemente "nazionalizzata" dall'amministrazione Bush. Ginnie Mae, la Government National Mortgage Association (GNMA), nacque da una costola di Fannie Mae durante la privatizzazione di

quest'ultima, per garantire alcune classi di mutui ipotecari. Al contrario di Fannie e Freddie, le sue obbligazioni sono garantite dal governo federale. Freddie Mac, la Federal Home Loan Mortgage Corporation (FHLMC), fu creata nel 1970 come clone di Fannie per competere con quest'ultima. Grazie alla creazione delle tre agenzie, le restrizioni per la concessione di mutui ipotecari sono nel tempo divenute sempre meno stringenti.

2. Bastava creare due tranche, la prima che fluttuava con riferimento a un tasso d'interesse, ad esempio LIBOR (il tasso londinese per i prestiti tra banche), la seconda fluttuante con andamento opposto. Per cui se LIBOR andava su, la seconda tranche avrebbe fluttuato al ribasso, assicurando una copertura. Poiché era più difficile vendere la seconda tranche, essa poteva essere di un ordine di grandezza pari solo alla metà della prima, ma aveva un ordine di fluttuazione che poteva essere doppio.

CAPITOLO 4

Un muro di denaro

I primi anni del nuovo millennio sono stati turbolenti: terrorismo, code ai check-in, una guerra logorante, crisi energetica, brutta politica. Ma per i banchieri o per i grandi investitori è stato il paradiso.

La Fed rispose alla crisi delle dot-com nel tardo 2000 abbassando i tassi dal 6,5% al 3,5% nell'arco di pochi mesi. Nel periodo immediatamente successivo all'attacco alle torri gemelle, la Fed continuò a tagliare i tassi finché nel 2003 si raggiunse quota 1%, la cifra più bassa in mezzo secolo. I tassi non ripresero a salire prima della metà del 2004. Per trentun mesi consecutivi i tassi d'interesse a breve al netto dell'inflazione furono *negativi*. In altre parole, il costo del denaro per le banche era zero.

Verso la fine degli anni Ottanta, il timore che le maggiori banche fossero sottocapitalizzate rispetto agli investimenti indusse gli organi di controllo e vigilanza dei paesi più industrializzati a imporre regole più stringenti sul capitale bancario. Il ragionamento era che, se le banche avessero avuto maggior quantità di capitale proprio a garanzia dei crediti concessi, allora sarebbero state più attente nel fornire denaro a prestito. Tuttavia, i banchieri avevano ben notato come gli intermediari locali avessero guadagnato concedendo mutui ipotecari con capitali di garanzia minimi.

Il segreto era custodito in una parola, cartolarizzazione: raggruppare i prestiti sotto forma di CMO (Collateralized Mortgage Obligations), per poi vendere i pacchetti a fondi pensione e altre tipologie di investitori. Quando alla metà degli anni Novanta furono introdotte le nuove regole sui requisiti di capitale, le grandi banche iniziarono a utilizzare processi di cartolarizzazione. Invece di tenere iscritti nei bilanci i mutui ipotecari, i prestiti ad aziende, i prestiti ad alto rendimento per operazioni di takeover, i prestiti concessi per investimenti su mercati emergenti e simili, iniziarono a farne dei pacchetti chiamati Collateralized Loan Obligations (CLO), o Collateralized Debt Obligations (CDO), che potevano essere venduti ad altri investitori. In questo modo avrebbero continuato a guadagnar bene sui prestiti, mettendo a rischio poco o nulla del loro capitale. In altre parole, i prestiti concessi costavano pressappoco nulla.

Per molti anni c'era stata un'intensa attività di trading tra le banche sui derivati, utile a equilibrare le rispettive posizioni sia in termini valutari sia in termini di tassi d'interesse. Negli anni Novanta era stata creata una nuova classe di derivati con lo scopo di "assicurare" le banche rispetto a casi d'insolvenza. Uno strumento che, pur essendo differente nei dettagli, nei contenuti assomigliava molto all'assicurazione sul portafoglio divenuta famosa durante la crisi dei mercati obbligazionari del 1987. Le banche utilizzavano entusiasticamente i derivati sul credito, così come gli investitori che compravano i debiti cartolarizzati. Come era avvenuto nel 1987, la disponibilità di assicurazioni sul credito fece correre gli investitori su e sempre più su lungo la curva del rischio. Tranquillizzati dal fatto che i crediti erano assicurati, gli investitori – che altrimenti avrebbero dovuto tenersi alla larga dai CLO e CDO a rating più basso – investirono su di essi, attirati dalle maggiori possibilità di profitto. E perché no? Dopotutto, i matematici avevano garantito che non c'erano rischi.

Quando il denaro è a costo zero, e prestarlo non costa niente ed è a zero rischi, in un'ottica razionale chi presta continuerà a prestare fintantoché ci sia qualcuno che ha bisogno di denaro. Per Alan Greenspan era l'alba di una nuova e gloriosa epoca della finanza globale. Aggiungendo un'altra perla al suo lungo repertorio di esternazioni entusiastiche sulle bolle speculative, annunciò un "nuovo paradigma nella gestione del credito".

Tutti facevano carrettate di denaro, anche le aziende più "tradizionali" di Wall Street. Non c'erano limiti: persone senza arte né parte potevano accedere a mutui ipotecari senza garanzie reali; consumatori insolventi potevano avere carte di credito, tutto era concesso. Si potevano accumulare mutui ipotecari, incassare le commissioni e venderle a investitori affamati di profitti. Gli investitori erano "assicurati". Le commissioni erano soldi veri. E i mutui potevano anche essere restituiti.

Il business degli LBO, dopo essere stato rilanciato con parole nuove e di moda – private equity – tornò a ruggire sui mercati. Ecco l'esempio di una tipica transazione: si tira su un miliardo di dollari come capitale, se ne prendono a prestito altri quattro, si compra un'azienda in buona salute per cinque miliardi (solo dopo aver raggiunto un accordo con i suoi dirigenti), si prende un dividendo "speciale" di un miliardo e poi, man mano che cresce il mercato, si rivende l'azienda e ci si mette in tasca un altro paio di miliardi *senza nessun rischio*. "La gente parla di una muraglia di denaro" diceva un banchiere. I fondi di private equity non avevano bisogno di cercare denaro, era il denaro "che li inseguiva".

È destino che tutte le bolle speculative scoppino, ed è anche destino che più grandi sono le bolle, più grande sia il botto. Già alla fine del 2007, il rumore delle bolle che esplodevano era assordante. Ma prima di capire che cosa è avvenuto, dobbiamo capire che cosa ha fatto gonfiare a dismisura la bolla finanziaria.

La "scommessa di Greenspan"

William McChesney Martin è stato a capo della Fed per diciotto anni, durante i quali si alternarono amministrazioni assai diverse, da Truman a Nixon. Si deve a Martin più che a ogni altro la classica definizione dell'operato della Fed: "andare controvento": favorire l'accesso al credito quando l'economia rallenta e stringere i cordoni della borsa quanto la crescita si fa troppo effervescente. Poiché di norma la politica spinge per stimolare la crescita, Martin andava in direzione opposta: "La funzione della Fed è portare via gli alcolici proprio quando la festa è sul più bello".

Ora prendiamo in esame il rapporto tra l'operato del FOMC durante l'era Greenspan e la crescita dell'economia. Già prima dell'11 settembre i tassi erano al 3,5%. Subito dopo gli attentati il FOMC li tagliò per quattro volte consecutive, cosicché alla fine dell'anno erano all'1,75%, valore che avrebbero mantenuto per gran parte del 2002. Nell'ultima metà del 2001, per forza di cose, il tasso di crescita fu disastroso. Nei primi tre trimestri dell'anno successivo l'economia si riprese, anche se la crescita era ancora anemica: in media del 2,4%.

Nel novembre del 2002, poiché c'erano tutti i segnali di un brusco rallentamento della crescita, la Fed tagliò drasticamente i tassi di mezzo punto percentuale, portandoli all'1,25%. L'economia rimase stagnante durante l'ultimo trimestre del 2002 e durante il primo trimestre del 2003, per poi crescere rapidamente grazie soprattutto ai tagli fiscali dell'amministrazione Bush e all'aumento della spesa per la guerra in Iraq. Ciononostante, in quel trimestre il FOMC decise per un'ulteriore riduzione dei tassi portandoli all'1%, il valore più basso dal 1954. Nel trimestre successivo la crescita salì a uno "straordinario" (secondo le parole del FOMC) 7,5% per poi stabilizzarsi a un solido 3% per la restante parte del 2003 e lungo tutto il 2004. Nonostante il buon andamento dell'economia, il FOMC attese un anno intero prima di riprendere ad alzare i tassi di un quarto di punto alla volta, fino ad arrivare al 5,25% nel 2006. In altre parole, contrariamente alla dottrina di Martin, la Fed aveva deciso di continuare a servire alcolici per avere la certezza che la festa si riscaldasse.

Un altro aspetto, forse ancora più discutibile, della gestione Greenspan fu la sua ostinazione nel concentrarsi esclusivamente sulla crescita dei prezzi al consumo, ignorando i segnali di un'inflazione rampante nei prezzi degli *asset* patrimoniali, specialmente nel valore delle case e in quello di titoli di ogni tipo. Gli studiosi possono avere mille motivi per sostenere che le banche centrali non debbano occuparsi dei prezzi degli asset. Ma il buonsenso richiederebbe un intervento di qualche tipo quando i prezzi delle principali classi di asset crescono al di là di ogni ragionevole aspettativa. Nel 2004, ad esempio, l'"Economist" si preoccupava del fatto che "il sistema della finanza mondiale [...] è diventato una gigantesca macchina per stampare soldi grazie alla generosità strabordante della politica monetaria statunitense. [...] L'inondazione di liquidità a livello globale non ha determinato una crescita dell'inflazione. Si è riversata però sul mercato azionario e immobiliare, ingigantendo una serie di bolle nei prezzi degli asset". Stephen Roach, presidente di Morgan Stanley Asia, definì l'operato della Fed in quel periodo "incosciente".

Gli europei furono più posati nell'esporre le loro critiche, almeno in pubblico. Leggendo le parole di uno studio pubblicato dalla BCE nella primavera del 2005 intitolato *Asset Price Bubbles and Monetary Policy*, si ha quasi l'impressione di sentir tossire educatamente in segno di disapprovazione:

La stretta associazione tra la rapida crescita dei prezzi degli asset – fenomeno potenzialmente destabilizzante – e la creazione di un eccesso di credito e liquidità è fenomeno di particolare rilevanza per le banche centrali. [...] Infatti, l'analisi di una serie di eventi storici suggerisce che una escalation nei prezzi degli asset può essere incoraggiata da condizioni monetarie particolarmente "rilassate" che, peraltro, non si riflettono nell'immediato in un aumento dei prezzi al consumo. [...] Poiché in simili condizioni le famiglie sono incoraggiate a spendere le loro plusvalenze quando i prezzi degli asset aumentano, bolle durevoli e di considerevoli dimensioni possono stimolare la spesa per consumi. [...] Sotto questo aspetto, l'evidenza empirica sembra suggerire che lo sgonfiamento di una bolla sul mercato immobiliare abbia costi maggiori di una crisi di uguali dimensioni sui mercati azionari, poiché il capitale immobiliare è più diffuso ed è utilizzato in misura maggiore come garanzia dei crediti.

Un titolo alternativo per questo studio sarebbe potuto essere *Base Terra chiama Federal Reserve: per favore basta!*

L'espressione "Greenspan put" divenne di moda a Wall Street dal 2000 in poi. Il put è un'opzione, un contratto a premio, che permette al possessore di un titolo di venderlo a terzi a un prezzo prefissato in qualsiasi circostanza. I brani che seguono, estratti da una newsletter finanziaria molto diffusa e pubblicati nell'agosto del 2007, colgono a pieno l'importanza del "Greenspan put":

Ricordo bene il crollo del mercato azionario nell'ottobre del 1987. [...] C'erano forti timori che le grandi banche potessero trovarsi nei guai e che si verificasse una contrazione del credito. [...] Per tutta risposta, *la Fed tagliò i tassi per tre volte in sei settimane*. L'economia americana continuava a crescere. [...] le quotazioni raggiunsero nuove vette [...].
Il crollo dei mercati del 1998 fece inabissare lo S&P 500 [l'autore descrive la crisi valutaria asiatica, il disastro LTCM e la crisi russa]. Nel 1999 e nel 2000 l'economia americana e quella mondiale registrarono la più grande crescita del decennio. [...] La recessione del 2001, aggravata dagli attentati dell'11 settembre, fece crescere i timori di una contrazione del credito, paure che sono tornate a essere attuali. Il risultato fu che *la Fed tagliò i tassi per tre volte consecutive in sette settimane*. Non c'era un reale problema di contrazione del credito.

Questo è il "Greenspan put". Non importa quanto possano andare male le cose, la Fed risolverà tutto immettendo denaro a basso costo e tirando tutti fuori dai guai.

Ci sono tuttavia dei limiti al margine d'azione della Fed. In passato solo un presidente era stato a capo della Fed più a lungo di Greenspan in una fase caratterizzata da tassi di interesse reali negativi. Parliamo di Arthur Burns, che realizzò un record di dubbia reputazione: 37 mesi durante le presidenze Nixon, Ford e Carter, dal 1974 al 1977. Si sa già come finì la storia. Per riparare i danni ci vollero Paul Volcker, una brutta recessione e un decennio di tassi d'interesse altissimi.

La più grande bolla immobiliare della storia

Dal 2000 fino alla fine del 2005, l'America ha assistito a un'esplosione senza precedenti del mercato immobiliare, conseguenza di una bolla che l'esperto del settore Robert Shiller, dell'Università di Yale, non ha esitato a definire la più grande della storia. Il valore di mercato delle case crebbe di oltre il 50%, innescando un grande boom edilizio. Merrill Lynch ha calcolato che circa la metà della crescita del PIL statunitense nella prima parte del 2005 era imputabile alla crescita del mercato immobiliare, sia direttamente, attraverso la costruzione o l'acquisto di mobili, sia indirettamente attraverso la spesa resa possibile da cash flow rifinanziati. Dal 2001 in poi, sosteneva lo studio, più della metà dei nuovi posti di lavoro erano legati alle attività connesse al settore immobiliare.

Molti americani resterebbero sorpresi nell'apprendere che nel lungo periodo i prezzi delle case tendono a seguire l'andamento dell'inflazione. Di solito, si guarda all'acquisto di una casa come alla miglior forma di risparmio, perché la casa è l'unico bene che si acquista con un forte debito. Si compra una casa del valore di 100.000 dollari mettendo il 20% di capitale e si finanzia il resto con un normale mutuo ipotecario a tasso fisso; con l'inflazione a un tasso medio annuo del 2% dopo venticinque anni la casa avrà un valore di 168.000 dollari, e sarà di proprietà, svincolata da qualsiasi esposizione debitoria. Dando ragionevolmente per scontato che la somma tra spese del mutuo e spese di ordinaria manutenzione corrisponda più o meno alla spesa per un affitto, il capitale dà un ritorno annuale del 9%. Quale miglior investimento per una famiglia?

Quando però i prezzi crescono di oltre il 50% in cinque anni, le cose cambiano. Un tizio compra una casa del valore di 200.000 dollari con un finanziamento del 90% (accessibile a chiunque), cinque anni dopo la vende a 300.000 dollari e ha già quintuplicato l'investimento iniziale. Con la metà dei profitti versa un anticipo del 10% per un'altra casa del valore di 500.000 dollari e il gioco si ripete. Non sono numeri da poco.

Che cosa è successo? Di solito, la costruzione di nuove abitazioni è un fenomeno innescato da un incremento demografico. La crescita delle periferie negli anni Cinquanta fu determinata da profonde trasformazioni nel comportamento delle famiglie americane, come se la gente avesse inconsciamente deciso di compensare i bassi tassi di natalità degli anni Trenta e Quaranta. Un quarto di secolo dopo, i figli di queste famiglie erano nel fiore degli anni. Questo fatto, coniugato con l'emigrazione di vaste parti della popolazione verso il sud-est e il sud-ovest degli Stati Uniti, determinò l'enorme crescita dei mercati immobiliari negli anni Settanta e Ottanta.

Negli anni Novanta, invece, l'andamento demografico segnava calma piatta. La generazione dei baby boomer aveva raggiunto l'età in cui in genere, finalmente, ci si ferma e ci si gode la vita. L'economia andava bene! La maggior parte dei profitti, però, era appannaggio delle élite delle due coste. La crescita media del reddito familiare era praticamente nulla, e il risparmio era ai minimi storici: non proprio la situazione ideale per un boom del settore immobiliare.

La bolla immobiliare degli ultimi anni sembrerebbe proprio una di quelle strane bestie partorite, senza aiuto alcuno, dal mondo della finanza. Sospetto confermato dal fatto che la bolla non si è limitata agli Stati Uniti, ma ha coinvolto anche il Regno Unito, l'Australia, la Spagna, e in genere tutte quelle zone dove l'accesso al credito ipotecario è diventato insolitamente permissivo.

Come per tutti gli asset caratterizzati da una forte leva finanziaria, i prezzi delle case sono estremamente sensibili alla variazione dei tassi d'interesse. Quando i tassi a lungo termine cominciarono stabilmente a scendere nella seconda parte degli anni Novanta, i colossi del credito si mossero di buon passo nel business del rifinanziamento. Ci vollero un paio d'anni prima che i proprietari afferrassero l'idea: il fatto di utilizzare la propria casa come fonte di guadagno era un'idea che suonava un po' strana. Le banche investirono pesantemente in pubblicità per convincere i consumatori. I rifinanziamenti s'impennarono, passando dai 14 miliardi del 1995 a quasi 250 miliardi nel 2005, il più delle volte per alimentare prestiti più alti. Quando i tassi di interesse sono bassi, pagando le stesse rate ci si può permettere un indebitamento più alto. Ad esempio, accendendo un nuovo mutuo, era possibile ripagare quello vecchio e con la differenza comprare un'auto nuova. Agli inizi del 2000, i consumatori avevano ormai ben capito come cavalcare la discesa dei tassi d'interesse, attingendo sempre più al pozzo senza fondo dei finanziamenti.

Per mantenere il passo con l'incremento delle pratiche, le banche e le sempre più numerose società specializzate nella concessione di prestiti ipotecari facili reingegnerizzarono i processi per la domanda e l'approvazione dei mutui. La semplificazione delle procedure faceva aumentare il numero delle richieste. La possibilità di tracciare i profili di nuovi possibili clienti faceva aumentare la domanda. I valutatori dei mutui erano indotti ad adattare le loro procedure agli obiettivi delle banche. I software studiati per facilitare le sottoscrizioni dei mutui facevano crescere il rapporto tra prestito erogato e reddito del debitore. Nascevano nuovi prodotti adatti alle tasche dei potenziali clienti – prodotti in grado di rendere l'acquisto di una casa possibile anche per chi aveva poco da spendere – con grande entusiasmo delle comunità locali. Tra questi prodotti spiccavano una varietà di mutui ipotecari rinegoziabili, i cosiddetti ARM o *adjustable-rate mortgages* ('mutui a tasso variabile'), che consentivano ai consumatori di continuare a coltivare l'aspettativa di tassi in continua discesa; i cosiddetti "piggy-back loans", per consentire anche a chi aveva pochi rispar-mi di finanziare l'anticipo e le spese di chiusura; una maggior enfasi sui mutui subprime, vale a dire prodotti finanziari ad alto costo per chi non aveva i requisiti per le forme tradi-zionali di finanziamento. I vari istituti di credito accoglie-vano con favore anche i cosiddetti "flipper", persone che acquistavano case con il solo proposito di rivenderle entro un anno o giù di lì (gli esperti ritengono che gran parte delle seconde case sia stata e sia ancora acquistata con il solo scopo di speculare sull'eventuale rivendita; gli istituti di credito non valutano allo stesso modo l'acquisto delle secon-de case rispetto all'acquisto delle case di residenza).

Come sempre, Greenspan cavalcò l'onda. Nel 2004, le famiglie potevano accendere un mutuo a un tasso fisso del 5,5% – un'opportunità storica – ma secondo Green-span avrebbero perso "decine di migliaia di dollari" se non avessero sottoscritto un mutuo a tasso variabile, allora disponibile a un assai invitante 3,25%. Se ci fosse un manuale dei cattivi consigli per i guru dell'economia, questo sarebbe tra i primi dieci. Secondo il compianto Edward Gramlich, all'epoca membro del consiglio di amministrazione della Fed, a Greenspan non importava nulla dei segnali dell'attività predatoria in atto nel merca-to dei mutui subprime.

La maggior parte dei boom economici ha effetti positi-vi, e questo caso non fa eccezione. I legittimi proprietari di case salirono dal 64% degli anni Ottanta e Novanta al 69% del 2005. Questo fenomeno tende a stabilizzare i comportamenti delle comunità, dà una solida base finanziaria alle necessità delle famiglie e diffonde una certa cultura della frugalità, oltre alla propensione a pianificare l'avvenire dei figli. I nuovi proprietari di case erano in larga misura famiglie nere e ispaniche, famiglie che finalmente avevano la loro fetta del sogno americano.

Eppure, come tutte le fasi di crescita eccessiva, il boom è degenerato con conseguenze nefaste. Intorno al 2003 gli erogatori di mutui erano a corto di clienti. Invece di ridimensionare il business, presero nelle loro reti anche chi aveva scarse speranze di poter ripagare i mutui. I prestiti subprime aumentarono per volume d'affari annuale dai 145 miliardi di dollari del 2001 ai 625 miliardi di dollari del 2005, all'epoca più del 20% di tutti i prestiti concessi per l'acquisto di una casa. Più di un terzo dei mutui subprime copriva il 100% del valore dell'immobile (e anche di più, tendendo conto delle spese accessorie). Era cominciata l'epoca dei cosiddetti prestiti "ninja": *no income, no job, no assets* (nessun reddito, nessun lavoro, nessun patrimonio).

Il sottobosco dell'industria dei mutui era diventato pericolosamente predatorio. Un mutuo poteva consistere di diversi prestiti a tassi iniziali decisamente invitanti, che però nel tempo si trasformavano, imponendo rate due o tre volte maggiori. Spesso le nuove rate non erano sostenibili sulla base del reddito mensile del sottoscrittore. Alcune tipologie di mutuo prevedevano i cosiddetti "ammortamenti negativi": in altre parole, sulle rate iniziali non si pagavano gli interessi, che poi però sarebbero andati a gravare sui pagamenti successivi facendo aumentare vertiginosamente l'impegno finanziario del contraente. Inoltre, il costo dei mutui era gravato da voci volutamente nascoste in cui si sovraccaricavano i costi di commissione e intermediazione. Spesso si faceva a meno delle garanzie per il pagamento delle tasse e dell'assicurazione. Di conseguenza, i creditori erano convinti che le rate mensili fossero d'importo minore e diventavano inadempienti proprio per i pagamenti per le tasse e per la copertura assicurativa. Commissioni erano corrisposte agli intermediari come bonus per aver venduto mutui ad alto rendimento a clienti che cercavano le condizioni migliori.

Secondo Angelo Mozilo, il finanziere miliardario che ha trasformato la Countrywide Financial nel maggior erogatore americano di mutui, la colpa dell'esplosione del mercato dei subprime era dei debitori incalliti e di chi difendeva i poveri: erano stati loro a forzare le banche a essere più accomodanti verso le esigenze delle famiglie a basso reddito.

Può essere. Fatto sta che a New York, negli anni 2005 e 2006, alcuni "intermediari specializzati" in marketing all'interno delle comunità nere cominciarono a scandagliare i quartieri più poveri in cerca di proprietari con sufficiente capitale investito in case di proprietà. Edward Jordan, un pensionato settantottenne delle Poste che aveva comprato casa nel 1975 ed era a un soffio dal ripagare il mutuo, fu avvicinato da un venditore che gli spiegò che stava pagando troppo, e che grazie a lui avrebbe pagato solo l'1% di interessi sulle rate. Jordan per sicurezza si rivolse a un altro agente immobiliare, che gli confermò tutto e gli piazzò un mutuo con Countrywide. Alla fine, le spese sostenute per il nuovo contratto di mutuo furono di 20.000 dollari.

Chiuso il contratto, Jordan, che si era fidato degli intermediari, scoprì che gli interessi sulle rate sarebbero presto saliti al 9,95%. Quando protestò presso la Countrywide, il servizio clienti gli offrì un'alternativa a solo pagamento di interesse: ovviamente a tassi più alti, e con una quota capitale a crescere, cosicché le rate avrebbero superato di gran lunga le sue entrate. Jordan, che vive solo della sua pensione, adesso è terrorizzato dal pensiero di perdere la sua casa. Eppure il suo "credit score", il punteggio che misura il grado di solvibilità di un debitore negli Stati Uniti, è di 800, il che teoricamente lo colloca nel 13% dei soggetti considerati a minor rischio di insolvenza. Da qualsiasi parte si guardi il fatto, la Countrywide lo ha rapinato. I dati in possesso dei legali che operano nella stessa area di residenza di Jordan mostrano una pletora di casi simili. Gli istituti di credito più coinvolti sono grandi istituti come Countrywide, New Century (ora fallita per bancarotta) e Fremont General.

Ma non è un fenomeno che riguarda solo i poveri. Un numero impressionante di mutui subprime è stato sottoscritto da persone benestanti che, viste le circostanze favorevoli del mercato, sono andate oltre le loro possibilità per comprare seconde case che non si sarebbero mai potute permettere in tempi di recessione. Mai c'è stata dimostrazione più evidente del cosiddetto Agency problem: se chi eroga il credito non ha alcun interesse nella solvibilità dei debitori, inevitabilmente la ricerca di maggiori profitti determina uno scadimento della qualità dei prestiti.

Alla fine del 2007 tutto il sistema è sull'orlo di una catastrofe. È finito il boom delle vendite immobiliari: l'indice Case-Shiller delle rivendite immobiliari mostra una continua caduta nei prezzi nel corso dell'anno (eppure, ancora nel 2006 tutti concordavano sul fatto che le case non avrebbero mai subito un deprezzamento). Seguendo le curve dei prezzi, a oggi gran parte degli economisti anticipa una diminuzione del valore delle case pari al 10%, ma altre stime parlano del 30%.

Ci sono molte ragioni per essere pessimisti. Circa 350 miliardi di dollari di mutui subprime, o contrattati in modo simile nel 2005 e 2006, nei prossimi anni saranno gravati da interessi più alti. Al momento già si registrano alti tassi d'insolvenza, e data la scarsa qualità dei mutui sottoscritti nell'ultimo periodo, ce ne saranno sempre di più. Queste insolvenze possono avere effetti devastanti nei quartieri poveri: secondo alcune ricerche, il valore delle case crolla nell'arco di poche miglia. I fallimenti degli istituti di credito, con tutte le complessità derivanti dai contenziosi legali, stanno contagiando anche quelli che un tempo erano i fiori all'occhiello del mercato. La Countrywide ha evitato la bancarotta solo per un pelo, grazie a due miliardi di dollari garantiti da Bank of America. Da allora il valore delle sue azioni è andato sempre decrescendo. Il prosciugamento dei flussi di cassa sta già avendo conseguenze sulla capacità di spesa dei consumatori.

Quando la crisi dei mutui subprime ha cominciato a manifestarsi, i saggi della finanza si sono espressi unanimemente: la crisi era sostenibile. D'altra parte, i mutui subprime o simili, come i prestiti "Alt-A" e altri prodotti di seconda scelta, nonostante la loro recente ribalta, pesano solo il 15-20% sul totale dei mutui concessi. Se anche ci fosse un'alta percentuale di mutui non pagati, nel contesto di una economia del valore di 12.000 miliardi di dollari sarebbero noccioline.

Ma non sono noccioline. Ciò che rende tanto importante e devastante il fenomeno non è il suo valore assoluto, quanto il fatto che questi mutui ipotecari di bassa qualità si siano fatti strada ovunque, infettando l'intero sistema creditizio. E lo stesso è avvenuto con altri grandi strumenti finanziari, altrettanto traballanti. La comprensione di questi fenomeni è la strada che porta al cuore della Grande Bolla che, volenti o nolenti, abbiamo tutti contribuito a gonfiare.

Il grande gioco: come trasferire il rischio

Nel capitolo precedente abbiamo visto come Wall Street abbia reingegnerizzato il portafoglio dei mutui ipotecari per creare obbligazioni "strutturate" chiamate CMO. Un portafoglio di mutui ipotecari veniva utilizzato per emettere una famiglia di strumenti obbligazionari. Le obbligazioni venivano suddivise in tranche orizzontali, e le tranche di rango più elevato avevano priorità nella destinazione dei flussi di cassa rinvenienti dai mutui sottostanti. Poiché queste tranche avevano la priorità sui cash flow, automaticamente ottenevano rating alti nelle graduatorie degli investimenti. Le altre tranche assorbivano tutti i rischi di default, ma davano elevate possibilità di guadagno. Il mix di strumenti di alta qualità ad alto rating e di un piccolo quantitativo di strumenti ad alto rischio ma assai remunerativi ben si adattava alle preferenze degli investitori a lungo termine. Inevitabilmente Wall Street alimentò lo sviluppo di strumenti finanziari sempre più complessi, favorendo la grave crisi dei mercati ipotecari del 1994. Intorno al 1996, quando i mercati recuperarono, i Residential Mortgage-Backed Securities (RMBS), strumenti più solidi, gradualmente si fecero strada nei portafogli dei maggiori fondi d'investimento.

L'avvento dei CMBS, Commercial Mortgage-Backed Securities, rappresentò una svolta concettuale nella creazione degli strumenti finanziari. La svolta fu inizialmente promossa dall'agenzia federale che aveva il compito di vendere il portafoglio ipotecario multimiliardario acquisito dal fallimento delle S&L. A differenza dei mutui ipotecari, i titoli sui mutui commerciali sono assemblati su misura in base agli asset sottostanti, così che non si prestano facilmente a essere assemblati. Per ovviare a questo problema nella creazione dei fondi furono coinvolte le agenzie di rating. Le banche costruivano un profilo dettagliato di ciascuna proprietà che contribuiva alla creazione del pool: la struttura finanziaria, la struttura gestionale, il profilo dei singoli proprietari e inquilini, la storia degli interventi di manutenzione e i dettagli dei mutui sottoscritti. Le agenzie di rating utilizzavano i propri modelli per stimare i rischi di insolvenza e negoziavano la struttura del fondo, riassemblando l'insieme di proprietà coinvolte così da migliorare la diversità geografica, o, ad esempio, insistendo affinché vi fosse una maggior presenza di proprietà con basso rischio d'insolvenza. Un CMBS tipico era composto da cinque o sei tranche e poteva comprendere circa 250 proprietà con mutui ipotecari del valore nominale di 500 miliardi di dollari o più. I CMBS, proprio come gli RMBS, ampliavano la base dei mutui ipotecari su cui investire e, inoltre, restringevano visibilmente i margini di interesse.

Il gioco era iniziato. Fintantoché si vagliava caso per caso con le agenzie di rating tutta la documentazione dei crediti, era possibile cartolarizzare qualsiasi cosa. Le aziende cominciarono a vendere Asset-Backed Securities (ABS, titoli o obbligazioni garantite da asset) per finanziare attrezzature industriali, trasporti navali o qualsiasi altra cosa che avesse una valutazione. General Electric fu una delle prime, e anche delle più creative, emittenti di ABS. Le banche d'investimento crearono i Collateralized Bond Obligations (CBO), mentre le banche commerciali sperimentarono l'efficacia dei Collateralized Loan Obligations (CLO). (I CDO – Collateralized Debt Obligations – divennero il nome per tutti gli asset cartolarizzati, compresi i mutui ipotecari). In quasi tutti i casi era un trust, o una Special-Purpose Entity (SPE), tecnicamente indipendente dall'agente che lo aveva creato, ad acquisire gli asset. L'acquisizione veniva finanziata attraverso la vendita di titoli cartolarizzati, di norma con una struttura a tranche, in modo tale da soddisfare le aspettative degli investitori. Alle banche, la collocazione di attività e passività fuori bilancio consentiva di ridurre i vincoli di capitale. Alle aziende, lo stesso fatto permetteva di ridurre nominalmente l'indebitamento.

Poi le cose si sono complicate. Nel momento stesso in cui l'industria finanziaria "strutturata" si stava buttando a capofitto nella commercializzazione di strumenti cartolarizzati, alcune delle migliori menti nell'ingegnerizzazione di prodotti finanziari hanno introdotto una nuova classe di "derivati sul credito", il più importante dei quali è il Credit Default Swap. Per fare un semplice esempio: si supponga che US Bank decida di essere sottoesposta sul fronte del credito nel Sud-Est asiatico. Il modo tradizionale di risolvere il problema sarebbe acquisire un qualche ramo di una banca asiatica o creare una partnership con una banca locale. Un Credit Default Swap abbrevia l'intero processo. A fronte di una commissione, la banca americana garantisce qualsiasi perdita su un portafoglio mutui ricevendo in cambio l'ammontare delle commissioni e gli interessi collegati alle ipoteche. La banca asiatica continuerebbe a garantire la concessione di mutui ipotecari, ma, come si dice nel gergo di Wall Street, acquista una "assicurazione" sul suo portafoglio rischi, liberando capitali che dovrebbe tenere a garanzia dei prestiti concessi, per impiegarli nell'espansione dei suoi affari. I Credit Default Swap sono diventati uno degli strumenti di maggior successo nella storia della finanza. Il valore "teorico" dei Credit Default Swap – vale a dire la parte dei portafogli finanziari coperta da accordi sul rischio di insolvibilità dei crediti – è cresciuto dai 1000 miliardi di dollari del 2001 ai 45.000 miliardi di dollari della metà del 2007[1].

I credit deafult swap permettevano alle banche di diversificare il rischio secondo le aree geografiche. Avevano anche un'altra funzione importante: attraverso di essi, si poteva replicare il credito secondo una serie di classi di rischio, analogamente a quanto avveniva nella creazione delle tranche dei CDO. Un gestore di CDO, usando computer abbastanza potenti e avvalendosi di collaboratori con elevate competenze, poteva creare un CDO "sintetico", vale a dire un insieme di swap con una struttura di rischio uguale a quella determinata da un normale CDO che si basa su attività effettive. Il gestore di derivati sintetici deve, prima di tutto, costruire con particolare attenzione un portafoglio di CDO usati come riferimento, in grado di rispecchiare migliaia di reali strumenti di mercato, per poi sottoporre il nuovo strumento a vari gradi di stress in ipotetiche configurazioni di andamento dei mercati. Definita la struttura in modo soddisfacente, può strutturare una famiglia di Credit Default Swap in grado di generare lo stesso ammontare di perdite e guadagni dei flussi di cassa generati dal CDO sottostante. L'attrattiva dei CDO sintetici per un gestore è che evitano i problemi logistici e i rischi finanziari connessi all'acquisto e all'immagazzinamento di titoli conseguenti alla creazione e alla vendita di un normale CDO. Nel 2006 e fino alla metà del 2007 il valore dei nuovi strumenti sintetici era di gran lunga superiore al valore dei normali CDO.

I gestori di CDO sono tipicamente società sussidiarie di grandi gruppi finanziari. Nel 2006, il più grande emittente di CDO era TCW Inc., una società americana controllata dalla banca francese Société Générale. In totale, nel 2006, l'emissione di CDO normali e sintetici e di CLO fu di 600 miliardi di dollari, con contrattazioni medie di circa 900 milioni di dollari, e una consistenza totale di circa 1500 miliardi. Si stima che, prima che il mercato si congelasse a metà 2007, le nuove ingenti emissioni abbiano portato la consistenza totale a 2000 miliardi di dollari. L'importanza dei derivati sintetici sta nel fatto che il volume della loro emissione non è vincolato al volume dei titoli di riferimento sottostanti. In altre parole, la somma dei mutui ipotecari di riferimento nelle transazioni dei CDO e dei loro derivati sintetici potrebbe essere superiore alla somma dei mutui ipotecari effettivamente contratti nel mondo reale. Gli investitori nei derivati sintetici avrebbero comunque gli stessi profitti e soffrirebbero le stesse perdite rispetto a quanto atteso in caso d'investimento nei vari CDO.

Il boom delle emissioni di CDO era già ampiamente cominciato nel 2003. Poiché i tassi di interesse reale erano rimasti negativi per gran parte di questo periodo, gli investitori erano costantemente alla ricerca di opportunità per incrementare i loro profitti. Dato che i tassi d'interesse del Giappone erano ancora più bassi, circa a zero, si sviluppò un cosiddetto "carry trade", per cui gli investitori prendevano a prestito yen e li convertivano in dollari per poter investire in strumenti americani particolarmente rischiosi. Alcuni tra i maggiori attori nel settore del private equity, come Blackstone e KKR, avevano creato sussidiarie per emettere CDO in modo tale da trasferire il debito collegato alle operazioni di acquisizione.

In realtà i gestori di CDO preferivano CDO più rischiosi perché i rendimenti più elevati offrono una maggiore flessibilità nel costruire una struttura (dopo che viene costruita una tranche AAA ci sono ancora margini a sufficienza per creare titoli di livello inferiore molto appetibili sul mercato). Con i rivenditori di CDO affamati di prodotti, era perfettamente logico per le Countrywide del mondo massimizzare le commissioni concentrandosi sui mutui più rischiosi. Gli intermediari con maggiore leva finanziaria svilupparono una propria categoria di subprime, i Lite Model loans, tra cui gli "asset lite" e i "covenant lite" che privavano gli investitori di gran parte delle loro tradizionali protezioni sugli investimenti. Le banche commerciali e d'investimento erano ben liete di finanziare i più rischiosi Lite Model in attesa di scaricarli ai gestori di CLO.

Le agenzie di rating hanno la loro parte di responsabilità per aver alimentato gli entusiasmi. Il pubblico è abituato a considerarle come arbitri distaccati della qualità dei titoli, una sorta di Corte Suprema della finanza. In realtà erano veri e propri business, diversificati e dai margini altissimi. Tra il 2002 e il 2006, ad esempio, Moody's ha raddoppiato i ricavi e più che triplicato il valore azionario. I loro clienti principali, però, erano le grandi banche commerciali e d'investimento, e poiché i rating dei CDO venivano normalmente contrattati, è chiaro che le agenzie truccavano i rating a beneficio dei loro clienti.

Spesso gli alti rating dei CDO vengono giustificati sulla base dei bassissimi tassi di insolvenza dell'epoca. Ma i tassi di insolvenza non erano bassi. Dal 2000 al 2002 i mutui subprime sfociati in pignoramenti erano intorno al 9% Nel quadriennio 2000-2003, i tassi di insolvenza sui titoli corporate ad alto rendimento erano in media dell'8%, con un picco del 13% nel 2002, il valore più alto di sempre. Anche le obbligazioni strutturate, una versione embrionale dei CDO, andavano molto male in quel periodo.

I bassi tassi di insolvenza arrivarono solo dopo che l'inondazione del credito favorita dalla politica liberista di Greenspan ebbe il tempo di sortire i suoi effetti – non prima del 2003, quando comunque il mercato dei CDO aveva già spiccato il volo. A distanza di tre anni, nel 2006, i tassi di insolvenza dei titoli ad alto rendimento erano effettivamente ai minimi storici: quando il mercato cresce e il denaro è gratis, è facile salvarsi prendendo a prestito. Ma è ovviamente irresponsabile considerare due anni di risultati straordinari come la nuova norma. In altre parole, le agenzie hanno elargito tutti quei rating elevatissimi non perché i loro modelli fossero ostaggio della storia recente, ma perché quella storia l'hanno pervicacemente ignorata.

Negli anni del boom, 2005 e 2006, probabilmente l'80% degli investimenti in CDO poggiava su obbligazioni ipotecarie, di queste circa il 70% non soddisfaceva il miglior rating, il 50% erano obbligazioni subprime o comunque basate su portafogli di seconda scelta. Proprio in quegli anni il settore finanziario immetteva sul mercato prestiti concessi con una irresponsabilità raramente vista nella storia. I gestori di CDO *preferivano* di gran lunga i mutui subprime: in virtù dell'alta possibilità di profitto a essi collegata, era più semplice strutturare le obbligazioni. Gli asset non collegati a mutui ipotecari venivano concentrati in prestiti obbligazionari di tipo "lite" o altri titoli egualmente rischiosi. I gestori di CDO spesso mescolavano tra loro questi strumenti, così che una obbligazione tipo poteva contenere un insieme di titoli subordinati che a loro volta avevano come base un mix di asset a rischio. Sempre in quegli anni è spuntata sui mercati una nuova varietà di CDO, i "CDO al quadrato", o CDO di CDO. Nella strutturazione di questi strumenti, si collezionava un dato numero di tranche a rischio dei CDO, in genere quelle più difficili da piazzare, per costruire un nuovo CDO, la cui composizione comprendeva una serie di tranche di vari livelli di rischio, dal più alto al più basso. Ed ecco che, come per magia, da una melma velenosa si materializzava un nuovo tipo di obbligazioni ad alto rating.

Si ricordi che il punto centrale nell'ideazione della struttura a tranche dei CDO era costruire uno strumento AAA o AA a partire da strumenti mediamente di qualità inferiore. Poiché il tasso medio d'insolvenza collegato agli strumenti finanziari d'origine era particolarmente basso, era possibile creare famiglie di obbligazioni tali che l'80% fosse di rating elevato pur avendo a fondamento un 70% di asset subprime. Gli esperti e gli analisti hanno definito questo tipo di obbligazioni come contenenti un "embedded leverage", vale a dire una 'leva finanziaria incorporata'. L'analista ed esperto di CDO Janet Tavakoli cita, ad esempio, due casi di offerte apparentemente simili di obbligazioni CDO con rating AAA, che avevano in parte come fondamento i mutui subprime. Nel primo caso una percentuale di default del 2% nel portafoglio avrebbe avuto come conseguenza che il 2% delle obbligazioni di rating AAA fossero svalutate. La stessa percentuale di default nel secondo portafoglio avrebbe avuto come conseguenza la svalutazione del 40% dei titoli[2]. Pochi investitori sapevano e sanno fare analisi simili. In effetti sono attirati soltanto da investimenti con il rating AAA. D'altra parte, è pur vero che i mutui subprime si presentavano agli occhi di tutti con una varietà di terminologie: tassi fissi che diventano fluttuanti, seconde scelte, tassi d'interesse negativi e simili. Fatto sta che strutture finanziarie di grandi dimensioni, estremamente complesse e con livelli di trasparenza minimi, sono state costruite su fondamenta pericolose, a rischio di collasso.

Si rivelano le crepe

Nel giugno 2007, i mercati dei capitali erano particolarmente euforici, nonostante il persistente nervosismo dei mercati obbligazionari. I due hedge fund di Bear Stearns che avevano investito in titoli garantiti da mutui ipotecari (mortgage-backeds) annunciarono difficoltà nel soddisfare i margini più elevati richiesti dalle banche finanziatrici. Entrambi i fondi erano gestiti da Ralph Cioffi, un guru di Wall Street di prima categoria, dato il suo curriculum nel trattamento dei fondi ipotecari. Come tutti i grandi gestori di asset, aveva una forte leverage. Cioffi aveva investito primariamente in CDO ad alto rating, ma in base agli indici di mercato il loro valore, da quasi cento, era crollato a circa novantacinque. Era un brusco scivolone per obbligazioni ad alto rating: con una leva finanziaria di 17:1 Cioffi subiva una perdita molto pesante. Di conseguenza, i titoli dei depositi di garanzia degli istituti creditori di Cioffi non coprivano più le esposizioni creditorie. Merrill Lynch, la banca più esposta, chiese un ulteriore versamento di 145 milioni di dollari in contanti o in titoli affidabili, ma Cioffi non aveva il denaro. Per Merrill non era un problema: aveva il diritto di vendere qualsiasi ammontare dei titoli di Cioffi così da ottenere i margini previsti dagli accordi contrattuali. Dopo due estenuanti settimane di confronto, Merrill si impadronì di titoli che sulla carta avevano il valore di 845 milioni per scoprire che non c'erano compratori: una coda della lunga ombra gettata da David Askin e da LTCM. Bear Stearns, che tecnicamente non aveva alcun obbligo legale nei confronti dei fondi, con comprensibile riluttanza allargò i cordoni della borsa versando 3,2 miliardi di dollari, per chiudere l'esposizione. Naturalmente Cioffi fu licenziato (secondo voci di corridoio l'atteggiamento di Merrill era in parte dovuto a una sorta di rappresaglia per il ruolo avuto da Bear nel precipitare la crisi dei CDO nel 1994 e nel rifiuto di fare la sua parte nel salvataggio di LTCM nel 1998).

Giunse così poi il momento in cui tutti hanno scoperto con quale virulenza i titoli subprime avessero infiltrato il mondo della finanza. Tra le banche che hanno ammesso perdite considerevoli si possono citare Nomura, Royal Bank of Scotland, Lehman Bros., Credit Suisse e Deutschebank. Non solo: BNP Paribas aveva tre fondi d'investimenti che non era più in grado di valorizzare, due importanti hedge fund australiani chiusero i battenti, Commerzbank e IKB Deutsche Industrie Bank hanno annunciato anch'esse perdite importanti, IKB ha dovuto salvare la sua unità di asset management, Rhinelander Funding. Ancora: un gestore di hedge fund, Caliber, è stato costretto a liquidare la sua azienda, mentre la Banca d'Inghilterra ha dovuto intervenire per salvare Northern Rock, una delle principali banche che erogavano mutui in Gran Bretagna. Anche la Cina contava le sue perdite.

Altri due eventi dell'autunno del 2007 delineano il quadro di una crisi che si stava evolvendo passo dopo passo. Le banche erano in competizione per avere la loro quota del mercato del private equity, allora decisamente in ascesa e fornivano i cosiddetti "finanziamenti ponte", crediti che mettevano sul mercato sotto forma di CDO e CLO. Più o meno, nel momento in cui la crisi dei mutui subprime era sulle prime pagine di tutti i giornali, le banche erano esposte per 300-400 milioni di dollari per finanziare le attività di private equity. Il mercato dei CDO e CLO si fermò di colpo, e le banche cominciarono a soffrire. Alcuni affari non sono mai andati in porto, altri sono stati fortemente ridimensionati (nel sesto capitolo affronteremo nel dettaglio i problemi legati al private equity). Il mondo non soffrirà certo per un minor numero di affari collegati alle attività di private equity, ma il fenomeno mostra il peso dei CDO nel mondo finanziario.

Il secondo evento ha caratteristiche simili, ma è di gran lunga più inquietante. Il commercial paper è una forma normale per finanziamenti a breve termine utilizzato da imprese e banche. Poiché è un titolo a breve durata, di norma è scambiato con margini di pochissimo superiori ai tassi della Fed o al LIBOR. Tuttavia, i primi di settembre del 2007, i tassi sui cosiddetti Asset-Backed Commercial Paper (ABCP) venduti dalle principali banche crebbero d'improvviso sino a quasi il 20%.

E così si è scoperto che, oltre ai mercati multimiliardari dei CDO e dei CDO sintetici, esisteva una sorta di universo parallelo popolato dai SIV[3] o Structured Investment Vehicles, un universo gestito dai maggiori istituti finanziari, anche se legalmente autonomo. I SIV sono tipicamente società a responsabilità limitata delle Isole Cayman che raccolgono mutui e titoli di vario tipo. La loro principale utilità sta nel fatto che, grazie a essi, le banche rimuovono fuori bilancio parte del loro attivo. I SIV contengono una quantità sostanziale di mutui ipotecari e commerciali e di titoli fondati sul rendimento dei mutui ipotecari (al momento in cui scrivo queste righe, quasi tre mesi dopo la crisi dei SIV, non è ancora chiara l'entità dell'esposizione).

Per incrementare il margine di profitto, le banche hanno deciso di non finanziare i SIV con un indebitamento di durata simile a quello delle attività in portafoglio, ma con i meno onerosi ABCP, generalmente titoli a scadenza trimestrale. La consistenza di ABCP era di circa 1200 miliardi di dollari, che le banche dovevano periodicamente rinnovare. Per quanto se ne sa, un terzo era utilizzato per finanziare gli attivi dei SIV. Il netto rialzo dei tassi a settembre, definito "sciopero dei compratori" dal "Financial Times", non era altro che un grido d'allarme che diceva: "non ci fidiamo di voi, non sappiamo cosa state facendo con i nostri soldi". Molti fondi monetari furono colti di sorpresa. Gli ABCP emessi dalle banche principali sono un tipico investimento dei fondi monetari: alcuni sponsor di quei fondi furono costretti a pagare di tasca loro per evitare che il valore delle quote non andasse sotto la famigerata soglia di un dollaro.

A fine novembre l'universo dei SIV era prossimo al caos. Il valore dei commercial paper di maggior qualità era caduto sotto la soglia di 900 milioni di dollari, una spirale discendente creata in gran parte dal rifiuto dei mercati di rifinanziare i SIV, lasciando alle banche poche alternative se non quella di erogare più di 300 miliardi di dollari di finanziamenti molto rischiosi e piuttosto inaspettati. Secondo quanto rivelato dal "Financial Times", banche come Citi e J.P. Morgan Chase stavano registrando un rapido aumento dell'utilizzo delle linee di credito concesse ai SIV da esse sponsorizzati e ad altri veicoli simili. Nel caso di Citi, i prestiti verso i propri SIV erano tre volte la somma totale dei prestiti ai consumatori. Secondo l'agenzia di rating Moody, durante un'analisi approfondita dei SIV molti manager sostenevano che "i SIV non sopravvivranno nella loro forma attuale". Al momento in cui è scritto questo libro, un buon numero di SIV è stato liquidato, specialmente in Europa.

L'uso estremo della leva finanziaria da parte del mondo finanziario ha cominciato a emergere a ottobre, quando le maggiori banche commerciali e d'investimento hanno riportato perdite per 20 miliardi di dollari, soprattutto in CDO sui mutui subprime, di cui 11 miliardi da ascrivere alle sole Citi e Merrill. La prima reazione è stata di sollievo: finalmente le banche stavano facendo pulizia. Ma solo un paio di settimane dopo, gli istituti finanziari e di credito hanno rivisto la stima delle perdite a 45 miliardi di dollari, includendo nuovi calcoli fatti sul terzo quadrimestre. Di questi, 20 miliardi erano nella pancia di Citi e Merrill. Stan O'Neal, amministratore delegato di Merrill, è stato licenziato, mentre Chuck Prince, amministratore delegato di Citi, ha dato le dimissioni. Visto che nel quarto trimestre Citi andrà sicuramente incontro ad altre svalutazioni simili, gli analisti cominciano ad avere dubbi sull'adeguatezza patrimoniale della banca. Citi ha tirato temporaneamente il fiato grazie a un'immissione d'emergenza di 7,5 miliardi di dollari di capitale da parte di Abu Dhabi, sotto forma di un'obbligazione convertibile con una cedola degli interessi punitiva tipo "junk" dell'11%.

Alla fine di novembre del 2007, non si vedeva più il fondo della voragine. Nel sesto capitolo darò una stima delle probabili perdite complessive. Ma per capire quanto sta per accadere e quello che accadrà è necessario approfondire ancora il contesto entro cui si è sviluppata la crisi. Quanto detto finora non ha tenuto conto di un'altra serie di fattori. Come la crisi dei CMO nel 1994 ha ben mostrato, i limiti dei titoli del tipo CDO è trovare acquirenti per la parte meno pregiata delle tranche, in altre parole il "capitale" in grado di assorbire le prime istanze di default. I compratori di queste tranche sono come una forma di assicurazione globale per il buon funzionamento di tutto l'enorme e traballante sistema. Resta da capire chi si è assunto il rischio. Il sesto capitolo affronterà questa questione, un fattore decisivo per il futuro della crisi.

Cosa ne è stato del "Greenspan put", o del "Bernanke put"? La triste realtà è probabilmente che la Fed non può fare nulla. Il "muro di denaro" che ha reso possibile la tenuta dell'economia statunitense ha anche creato lo tsunami monetario che ha sconvolto il mondo. Questo sarà l'argomento del prossimo capitolo.

1. Oggi avrebbe raggiunto i 65.000 miliardi [N.d.T.].

2. La differenza è il risultato della distribuzione dei rischi collegati alle obbligazioni in ciascun portafoglio. Se il portafoglio ha una distribuzione a "U", con una piccola parte di obbligazioni ad alto rischio e il resto di qualità eccellente, allora i casi di default delle prime avrebbero avuto scarse conseguenze sul rendimento eventualmente garantito dalle seconde. Tuttavia, se le obbligazioni sono concentrate secondo intervalli che riducono la dispersione in qualità delle stesse, i default nelle tranche minori hanno maggior possibilità di esercitare rapidi effetti sull'intero portafoglio. Di conseguenza, portafogli con la stessa media di rischio possono avere comportamenti diversi in condizioni di stress. D'altra parte, cambiamenti della percentuale del rischio sembrano avere anch'essi aspetti non lineari – si muovono per così dire più "saltando" che in modo continuo – fatto che rende difficile ricondurli a un modello.

3. Una sigla quanto mai infelice, poiché SIV è anche il ben noto acronimo per il *simian immunodeficiency virus* (che colpisce i primati non umani), il virus che, per mutazione, dette origine all'HIV.

CAPITOLO 5

Uno tsunami di dollari

Nel Medioevo, la parola "signoraggio" indicava il complesso dei diritti che il feudatario esercitava sui vassalli, compreso, stando alla tradizione, quello di trascorrere la prima notte con le giovani contadine nel giorno del loro matrimonio. In campo valutario, il feudatario aveva il potere di "tosare" il conio: attribuendo alle monete un valore più alto del metallo prezioso di cui erano composte, ricavava un profitto su ogni singola moneta. In epoca moderna, il termine signoraggio si riferisce alla continua sopravvalutazione di una valuta di riserva. Quando negli anni Sessanta il presidente francese Charles de Gaulle denunciava il signoraggio del dollaro, probabilmente pensava invece più al feudatario che impone il proprio *ius primae noctis* sulle giovanette: a suo dire, infatti, gli americani sfruttavano la loro posizione di privilegio per mettere le mani sull'industria francese a prezzi stracciati.

Dopo la Seconda Guerra Mondiale, gli accordi di Bretton Woods confermarono ufficialmente il dollaro nel suo status di valuta di riserva mondiale. Ristabilire l'operatività delle valute divenne una priorità cruciale per rivitalizzare le economie dei paesi devastati dalla guerra. Ma l'eccesso di inflazione degli anni del conflitto aveva diffuso tra la gente una certa diffidenza verso la moneta cartacea. Se le banche centrali sostenevano l'emissione di valuta con consistenti riserve di dollari, però, i cittadini potevano essere certi che franchi, yen o marchi tedeschi avrebbero conservato il proprio valore. Quanto al dollaro, il suo prezzo era stato fissato dall'impegno di lunga data a convertire la divisa americana in oro a un tasso di 35 dollari l'oncia. Praticamente, tutti i prezzi del commercio internazionale erano in dollari.

Il privilegio del signoraggio, tuttavia, ha un suo costo. Il paese che detiene la moneta di riserva non può creare liquidità in eccesso rispetto alla domanda mondiale, anche se ciò significa accettare una crescita interna più lenta. L'ondata di dollari dell'era Nixon-Carter portò l'intero sistema sull'orlo del collasso. Il rialzo di dieci volte del prezzo del petrolio rifletteva perlopiù il passaggio implicito dell'OPEC dal dollaro all'oro come standard per la determinazione del prezzo; nello stesso periodo, il dollaro perse metà del proprio valore sul marco tedesco. I ministri delle Finanze esteri assistevano sconfortati al crollo del valore delle loro riserve in dollari, ma non c'era nessun paese che avesse la levatura economica per prendere il posto dell'America. Finalmente, quando Paul Volcker ristabilì l'ordine monetario, il dollaro spiccò il volo e il mondo fu lieto di tornare al vecchio sistema.

Fuori controllo

L'indicatore della posizione finanziaria di un paese rispetto al resto del mondo è la sua bilancia delle partite correnti, una specie di conto internazionale di profitti e perdite. Nel conto delle partite correnti, che include tutti i flussi di spesa internazionali, ad esempio la spesa turistica e i redditi provenienti dalle aziende all'estero, la parte prevalente è rappresentata da esportazioni e importazioni. Le esportazioni americane, tutto ciò che si vende all'estero, sono riportate sul libro mastro nella colonna dell'attivo, mentre merci e servizi che si acquistano da altri paesi sono riportati al passivo.

Per circa 75 anni, dalla fine degli anni Novanta dell'Ottocento, la bilancia corrente americana è stata sempre in attivo. Anche durante la crisi petrolifera degli anni Settanta, il deficit non ha mai superato i 15 miliardi di dollari. Il consistente flusso di utili derivati dall'attività all'estero, come le aziende europee che l'America si assicurò nell'era de Gaulle, di norma compensava quasi la metà della bolletta petrolifera.

Negli anni Ottanta e Novanta, tuttavia, la bilancia commerciale è peggiorata costantemente, prima di precipitare all'improvviso nel 1999. Nel 2006 il deficit commerciale superava i 750 miliardi di dollari, mentre il disavanzo totale di parte corrente toccava gli 800 miliardi di dollari. Nel periodo 2000-2006, di conseguenza, il deficit accumulato sfiorava i 4000 miliardi di dollari. Sotto la pressione della svalutazione del dollaro, nella seconda metà del 2007 le cifre delle attività commerciali sono migliorate, ma il deficit relativo all'intero anno rimaneva comunque enorme: 650 miliardi circa. Nel 2006 le maggiori voci di spesa erano rappresentate dai prodotti petroliferi, circa 300 miliardi di dollari, i trasporti, 123 miliardi di dollari, le apparecchiature elettriche ed elettroniche, 83 miliardi di dollari, oltre a 200 miliardi di dollari per i consumi di varie categorie. La voce più rilevante dell'attivo era data invece dai 49 miliardi delle esportazioni del settore aerospaziale.

Nel 2006 le uscite nette ammontavano a più del 6% del PIL americano. Ma da dove veniva quel denaro? Non dai risparmi dei consumatori, perché in buona sostanza non ce n'erano, visto che negli ultimi anni si erano attestati attorno allo zero. Né dal risparmio del settore pubblico: dal 2001 il governo federale registra un passivo di circa 2000 miliardi di dollari. Le aziende americane accantonano moltissima liquidità, ma negli ultimi anni i gestori di fondi di investimento hanno inviato all'estero, al netto, 1000 miliardi di dollari.

La ovvia risposta è che il disavanzo è finanziato dagli stranieri: nel 2006 il disavanzo delle partite correnti americane assorbiva il 70% circa delle eccedenze del resto del mondo. La gran parte deriva dagli investitori privati (per quanto i "privati" russi, cinesi e dei paesi del Golfo siano spesso dei prestanome governativi), ma una quantità crescente è costituita da "fonti ufficiali", perlopiù banche centrali. Un notevole cambiamento, quindi. Il contributo di queste fonti ufficiali, che nel 2000 e nel 2001 si aggirava sui 35 miliardi di dollari l'anno, era salito a 440 miliardi nel 2006. Per la maggior parte, è lecito supporre, si trattava di investimenti giustificati da ragioni politiche, non dal fatto che i buoni a breve termine del Tesoro americano offrissero un rendimento imbattibile. E le decisioni politiche, come si sa, possono essere revocate.

La parte corrente di un paese mostra i risultati netti delle transazioni realizzate in un singolo anno. Se però si sommano i flussi nel tempo, si ottiene la posizione degli investimenti internazionali netti del paese. Alla fine del 2006, la posizione degli investimenti netti negli Stati Uniti presentava un saldo di 2500 miliardi a favore degli straneri. Una cifra non trascurabile[1].

La maggior parte di queste passività, tuttavia, non destava preoccupazioni. Negli anni Ottanta, ad esempio, gli americani rimasero sconvolti quando i giapponesi acquistarono il Rockefeller Center, che alla fine comunque non si è mosso da dov'era. Anche la rete sempre più estesa di fabbriche Honda e Toyota va nella colonna del disavanzo sul libro mastro, ma per l'America è un bene che queste attività operino qui. Quello che preoccupa, invece, sono le grosse concentrazioni di patrimoni in dollari detenute direttamente dalle banche centrali o da altri enti governativi. E parliamo di grosse concentrazioni. La Cina ha 1200 miliardi di dollari e altrettanto il resto dell'Asia, i paesi dell'OPEC hanno forse 600 miliardi, la Russia più di 400 miliardi e persino paesi tradizionalmente debitori come

Messico e Brasile hanno discrete riserve in dollari. In breve, alla fine del 2006, le riserve totali di dollari in mani straniere erano di circa 5000 miliardi.

Dovremmo forse preoccuparci per questo? Ormai da tempo acuti analisti vanno sostenendo che la situazione non desta motivi di inquietudine e può essere mantenuta a tempo indefinito. Tuttavia, forse la rapida svalutazione del dollaro nella seconda metà del 2007 mostra che queste speranze sono mere illusioni.

Il breve regno di Bretton Woods II

Nel 2005 Ben Bernanke creò una piccola industria accademica quando sostenne in una sua lezione che il costante, e sempre più cospicuo, disavanzo delle partite correnti degli USA non era affatto il risultato di abitudini irresponsabili di consumo del tipo "prendo in prestito e spendo". A suo giudizio, si trattava piuttosto di una conseguenza naturale dell'"eccesso di risparmi mondiali"[2].

La tesi era questa. Un grande paese emergente come la Cina poteva solo adottare una strategia di crescita orientata all'export, poiché carente delle infrastrutture bancarie e creditizie necessarie per un'espansione economica sostenuta dai consumi interni. Durante la lunga transizione verso la modernità era stato necessario mantenere basse le retribuzioni dell'industria per attenuare l'inflazione, e moderare l'esodo verso le città industriali. Con il tempo, l'aumento degli utili delle esportazioni avrebbe fornito il capitale di base per un sistema bancario moderno, proteggendo al contempo il paese dalle crisi bancarie che avevano colpito l'Asia dell'Est nel 1997 e 1998. Nel frattempo, gli investimenti cinesi in dollari traevano beneficio dai mercati più liquidi al mondo. Di conseguenza, nell'immediato futuro Cina, India, le piccole tigri asiatiche e gli esportatori di petrolio avrebbero *dovuto* assorbire dollari. Anche se la divisa americana fosse crollata vertiginosamente, i guadagni a lungo termine del maggiore sviluppo sarebbero stati ottimi.

Sebbene questa situazione non potesse durare per sempre, in base a questa teoria era comunque probabile che durasse a lungo: tra i dieci e i venti anni, secondo i più. In breve, le forze di mercato naturali si sarebbero unite per creare un sistema integrato e stabile di commercio e flussi di investimenti, con al centro gli Stati Uniti e il dollaro. Vista da un'altra angolazione, in realtà, questa posizione somigliava molto al sistema di Bretton Woods che i paesi industriali avevano messo in piedi dopo la Seconda Guerra Mondiale; da qui la denominazione "Bretton Woods II" (d'ora in avanti BW2).

A detta degli scettici c'erano però delle differenze inquietanti. Nel primo Bretton Woods, l'America aveva tutto il denaro del mondo, quindi i paesi della "periferia" avevano bisogno di aderire al sistema per prendere in prestito. Sotto il BW2, invece, il paese "centro" è ancora l'America, ma adesso è il maggior mutuatario del mondo e per di più ha una valuta debole, mentre sono i paesi della periferia che hanno in mano tutto il denaro. Tuttavia, secondo la teoria di Bernanke e seguaci, la periferia odierna ha tanto *bisogno* di prestare all'America quanto la periferia di mezzo secolo fa aveva bisogno di prendere in prestito fondi.

Uno dei pregi più sottili del BW2 è che scagiona i politici da qualunque responsabilità. Tutto è conseguenza delle forze di mercato che modellano gli eventi verso un modello di massima efficienza. La politica del denaro a buon mercato della Fed era predeterminata dall'ondata di risparmi esteri. Alan Greenspan era solo un mandatario, non un attore indipendente. L'abbuffata americana di investimenti nell'edilizia e di debiti era made in China, e per fini importanti e positivi. Nel *Candido* di Voltaire, il dottor Pangloss sapeva che, riflettendo a lungo sul catastrofico terremoto di Lisbona, avrebbe capito che era tutto parte di un progetto benevolo di Dio.

Tuttavia, alla fine del 2007, la caduta inesorabile del valore del dollaro ha fatto strage di questi postulati ottimistici. Dalla fine del 2002, quando la divisa statunitense era grosso modo alla pari con l'euro, siamo arrivati al punto che ci vogliono 1,47 dollari per acquistare un euro[3]. Nello stesso periodo, il prezzo in dollari di una sterlina inglese è passato da 1,56 a 2,08, mentre il real brasiliano ha raddoppiato il suo valore sulla divisa di Washington. Nel 2002 il dollaro canadese valeva solo 64 centesimi in moneta americana, mentre adesso ha un valore di 1,05. Secondo l'"Economist", la svalutazione del dollaro è stata "la più grande insolvenza della storia", che ha superato quelle di qualsiasi catastrofe finanziaria dei mercati emergenti. Molti analisti stimano che la caduta del dollaro rispetto all'euro sia stata eccessiva, e si aspettano un rimbalzo modesto. Ma il dollaro è ancora notevolmente sopravvalutato rispetto ai BRIC (Brasile, Russia, India e Cina) e il suo cambio medio ponderato potrebbe essere soggetto a un'ulteriore svalutazione.

A un esame più attento, dunque, la premessa centrale del BW2, ovvero che i maggiori possessori stranieri di dollari non hanno altra scelta, non è affatto vera; anzi, tenere dollari va sempre di più contro i loro interessi. Prendiamo la Russia e i maggiori esportatori di petrolio dell'OPEC. Tutti questi paesi fissano il prezzo del greggio in dollari e hanno investito gli utili in beni denominati in dollari. I loro principali rapporti commerciali, però, *non* sono con gli Stati Uniti. La Russia, ad esempio, ha relazioni quasi esclusivamente con l'Europa e ha registrato perdite di capitali e reddito con i suoi investimenti in dollari. I principali mercati per i produttori di petrolio del Medio Oriente, sia per le esportazioni che per le importazioni, si trovano invece in Asia.

L'Asia, in effetti, è il fulcro della teoria del BW2. A eccezione del Giappone, i paesi asiatici si fondano sul dollaro, ed è opinione comune che debbano continuare così perché le loro economie sono legate alla Cina, paese che intrattiene la gran parte dei suoi rapporti commerciali con l'America. Si dà il caso, però, che l'opinione comune sia sbagliata. La Cina si è sforzata di diversificare la propria base clienti, e oggi la metà circa delle sue esportazioni ha destinazioni diverse da America, Europa o Giappone: perlopiù l'Asia, ma anche il Medio Oriente e l'America Latina. La quota americana delle esportazioni cinesi si è ridotta a poco più del 20%, e anche l'Europa di recente è scivolata dietro l'America Latina nella lista dei clienti della Cina. Poiché quasi tutti i paesi asiatici stanno diventando grandi importatori di petrolio e gas, mantenere l'implicito aggancio al dollaro non ha più molto senso.

Se, in generale, la Cina ha buoni rapporti con gli Stati Uniti, è anche consapevole che l'America è l'unico vero contrappeso al proprio dominio sul Pacifico occidentale. Quindi, una graduale diversificazione delle valute asiatiche, guidata da Pechino, con un indebolimento degli Stati Uniti, ha una sua logica economica e favorisce gli interessi geopolitici cinesi a lungo termine.

Ecco perché quando gli stranieri si stancheranno di far fronte alla carenza di risparmio degli americani, per evitare un crollo del dollaro dovremo mantenere tassi di interesse più alti di quel che vorremmo. E con l'America che si avvia alla recessione, è un boccone amaro da ingoiare. Un crollo del dollaro, d'altro canto, scatenerà inevitabilmente aumenti dei prezzi delle merci importate, come sta avvenendo per il petrolio. In sintesi, ci troviamo in una condizione critica e priva di buone vie d'uscita. E, salvo un altro paio di tagli ai tassi, c'è poco spazio di intervento per la Fed.

Gli eventi, dunque, stanno trasformando il dibattito

sul BW2 in pura disquisizione accademica. Il distacco dal dollaro era già in corso nel 2006 in quasi tutti i paesi eccedentari e, a quanto sembra, è sempre più rapido.

Distribuire i surplus

Sono due i fattori primari che contraddistinguono i surplus degli esportatori di petrolio e delle economie emergenti dell'Asia. Il primo è la dimensione, il secondo è che in generale sono nelle mani di governi nazionali, o "sovrani". Se la Gran Bretagna ha un massiccio surplus sul bilancio delle partite correnti, gli economisti potrebbero studiarne il probabile impatto sui tassi di interesse locali o sul valore della sterlina. Chiedersi che cosa potrebbe "fare" la Gran Bretagna del proprio surplus però, non ha molto senso perché questo è stato accumulato da molteplici soggetti privati, che dunque ne faranno ciò che vogliono.

Quando invece si parla di miliardi e miliardi di liquidità a disposizione dei governi, domandarsi che cosa questi potrebbero farne diviene di primaria importanza, soprattutto se si tratta di amministrazioni in varia misura antidemocratiche, repressive o corrotte, o che intrattengono legami oscuri con organizzazioni criminali o terroristiche ostili agli Stati Uniti. Come è facile prevedere, questi governi non fanno trapelare dati sull'effettiva disponibilità di liquido o sulle loro abitudini di spesa, lasciando agli analisti occidentali l'onere di scovare come possono le cifre reali.

Nel 2007 il Tesoro americano ha stimato che il totale dei surplus accumulati in dollari e in altre valute sotto il controllo di Stati sovrani aveva toccato quota 7600 miliardi di dollari, il 15% circa del PIL mondiale, più del 60% dei risparmi globali. Secondo gli analisti, i paesi produttori di petrolio controllano tra un quarto e un terzo di questo valore, con una stima media di 2200 miliardi di dollari, e l'Asia dell'Est (tranne India e Giappone) dispone grosso modo della stessa cifra. Il 60% delle eccedenze petrolifere è nelle mani di tre soli paesi, mentre dodici paesi ne controllano la quasi totalità. Esclusa la Norvegia, il secondo maggior paese eccedentario, nessuno degli altri produttori più importanti (Russia, paesi mediorientali, Venezuela e Nigeria) è una democrazia di tipo occidentale. Quasi la metà dei surplus dell'Asia dell'Est è controllata dalla Cina.

Verso la fine del 2002 il prezzo del petrolio ha cominciato a salire rapidamente, passando, con aumenti costanti, da 30 dollari al barile a quasi 100 dollari al barile alla fine del 2007. Fino al 2006 gli analisti erano felici di constatare che gli Stati produttori continuavano a investire i propri introiti perlopiù in buoni del Tesoro americano a breve termine. In altre parole, "riciclavano petrodollari", come fecero le banche americane negli anni Settanta e Ottanta, solo che questa volta tali operazioni erano dirette verso l'America. Di nuovo il BW2.

A posteriori, lo schema degli investimenti 2003-2005 è stato forse il modo più svelto di gestire questa immane ondata di entrate, perché nel frattempo le cose sono cambiate. La Russia è stata una dei primi paesi a muoversi. I suoi acquisti di attività in dollari americani sono andati di pari passo con l'accumulazione dei surplus fino alla seconda metà del 2006; dopodiché, nonostante un ulteriore aumento dei surplus, sono precipitati fin quasi a zero.

Nel maggio 2007, il Kuwait, uno dei più stretti alleati degli americani e il terzo maggior produttore di petrolio nel Golfo Persico, ha abbandonato l'ancoraggio della sua valuta al dollaro e ha annunciato il ritorno a un sistema di aggancio a un paniere di valute di riserva. Gli Emirati Arabi Uniti (con Dubai e Abu Dhabi) e altri cinque paesi dell'area potrebbero seguirne a breve l'esempio. Dapprima ci si aspettava che il dollaro avrebbe costituito il 75-80% di questo paniere, ma è probabile una riduzione dato che la divisa statunitense continua a svalutarsi. L'Arabia Saudita mantiene la fedeltà alla valuta americana a parole, ma se ne sta pian piano distanziando nei fatti. Alla fine del 2006, più di un quinto del patrimonio ufficiale saudita non era in dollari, mentre nel settembre dello stesso anno il paese non ha voluto adeguarsi ai tagli dei tassi d'interesse operati dalla Fed, sebbene abbia poi seguito quelli di ottobre (di norma, per conservare l'aggancio a una divisa, è necessario che un paese si conformi all'adeguamento del tasso di interesse nella valuta di riferimento). E poi ci sono Venezuela e Iran, regimi apertamente ostili agli USA, intenti a ridurre aggressivamente le riserve in dollari ancora in loro possesso.

Gli esportatori di petrolio, a prescindere dal loro atteggiamento nei confronti dell'America, non hanno altra scelta che staccarsi dalla divisa statunitense. Con il 40% delle importazioni dei produttori provenienti dall'Europa, non ha senso sovraccaricarsi di dollari. L'inflazione galoppante fu un elemento determinante nel crollo delle economie petrolifere degli anni Ottanta. Le spinte inflazionistiche, in particolare nel Golfo Persico, stanno tornando a intensificarsi, poiché la svalutazione del dollaro spinge in alto i prezzi delle merci non denominate in dollari; stavolta, però, gli sceicchi sono determinati a non ripetere gli errori di vent'anni fa.

Quello della Cina è un caso diverso, poiché le sue importazioni provengono perlopiù dall'Asia dell'Est e dal Giappone. Si tratta però di un paese senza dubbio consapevole del suo potere crescente. Nel 2006 Pechino ha acquistato il 55% circa dei nuovi buoni del Tesoro americano. Gli studi della Federal Reserve ipotizzano che questi soli acquisti abbiano abbassato il tasso decennale dell'1,5% circa. In risposta alle istanze protezioniste di rivalutare lo yuan sollevate dal Congresso americano nell'estate 2007[4], i funzionari del governo cinese hanno menzionato senza mezzi termini la loro "opzione nucleare". Un professore universitario che, con tutta evidenza, esprimeva posizioni ufficiali, ha dichiarato in merito:

La Cina ha accumulato ingenti somme di dollari americani. Tale quantitativo, costituito per la gran parte da buoni del Tesoro, contribuisce senza dubbio a mantenere il dollaro nella condizione di valuta di riserva. Russia, Svizzera e molti altri paesi hanno ridotto il loro patrimonio in dollari. Quanto alla Cina, è verosimile che non si adegui a scelte del genere finché il tasso di cambio dello yuan rimarrà stabile rispetto al dollaro. Tuttavia, la banca centrale cinese sarà costretta a vendere i propri dollari qualora lo yuan si apprezzi in modo consistente, il che potrebbe condurre alla massiccia svalutazione del dollaro.

Di fatto, i cinesi hanno già avviato il processo di diversificazione, seppure senza clamori, al di fuori dei conti di riserva ufficiali. Da questo punto di vista, tuttavia, non fanno altro che seguire le orme di quasi tutti gli altri paesi eccedentari.

La diffusione dei fondi sovrani (SFW)

Le crisi valutarie che hanno colpito l'Asia dell'Est e la Russia nel 1997 e 1998 erano dovute all'abitudine di prendere in prestito fondi a breve termine in Occidente e di investirli in progetti interni a lungo termine. Quando cominciarono a manifestarsi i timori che alcuni paesi fossero sovraesposti, gli occidentali rifiutarono di rinnovare i prestiti in scadenza accelerando il crollo delle valute locali e provocando il ripudio del debito russo. Da allora Mosca e tutti gli altri paesi asiatici, Cina compresa, che aveva evitato il tracollo della sua valuta, giurarono di non essere mai più in balia dell'Occidente. Ecco perché mantengono riserve valutarie enormi.

Anche secondo gli standard bancari più rigorosi, in questo momento i paesi eccedentari hanno quasi il doppio delle riserve necessarie a garantire la propria stabilità in caso di rischio. E non c'è segno che la crescita di questa montagna di valuta stia rallentando. Si prevede, anzi, che i surplus derivanti dal petrolio passino dai 750 miliardi di dollari del 2007 ai 1000 miliardi nel 2008, soprattutto perché la domanda dell'Asia continua ad aumentare senza sosta.

La soluzione sta allora nei cosiddetti "fondi sovrani" o *sovereign wealth funds* (SWF). Un SWF è un fondo di investimento privato sotto il controllo di un governo, ma quasi sempre fuori della struttura finanziaria ufficiale, libero quindi dalle limitazioni di investimento che regolano le riserve statali. Il padre dei SWF è stato il Temasek Holdings di Singapore, un fondo da 100 miliardi di dollari creato più di trent'anni fa per investire le riserve statali in eccesso. Nel 2004 il Temasek ha cominciato a dare informazioni pubbliche, vantando un rendimento annuale del 18% rispetto al lancio iniziale e oggi i suoi titoli hanno un rating di tripla A.

Sono almeno venticinque i paesi eccedentari che dispongono già di SWF o sono in procinto di istituirli. Al momento i fondi da investire sono stimati sui 3000 miliardi di dollari. Stephen Jen, economista responsabile dell'area valute della Morgan Stanley, sottolinea che anche a fronte di tassi di crescita abbastanza modesti nell'arco di cinque anni la disponibilità di SWF supererà tutte le riserve ufficiali mondiali.

Il SWF kuwaitiano può essere il prototipo della nuova generazione di fondi. È molto meno riservato della maggior parte dei fondi affini, ha una base di capitale di più di 200 miliardi di dollari, quasi la stessa dimensione del maggiore investitore americano, il CALPERS, fondo pensione pubblico della California. Di formazione occidentale, Badr Al-Sa'ad, gestore del fondo kuwaitiano, ricalca consapevolmente le strategie di investimento dei fondi ad alto rendimento delle fondazioni, come quelli di Harvard e Yale. Con una politica aggressiva, Al-Sa'ad sta spostando il portafoglio kuwaitiano dall'attenzione quasi esclusiva ai titoli del Tesoro americano a una quota maggiore in azioni, in particolare dei paesi a forte crescita in Asia e al confine con l'Europa, per esempio la Turchia. Gli standard di investimento utilizzati da Al-Sa'ad per valutare il rendimento sono gli indici internazionali della Morgan Stanley, che suggeriscono l'ampia distribuzione degli investimenti.

Anche i fondi degli Emirati Arabi (ad esempio quelli di Dubai o Abu Dhabi) o del Qatar sono assai attivi, e annunciano quasi ogni settimana nuovi accordi. Dubai, in particolare, segue una politica analoga a quella di un fondo americano di private equity. Le recenti transazioni hanno visto l'acquisizione di Tussaud, gruppo inglese dell'industria dello spettacolo, e di una quota considerevole di DaimlerChrysler, più tardi rivenduti entrambi con profitti elevati; Dubai ha anche una notevole quota di Sony. Tutti i fondi arabi mostrano di gradire i mercati finanziari. Dubai ha avuto la meglio sul Qatar per l'acquisizione della borsa valori Norse-Baltic, l'OMX, poi ha acquistato una sostanziosa quota di partecipazione nel NASDAQ.

Nel novembre 2007, ha cominciato a cercare di favorire la fusione delle due piattaforme, rilevando al contempo un'altra quota del NASDAQ nella London Stock Exchange. Altre recenti acquisizioni di Dubai comprendono un'azienda di alluminio tedesca e un'impresa di costruzioni navali di Singapore. Il Qatar possiede quote di partecipazione nelle banche inglesi HSBC e Standard Chartered, nel consorzio europeo Airbus, mentre Abu Dhabi ha acquistato una massiccia partecipazione nell'AMD, azienda americana di circuiti integrati, e ha oggi una partecipazione di quasi il 5% in Citigroup, di cui un principe arabo già aveva il 3%.

Quanto alla Russia, sta dividendo l'eccedenza di riserve in un fondo petrolifero di stabilizzazione e in un fondo di risparmio. Nel primo confluiscono tutte le entrate del petrolio sopra i 27 dollari al barile e raggiungerà l'apice al 10% del PIL. È un fondo mirato a stabilizzare le finanze interne in caso di un crollo del prezzo del greggio e segue una politica prudente di investimenti in strumenti di debito di alta qualità, ripartiti al 45-55% tra America ed Europa. Il fondo di risparmio seguirà presumibilmente l'attuale modello russo di investimenti azionari opportunistici, in primo luogo nel settore energetico. Di recente, però, i paesi europei hanno bloccato molte delle tentate acquisizioni della Russia, paventando la loro crescente dipendenza dal petrolio e dal gas di Mosca.

Già da tempo la Cina investe nelle infrastrutture e nel settore energetico in tutta l'America Latina e in Africa, soprattutto in Nigeria, uno dei più importanti fornitori di risorse energetiche dell'America. Di recente ha inoltre partecipato con il SWF di Singapore in un fallito tentativo di assumere una posizione di rilievo all'interno della banca inglese Barclays.

Infine, il Giappone, dal punto di vista americano il maggiore e il più affidabile possessore di riserve in dollari, investe soprattutto in buoni del Tesoro americano. Il Giappone giustifica riserve tanto ampie come una garanzia per l'entità della propria spesa pensionistica. La gestione di questi fondi, tuttavia, ha ricevuto diverse critiche nel paese poiché non riuscirebbe a massimizzare il rendimento, e molti spingono per la diversificazione e l'adozione di strategie di tipo SWF.

La corsa dei fondi private equity ed hedge fund americani al denaro dei SWF rasenta ormai l'indecenza. La Cina ha acquistato una quota di partecipazione nel gruppo Blackstone e i fondi cinesi sarebbero in trattativa con altre tre aziende americane di private equity. Una di queste sarebbe la Carlyle Group, ormai da tempo esosa casa di riposo per ex funzionari governativi, compresi personaggi illustri quali l'ex presidente Bush, James Baker e l'ex primo ministro inglese John Major. La Carlyle ha inoltre venduto una quota da 1,35 miliardi di dollari ad Abu Dhabi, mentre

Dubai ha rilevato una partecipazione da 1,15 miliardi di dollari nell'hedge fund Ochs-Ziff. Per i SWF, i fondi private equity e gli hedge fund più influenti offrono la copertura politica ideale per aumentare la proprietà di beni americani ed europei. Le società di gestione dei fondi si ritengono sopranazionali: si interessano solo di denaro. Da un certo punto di vista, va detto che tutto ciò non contraddice il BW2: occorre solo seguire le analogie con il Bretton Woods I. Ciò che de Gaulle criticava del BW1 era il signoraggio del dollaro, che consentiva all'America di fare incetta di attività economiche straniere a basso costo. E la stessa identica cosa accade ora con il BW2. E proprio come per il BW1, a trarre vantaggio dal signoraggio sono i paesi investitori; in questo caso, però, i feudatari sono gli arabi, i russi e i cinesi, mentre le contadinelle sono gli americani. Avrebbe fatto piacere a de Gaulle.

Non sarà un passaggio facile per gli Stati Uniti. Due acquisizioni straniere abbastanza plausibili, nel 2005 e nel 2006, sono state bloccate dal Congresso a causa dei possibili rischi per la sicurezza nazionale. Il contenzioso del 2005 fu scatenato da un'offerta di una compagnia petrolifera statale cinese per l'Unocal, entrata in gioco a motivo di altre offerte. Essendo solo la dodicesima compagnia petrolifera americana, l'Unocal non rappresentava certo una attività strategica e i suoi beni erano perlopiù di secondaria importanza per i cinesi: la classica acquisizione razionale che prediligono le banche. I cinesi rimasero dunque sorpresi dalla reazione americana. L'altro accordo prevedeva l'acquisto da parte di

Dubai di una partecipazione di maggioranza di un operatore portuale di Londra, molto attivo nei porti americani. Dubai, uno dei più stretti alleati americani del Golfo Persico, pensava di fare un investimento di portafoglio. Non avrebbe ricoperto ruoli manageriali e certo non si trattava di un'operazione di "arabizzazione". L'acquisto andò in porto, ma l'azienda londinese fu costretta a vendere le sue attività in America, quasi certamente a prezzo scontato.

Ma forse faremmo meglio ad abituarci a situazioni del genere. Gli analisti hanno calcolato che la sola creazione del SWF cinese farà alzare i tassi di interesse americani di mezzo punto percentuale, proprio perché implicherà una diversa destinazione di fondi che un tempo finivano in buoni del Tesoro americani. Negli ultimi dieci anni l'America si è trasformata in un paese con diminuita capacità di risparmio e nel futuro prevedibile si troverà a gestire disavanzi finanziari come il resto del mondo.

Ci sono solo due strade da seguire per accrescere il risparmio. La prima è attuare cambiamenti profondi e rigorosi nel modo in cui gli americani usano il proprio denaro. La seconda è tornare ad attrarre soldi dall'estero. In pratica saremo costretti a seguirle entrambe. Ma l'epoca in cui gli stranieri erano disposti a finanziare il nostro disavanzo gratuitamente appartiene ormai al passato. Verranno messi in vendita i gioielli di famiglia: IBM, la vuole nessuno? Nel 2007 il suo valore di mercato era di soli 160 miliardi di dollari circa. L'Arabia Saudita potrebbe ingoiarla in un boccone.

A questo punto, è difficile immaginare un esito peggiore: gli Stati Uniti, la "superpotenza", il leader mondiale dell'efficienza e della produttività di imprese e lavoratori indebitato con alcuni dei regimi meno accettabili al mondo. Ma è qui che ci ha portato un quarto di secolo di obbedienza scrupolosa agli dei del libero mercato. È una vergogna.

***

Le recenti calamità che hanno colpito il dollaro sono determinanti per la nostra storia perché mettono fuori gioco la Fed. Quando la stretta creditizia si farà sentire tra banche e fondi investimento entro i prossimi dodici mesi o giù di lì, non ci sarà per alleviarla una fontana di nuovi dollari da Washington. L'epoca dell'opzione di vendita alla Federal Riserve è definitivamente tramontata.

1. E si tratta anche di un'affermazione prudente. Dal 2000, quando il conto investimenti era grosso modo in pareggio, i 4000 miliardi di dollari del disavanzo americano delle partite correnti avrebbero dovuto peggiorare la posizione degli investimenti netti di quel valore. La discrepanza deriva dalla rivalutazione dei beni americani all'estero denominati nella divisa nazionale. Quando il dollaro si svaluta rispetto all'euro, i beni denominati in euro aumentano il proprio valore in termini di dollari americani, il che ha migliorato di 1200 miliardi di dollari la posizione degli Stati Uniti sul "registro". Si tratta però di profitti solo fittizi, molti dei quali costituiti da beni illiquidi legati al mattone. I quattro miliardi di uscite, invece, erano fatti di denaro reale.

2. Esistono diverse versioni della tesi che ho riportato qui in breve sopprimendo le differenze tecniche tra "Bretton Wood II", "Eccesso di risparmi" e altre posizioni. Tutte, però, concludono che a partire dal 2006 la situazione era

sia naturale sia stabile. Bernanke non era il primo a sostenere queste ragioni ma, considerata la caratura del personaggio, fu il suo intervento a dar vita a un acceso dibattito accademico e politico.

3. Dopo l'immissione sul mercato della moneta europea, questa precipitò fino a costare 1,20 sul dollaro, un fatto che scatenò l'entusiasmo negli USA perché confermava la superiorità del sistema americano. Tutti i confronti qui riportati sono novembre su novembre.

4. La premessa del Congresso è che uno yuan più forte rallenterà le importazioni americane dalla Cina e aumenterà le esportazioni verso quel paese. Variazioni di questo tipo, tuttavia, potrebbero essere solo di modesta entità. Se le importazioni cinesi diventassero troppo costose, sarebbero sostituite in larga misura da acquisti effettuati in altre parti del mondo a prezzi più bassi. E il genere di merci che l'America esporta in Cina (soprattutto beni strumentali ad alta tecnologia) difficilmente verrebbe influenzato dai tassi di cambio. Bisogna anche notare che l'"effetto Cina" sui tassi di interesse non sostiene la tesi del BW2 che l'ondata di credito si sia formata in Cina. La Fed e il Tesoro erano consapevoli del flusso di investimenti in entrata e hanno scelto di mantenere i tassi americani in territorio negativo.

CAPITOLO 6

Il sistema si smonta

Nel quarto capitolo abbiamo visto che i prestatori o le compagnie che intendono eliminare le attività rischiose dalla contabilità possono impacchettarle e venderle come CDO, obbligazioni di debito con garanzia reale. Supponiamo di possedere un portafoglio di titoli ad alto rendimento, ma con un rating basso. Per costruire un CDO, affidiamo il portafoglio a un trust e creiamo una famiglia di titoli con crediti sui flussi di cassa del portafoglio. I titoli di livello superiore, che potrebbero essere l'80% del totale, hanno diritto di prelazione su *tutti* i flussi di cassa. Poiché saranno quasi certamente pagati per intero, ricevono il rating massimo, e gli investitori prudenti come i fondi pensione saranno ben lieti di strapparceli dalle mani. Gli altri titoli vengono messi in coda nella "cascata" dei pagamenti: a ogni strato inferiore che sopporta un rischio maggiore, aumenta il rendimento e si riduce il rating.

Abbiamo visto che anche i default swap possono essere usati per creare un CDO "sintetico". Un Credit Default Swap consente al titolare di un asset rischioso di stornare il rischio a una terza parte senza dover vendere. Con un po' di immaginazione, di matematica avanzata e qualche magia del computer, è possibile costruire una famiglia di default swap che generino esattamente gli stessi rischi e flussi di cassa di un portafoglio di CDO a garanzia immobiliare, ma senza il problema di dover assemblare davvero i mutui: è un CDO "sintetico". La crescita degli strumenti sintetici fa sì che l'effettiva offerta di mutui subprime o prestiti ad aziende altamente indebitate non sia più un limite alla creazione di CDO basati su questi strumenti. I CDO sintetici, oltretutto, tendono a distribuire agli investitori esterni solo gli "strati" più a rischio e di maggior rendimento, accrescendo così la proporzione di titoli pericolosi sul mercato.

Abbiamo concluso il quarto capitolo con una domanda. Il limite alla creazione di CDO consiste nel trovare acquirenti per la quota inferiore (la tranche di rischio, o dei rifiuti tossici) che possano assorbire le prime perdite da un intero portafoglio. Ora, vista l'enorme portata del comparto dei CDO, si deduce che c'è qualcuno che ha comprato una marea di rifiuti tossici finanziari. Ma chi?

Vediamo un po': devono essere investitori disposti ad assumersi rischi estremi per guadagnare utili più elevati. Devono avere una certa libertà di investire dove vogliono. Idealmente non dovrebbero rivelare i dettagli delle loro operazioni per non innervosire azionisti o fiduciari. Devono poter accedere a vaste quantità di fondi da investire ed essere liberi di aumentare il proprio livello di indebitamento per accrescere i profitti. Ebbene sì, come avrete immaginato, si tratta degli hedge fund. E tutto il settore ruota attorno alle loro scelte.

Hedge fund, derivati del credito e CDO

Gli hedge fund[1] sono veicoli di investimento non regolati che provvedono alle esigenze di istituzioni e soggetti con forti disponibilità finanziarie e promettono profitti eccezionali. Sono pochi i limiti posti agli investimenti di questi fondi, al tipo di rischio che corrono e al livello di indebitamento che possono raggiungere. I titoli migliori hanno prodotto risultati eccezionali, alcuni sul lunghissimo periodo. Tuttavia, man mano che il campo si è affollato, i profitti medi sono diventati mediocri, soprattutto a causa delle dimensioni eccessive dei compensi fuori norma del settore. Alla metà del 2007 gli hedge fund avevano un capitale proprio di 2000-2500 miliardi di dollari in capitale azionario e una cifra molto più alta in capitale economico a causa dell'uso aggressivo dell'indebitamento.

Un ampio segmento di hedge fund si concentra adesso nei CDO e nei Credit Default Swap. Rappresentano il 60% circa di tutti gli scambi in default swap (un mercato di 45.000 miliardi di dollari) e un terzo circa della negoziazione di CDO. A quanto risulta, sono concentrati in particolare nelle categorie più a rischio dei prodotti creditizi. Ci sono però altre categorie di acquirenti di CDO. Il CDO è un investimento alternativo molto amato dalle compagnie di assicurazione sulla vita e da alcune banche asiatiche in cerca di profitti elevati per compensare gli elevati costi di finanziamento. Solo che questi soggetti non sono indebitati come gli hedge fund e di norma non sono molto attivi sui mercati finanziari.

Ora, perché il mercato è attratto dagli hedge fund? Poniamo che io gestisca un fondo pensione con un portafoglio di mutui subprime a rischio da 10 milioni di dollari e lo voglia togliere dalla mia contabilità. Potrei cercare di venderlo, ma sarebbe più rapido e semplice entrare in un Credit Default Swap da 10 milioni di dollari su una tranche adeguata dell'ABX, indice dei CDO subprime molto utilizzato. A metà ottobre del 2007, uno swap "A" di credito, di categoria intermedia, veniva scambiato sui 60, su un valore nominale di 100. Un tale sconto indica che il mercato presume che il costo complessivo dei default in questa parte dei CDO dell'indice sia di 40 centesimi sul dollaro al valore di oggi. La controparte del mio swap (probabilmente un hedge fund) garantisce che recupererò i 10 milioni di dollari alla scadenza dell'indice, fissato normalmente a cinque anni. Quanto mi costa? Dato che l'indice è a 60, pago alla controparte quattro milioni di anticipo per coprire il rischio che questa si assume. Dovrò pagarle anche un interesse a un tasso standard, ma questo dovrebbe essere coperto dall'interesse sui miei mutui ipotecari. In questo modo ho messo fine a tutte le mie preoccupazioni in un singolo pagamento, e non sono più esposto al subprime[2].

E che cosa ricava l'hedge fund che ha venduto la protezione dall'accordo? Contante. Denaro che può essere registrato come reddito (e i soci del fondo di solito percepiscono il 20% del reddito) e utilizzato per aumentare l'indebitamento in transazioni sempre più grandi. Già, quel pagamento anticipato è arrivato con una passività, ma in genere gli hedge fund sono maestri nel sottostimare le passività future. Poiché tanti hedge fund non sono stati all'altezza del rendimento promesso, i segmenti più rischiosi del credito strutturato risultano molto allettanti.

Alla fine del 2006, Fitch, l'agenzia di rating del credito, ha fatto un sondaggio sulle pratiche di compravendita degli hedge fund legati al credito. Le informazioni venivano fornite dai prime broker di hedge fund, ovvero le banche che ogni giorno si occupano per gli hedge fund di gestirne l'operatività, di compensarne le transazioni e di finanziarne le posizioni. È il piccolo gruppo delle banche maggiori a dominare il prime brokerage degli hedge fund, con Morgan Stanley, Goldman, J.P. Morgan Chase e Deutschebank in testa a quasi ogni classifica, con il 20-30% delle loro entrate totali da questa fonte, includendo le commissioni di sottoscrizione e di negoziazione. Dunque, gli hedge fund sono clienti importanti.

Ma vediamo le risposte che i prime broker hanno fornito a Fitch.

La fame di posizioni a rischio da parte degli hedge fund ne ha fatto una fonte essenziale di liquidità nei mercati dei CDO e Credit Default Swap. La capacità di avvalersi dell'indebitamento per massimizzare le proprie posizioni ne amplifica l'impatto. La costante domanda di prodotti a più alto rendimento sta spingendo il settore a rischiare sempre di più entrando in CDO costruiti sulla base di mutui ipotecari di secondo grado, finanziamenti ponte, private equity e altre attività meno liquide, spesso con una protezione minima per i compratori di fascia più alta.

Gli hedge fund fanno pressione costante sui prime broker per aumentare il livello di indebitamento e avere credito a condizioni favorevoli per continuare a espandere le posizioni. Ecco allora che richiedono, e spesso ottengono, livelli di finanziamento bloccati con scadenza a 180 giorni, una misura per limitare il controllo dei prime broker sul rischio delle proprie posizioni. Anche se gli stessi prime broker sarebbero tenuti a vigilare il bilancio complessivo e il livello di copertura totale dei propri clienti, loro stessi ammettono di non avere accesso a queste informazioni. Secondo Fitch, il passaggio dei credit hedge fund dai CDO verso derivati del credito "introduce dei rischi unici non ancora sperimentati appieno in fase di contrazione del credito [...] e potrebbe favorire una maggiore instabilità dei prezzi nel breve periodo".

Fitch conclude l'indagine lamentando l'"instabilità degli hedge fund come categoria di investitori", a motivo del loro affidamento al credito a breve termine basato su margini di garanzia. Poiché i fondi non hanno un rapporto diretto con i mutuatari nei portafogli CDO, Fitch si preoccupa anche che non avrebbero incentivi a cooperare in una ristrutturazione dei debitori in caso di difficoltà – un altro caso di Agency problem.

Il fattore comune alla base di queste preoccupazioni è l'altissimo livello di indebitamento degli hedge fund specializzati nel credito. Questi hedge fund, per esempio, sono acquirenti importanti delle tranche a più alto rischio, le cosiddette equity tranche, dei CDO (quelle che assorbono le prime perdite), perché offrono un rendimento più alto. Una tipica equity tranche di un CDO assorbe, per esempio, il primo 5% della prima perdita sui mutui ipotecari sottostanti al CDO. Poiché un 5% di perdita sulle attività sottostanti al CDO assorbirebbe il 100% del suo investimento, lo hedge fund sta comprando una posizione che comporta un leverage implicito di 20:1.

Ma gli hedge fund di credito hanno tipicamente una leva di 5:1 – per ogni dollaro investito delle quote del fondo prendono a prestito 5 dollari. Si deve dunque moltiplicare la leva di 5:1 nel fondo per la leva implicita di 20:1 dell'investimento nella equity tranche del CDO. In realtà i partner dello hedge fund hanno un leverage di 100:1, perché una perdita dell'1% sulle attività del CDO spazzerebbe via il loro intero capitale. Ancor peggio, essi riceverebbero un richiamo di margini di garanzia dalle banche che li hanno finanziati, per ricostituire un leverage di 5:1 su quel che resta del loro investimento.

In altre parole, si tratta di investimenti molto rischiosi che possono cambiare direzione con grande rapidità. Se questo fosse l'unico CDO nei guai, forse il nostro hedge fund non avrebbe difficoltà a mettere insieme il margine extra richiesto. Ma poiché i CDO sono spesso rappresentativi di una classe di strumenti, è probabile che anche una valanga di CDO affini si trovi nelle stesse condizioni. È ciò che è successo nel giugno 2007 con la Bear Stearns. La banca richiede il suo contante, l'hedge fund dichiara di trovarsi in difficoltà economiche, la banca fa confiscare i beni e cerca di venderli e il mercato va in malora.

In generale, poi, gli hedge fund devono usare la contabilità mark-to-market, come fanno le banche e le banche d'affari nei loro resoconti commerciali. Mark-to-market significa che a periodi regolari, di solito su base giornaliera per strumenti molto scambiati, il portafoglio di obbligazioni va valutato al prezzo corrente di mercato. Gli aumenti di valore sono riportati come profitti da negoziazioni, le riduzioni di valore come perdite.

Adesso analizziamo la contabilità mark-to-market per un investimento strutturato quale il CDO. Nel 2005, quando è decollato per la prima volta il mercato di CDO subprime, le insolvenze dei mutui ipotecari subprime si aggiravano sul 3%. Un cuscinetto del 20% di equity tranche (quella che assorbe le prime perdite) e di tranche intermedie sembrava una buona protezione per le tranche superiori: quindi le agenzie di rating di solito assegnavano stime di tripla A e doppia A all'80% delle obbligazioni di un CDO. I CDO basati su mutui ipotecari residenziali di solito hanno un prezzo fissato sul tasso degli swap a dieci anni, un indice finanziario interbancario che segue da vicino i buoni del Tesoro a dieci anni. Nel 2005 il tasso degli swap era sceso al 4,4%, le tranche superiori dei CDO venivano valutate con uno spread tra i 10 e i 25 punti base (centesimi di percentuale), ovvero erano tra il 4,5 e il 4,65%.

Ora, supponiamo di avere un titolo CDO subprime con un rating di tripla A che paga il 5%. Con tassi di insolvenza che tendono al 10% e oltre, la nostra protezione si esaurirà in breve tempo e non si giustificherà più una stima di tripla A sul titolo. Le banche e agenzie di rating hanno modelli sofisticati per rivedere le quotazioni, ma un indicatore semplice può essere il rendimento che si deve corrispondere su nuovi mutui subprime di qualità decente, che è almeno il 9,5%. Del resto, quando la protezione si dissolve ci si ritrova in mano solo dei mutui subprime. Se un investitore vuole un'obbligazione a dieci anni o un mutuo ipotecario con un rendimento del 9,5%, quanto è disposto a pagare per uno con una cedola del 5%? La risposta è circa 70 centesimi di dollaro. Dunque, se un CDO al 5% ci è costato un milione di dollari al valore nominale, avremo perdite per 300.000 dollari. C'è la tendenza a considerare le perdite mark-to-market come perdite fittizie. No, sono perdite *reali*: se abbiamo pagato 1000 dollari per qualcosa che ne vale solo 700, abbiamo perso 300 dollari.

Qualcosa di analogo è accaduto per la Bear. Ralph Cioffi, gestore degli hedge fund Bear, si è difeso sostenendo di aver acquistato perlopiù bond CDO con doppia o tripla A, quindi di alta qualità, e su cui comunque non si erano verificate inadempienze. Ma non c'è bisogno di subire inadempienze per perdere valore. Il prezzo fissato per i CDO del 2005 e del 2006 presumeva che essi fossero sicuri quasi come i buoni del Tesoro americano. Ma non è così. Sono strumenti alquanto rischiosi. Ma siccome danno un rendimento soltanto analogo a quello dei buoni americani, il valore reale si riduce e continuerà a scendere man mano che aumentano le insolvenze.

Vi sono prove che gli hedge fund specializzati nel credito non valutano con attenzione il proprio attivo. Secondo un'indagine della Deloitte Financial Services, meno della metà degli hedge fund stima il patrimonio secondo le migliori pratiche contabili o testa la resistenza a stress del proprio portafoglio sul mercato. In parecchi fondi, la valutazione del patrimonio era lasciata alla discrezione del gestore, malgrado l'ovvio conflitto di interessi. A quanto pare, inoltre, alcuni hedge fund seguivano la pratica di scambiare tra di loro i propri asset a prezzi di favore, a volte con clausola di riacquisto, per stabilire un prezzo di mercato fasullo. Le stime approssimative o fuorvianti, inoltre, aumentano a dismisura (e senza che nessuno se ne accorga) l'indebitamento e l'esposizione al rischio, ponendo le premesse per guai maggiori.

La vicenda della Bear è utile per spiegare l'equilibrio del terrore tra le banche e i loro clienti degli hedge fund. A dire il vero, il disagio delle banche che emerge dal rapporto di Fitch può riflettere lo scontento per quella posizione. Nella crisi Bear, Merrill Lynch si è dimostrata la banca più aggressiva per aver forzato l'aumento delle garanzie; solo qualche mese più tardi, in parte per la sua stessa aggressività, Merrill ha registrato una grossa caduta di profitti in seguito al collasso del mercato. Le banche, quindi, hanno rapporti intimi con i propri clienti hedge fund, con massicci quantitativi di denaro a rischio. La tentazione di non innescare perdite di valore e di lasciare che si accumulino posizioni di rischio eccessivo è assai forte. Ma quando si verificano forti rovesci in una importante classe di strumenti non restano vie di scampo. Prima o poi le banche si vedranno costrette ad appropriarsi dei titoli in garanzia, anche rischiando di spalancare le porte dell'inferno.

A sentire i quotidiani, la contrazione del debito è una crisi dei subprime. In realtà il fenomeno è molto più ampio. I subprime possono essere alla base della classe maggiore di CDO in sofferenza, ma i problemi del credito in altri settori sono altrettanto grandi e almeno altrettanto gravi.

La bolla del debito societario

Le obbligazioni a rischio che Drexel Burnham e Michael Milken hanno usato per finanziare acquisizioni aziendali, poi denominate titoli ad alto rendimento, sono diventate uno strumento finanziario d'uso comune per quasi tutte le aziende sane di qualunque dimensione e una componente standard di portafoglio anche per gli investitori al dettaglio. A partire dalla crisi dei mercati del 1989-1991, il tasso complessivo di emissione di titoli ad alto rendimento è aumentato costantemente, mentre la qualità di credito delle obbligazioni è andata riducendosi. Per quanto sorprendente, i rendimenti richiesti dagli investitori sono diminuiti al passo con la qualità media del credito.

Secondo Standard & Poor's, negli ultimi quindici anni il rating medio per le emissioni di titoli è scivolato da un solido investment grade di A- a BBB-, di poco superiore a quello dei titoli a forte rischio e speculativi. La maggior parte delle società con le valutazioni più alte, inoltre, è concentrata all'interno dei nomi più allettanti del settore finanziario. Oggi, solo il 39% delle società emittenti hanno rating di investment grade, mentre l'emissione di debito a forte rischio (rating CCC o CC-) è triplicata. I titoli ad alto rendimento, in breve, sono ormai la norma del mercato.

Dopo la bolla tecnologica scoppiata nel 2000, i tassi d'insolvenza di questi titoli hanno avuto una netta tendenza al rialzo, sfiorando il 13% nel 2002, contro una media annua a lungo termine del 3% circa. Dopo il profluvio di liquidità arrivata dalla Federal Reserve, tuttavia, nel 2006 i tassi di insolvenza sono precipitati allo 0,76%. È stato il livello più basso dal 1981, quando il mondo dei titoli a rischio, così come ci è noto oggi, era solo un embrione nella testa di Drexel. Per tutta la prima metà del 2007 è stato anche più basso, appena lo 0,26%, e il differenziale di interesse sul debito ad alto rendimento si è ristretto di conseguenza. Edward Altman, professore dell'Università di New York ed esperto di rendimento dei bond, ha calcolato che i tassi ad alto rendimento della metà del 2007 implicavano che gli investitori anticipassero solo un tasso annuale delle insolvenze dei titoli ad alto rendimento di solo l'1%, con un tasso di recupero del 50%. In pratica, gli investitori fissavano il prezzo nell'aspettativa di mercati tranquilli sul lungo termine. Di recente i leveraged loans, o obbligazioni ad alto rischio strutturate in forma di mutui bancari (di solito collegati all'acquisizione di società con capitale preso in prestito), hanno spostato l'attenzione dai titoli ad alto rendimento[3], ma i problemi sono più o meno gli stessi.

Come si spiegano questi bassi tassi d'insolvenza? La scuola di esperti di osservanza "Greenspan" mette in rilievo il nuovo modello del credito. La cartolarizzazione e i nuovi strumenti di copertura hanno attenuato la volatilità del mercato e ampliato la disponibilità di credito. Inoltre, i fondi private equity possono mettere in piedi liquidazioni parziali e ristrutturazioni con molta più efficienza dei tribunali fallimentari tradizionali; in questo modo le insolvenze possono essere eliminate più velocemente che con i meccanismi tradizionali. Si tratta di considerazioni fondate, ma fino a un certo punto, lo stesso vale per i mutui subprime.

I prestiti ad alta leva finanziaria (leveraged loans) somigliano ai mutui subprime anche da altri punti di vista. Le banche o altri prestatori generano i mutui per conto dei fondi private equity, ma poi li passano subito agli investitori sotto forma di CLO (Collateralized Loan Obligation). I fondi specializzati in acquisizioni spesso hanno un modesto capitale di rischio, e gli accordi di norma si concludono con il finanziamento ponte concesso dalla banca, che viene estinto quando i titoli CLO vengono venduti. Gli hedge fund sono importanti fornitori di liquidità sia per i

CLO come per i CDO, e il leverage totale per gli investitori in CLO e per quelli del fondo private equity di solito è di circa 100:1. Proprio come nelle ultime fasi del mercato dei subprime, i termini dell'accordo vengono allungati per accogliere mutuatari sempre più a rischio. C'è stata perfino una resurrezione delle obbligazioni PIK (payment-in-kind[4]); i titoli che consentono di pagare gli interessi con l'emissione di altre obbligazioni. Il fatto è che se non si riescono a pagare gli interessi la curva del debito può arrivare all'infinito. Una "spirale della morte" che richiama alla memoria gli ultimi giorni frenetici della crisi dei junk bond del 1989.

Il rapporto di leva finanziaria dell'indebitamento per le acquisizioni (servizio del debito diviso flusso di cassa totale) è aumentato dal 2002 alla prima metà del 2007 del 50%, mentre i prelievi di contante da parte dei titolari di private equity sono stati piuttosto rilevanti.

Nell'estate 2007, quando è scoppiata la crisi dei subprime, il mercato dei leveraged loans e degli alti rendimenti ha fatto registrare una brusca frenata, lasciando alle banche il triste onere di impegni per prestiti ponte di almeno 300-400 miliardi di capitale di copertura per acquisizioni, che non potevano più essere trasferiti agli investitori dei CLO. È così che molti accordi importanti sono saltati e parecchi sono arrivati in tribunale. A fine novembre il mercato era ancora in una situazione prossima allo stallo, anche se si concludeva qualche transazione minore. Per una sfortunata coincidenza, la cifra di 300-400 miliardi di dollari di prestiti per acquisizioni nella pancia delle banche è quasi la stessa delle obbligazioni cui devono far fronte a causa degli impegni contratti verso i loro veicoli di investimento strutturati (SIV). Secondo il "Financial Times", nell'ottobre 2007 molte delle banche più importanti negoziavano condizioni di prestito vantaggiose ai fondi "avvoltoi", quelli specializzati nel debito in sofferenza, a condizione che usassero il denaro per acquistare i leveraged loans delle banche stesse: un serpente che per combattere la fame si mangia la coda.

Come è stato spesso rilevato, il settore delle imprese nel complesso non è a rischio di insolvenza. I profitti sono stati abbastanza alti durante quasi tutti gli anni Duemila e la spesa in conto capitale è stata moderata, dunque le aziende hanno accumulato una cospicua liquidità, anche se questa è stata impiegata nel pagamento di dividendi o nel riacquisto di azioni proprie. Tuttavia, sul debito totale delle imprese (5700 miliardi di dollari alla fine del 2006), quasi un terzo è di bassa qualità. Il valore dei titoli ad alto rendimento in circolazione è di 1100 miliardi di dollari, mentre il totale dei leveraged loans e dei leveraged loans nei CLO, perlopiù legati alle acquisizioni, tocca come minimo la stessa cifra. Nel mercato societario, come in quello ipotecario, gran parte dei mutuatari ha una posizione debitoria moderata; ma quelli indebitati tendono a esserlo molto. E, come è avvenuto per il mercato dei subprime, l'aumento delle insolvenze nelle categorie fortemente indebitate accrescerà i costi del credito per tutta la categoria.

Nel 2006 la FSA, l'autorità inglese per i servizi finanziari, ha fatto un'indagine esauriente sulle pratiche relative ai private equity, dalla quale sono emerse esplicite analogie con i mercati subprime. Le società di private equity erano "finanziate in misura crescente [...] con una struttura insostenibile nel lungo periodo", ossia facevano affidamento su CLO e CDO. "Le tranche più a rischio del debito finanziario si concentrano in una comunità relativamente piccola di gestori di fondi/prodotti strutturati, che si avvalgono della leva finanziaria". La FSA ha ammonito senza mezzi termini che i mercati del debito societario avrebbero potuto creare "un evento di instabilità finanziaria", gergo della pubblica amministrazione per indicare la Chernobyl del mercato del credito.

Vale la pena notare che mentre la FSA completava la sua relazione Alan Greenspan continuava a fare i complimenti alle nuove tecnologie del credito per il ruolo svolto nel "proteggere le istituzioni americane e internazionali dal rischio degli istituti assai indebitati (e tali sono le banche)". A quanto sembra, CDO e gli hedge fund specializzati nel credito sono ora annoverati fra le "istituzioni americane e internazionali stabili".

E va sempre peggio

Ma ci sono altri grandi settori del credito prossimi a entrare in un periodo di grande difficoltà.

Il debito delle carte di credito – È un mercato da 915 miliardi di dollari, perlopiù securitizzato, anche se di norma non in strumenti strutturati, come i CDO. Negli ultimi anni il debito delle carte di credito non è cresciuto con particolare rapidità, perché i proprietari di immobili hanno preferito finanziare i loro acquisti di beni di consumo con prestiti sulle case. Adesso che il mercato dei mutui immobiliari è quasi fermo, il debito delle carte di credito è in crescita. I mercati azionari hanno reagito stupidamente con euforia quando i dati sui consumi indicavano una sostanziale tenuta nel terzo trimestre del 2007, ma la gran parte di quelle spese veniva finanziata perlopiù con il debito rinnovabile contratto con carte di credito. Questa è una strada per il disastro. Gli interessi addebitati sul saldo della carta per i rischi di credito si aggirano sul 20% per i soggetti a rischio basso, ma possono arrivare al 40% per quelli meno qualificati[5]. Le insolvenze, anche se si mantengono ancora basse, hanno cominciato a impennarsi in modo evidente, e quasi tutte le banche maggiori stanno aumentando i loro accantonamenti in vista di perdite. In Gran Bretagna la bolla immobiliare è implosa all'inizio del 2006. Da allora, secondo "Fortune", le perdite da carta di credito e le insolvenze sono aumentate di quasi il 50%. A quanto sembra, i consumatori usano la carta di credito per i pagamenti sui mutui ipotecari, una strategia senza speranza. Ipotizzando una consistente recessione negli Stati Uniti, esito sempre più verosimile, in una situazione analoga è possibile ipotizzare perdite tra il 5 e il 10%.

CMBS (Titoli obbligazionari garantiti da mutui ipotecari commerciali) – Si tratta di prodotti strutturati analoghi ai CDO, basati su mutui commerciali per edifici da adibire a uffici, condomini, opifici e strutture simili. Dal 2005 hanno visto una crescita considerevole, ma nel terzo trimestre del 2007 il mercato è andato in stallo evidente. Malgrado finanziamenti molto aggressivi tra la fine del 2006 e la prima metà del 2007, le tranche dei CMBS più sicuri venivano vendute comunemente a meno di 1/10% di spread sullo swap. Al momento ci sono numerosi immobili di spicco per i quali i flussi di cassa non copriranno gli interessi sulle tranche inferiori dei CMBS. Nell'autunno 2007 tutti gli spread dei CMBS hanno cominciato ad ampliarsi rapidamente, una situazione che ha prodotto consistenti perdite sulla valutazione mark-to-market. A quanto sembra, il magazzino di CMBS delle grandi banche starebbe accumulando massicci saldi di invenduto, pur di non rischiare un collasso di valutazione derivante da una vendita fallita. Stiamo parlando di un mercato da 800 miliardi di dollari, nel quale una cattiva performance dei prestiti della generazione 2006-2007 si ripercuoterà pesantemente in tutto il settore.

Assicuratori monolines – È il meno noto fra i settori del credito, ma potenzialmente il più destabilizzante. Si tratta perlopiù di società quotate (Ambac e MBIA sono due delle più conosciute) che propongono ai compratori assicurazioni contro le perdite di capitale sui titoli. Questo ramo si è sviluppato come una specie di servizio di revisione del credito per le obbligazioni degli enti locali. Poiché sono numerose le amministrazioni locali che emettono titoli, per gli investitori è difficile monitorarli da soli. A poco a poco, dunque, una "copertura assicurativa" di una di queste *monolines* è diventata un requisito quasi standard per le nuove emissioni municipali. Perché la copertura sia utile, tuttavia, gli assicuratori devono mantenere un rating del credito di tripla A.

Negli ultimi anni le *monolines* hanno ampliato il proprio volume d'affari arrivando ad assicurare anche le tranche tripla A dei CDO ipotecari. Considerato che l'inadempienza delle obbligazioni municipali è alquanto rara, esse avevano una base di capitale modesta rispetto alle loro passività assicurative e hanno mantenuto all'incirca la stessa proporzione sulle assicurazioni dei CDO. Nel complesso sono state sottoscritte assicurazioni sul capitale e sugli interessi per circa 3300 milioni di dollari di strumenti, con una base capitale collettiva di soli 22 miliardi di dollari, ovvero un rapporto di 150:1. Considerato lo scompiglio attuale nel settore dei CDO, i rating di tripla A delle *monolines* con quel livello di indebitamento sono senz'altro assurdi. Nell'ottobre 2007, Fitch ha dato inizio a una revisione critica di quelle valutazioni, rendendo verosimile un declassamento, e a fine novembre gli spread di mercato sui Credit Default Swap per Ambac, forse l'ammiraglia del settore, erano ormai a livello di quello dei "titoli spazzatura".

Mentre questo libro va in stampa, la posizione delle *monolines* è gravissima. Anche se il mercato giudica Ambac un'azienda di infima qualità, il suo nome, in qualità di supporto di un CDO altrettanto a rischio, trasforma l'obbligazione in credito di tripla A. L'alchimia è possibile solo perché finora le agenzie di rating si sono attenute con ostinazione alla valutazione di Ambac come azienda da tripla A. Ma è ben noto che mantengono in piedi questa messinscena solo per paura di scatenare un'ondata di declassamenti per ulteriori 2-3000 miliardi di dollari di bond. In altre parole, "il re è nudo". Per quanto il Tesoro, la stampa finanziaria e le banche critichino con veemenza le agenzie di rating per le stime eccessive dei CDO, aumenta la preoccupazione per una possibile valutazione realistica delle *monolines*. E se qualcuno dovesse far notare che in realtà il re è nudo, potrebbe scatenarsi il caos.

Credit Default Swap – Ed eccoci arrivati al rischio in assoluto più catastrofico. I Credit Default Swap, come abbiamo visto, sono una forma di contratto di assicurazione. Se possiedo una compagnia o un titolo CDO, posso proteggermi contro le perdite del capitale entrando in un Credit Default Swap, con una controparte che promette di compensare le mie perdite in caso di insolvenza. Negli ultimi anni, i portafogli coperti da contratti di default swap sono cresciuti a dismisura, passando da circa 1000 miliardi di dollari nel 2001 a quasi 4500 miliardi a metà del 2007. I Credit Default Swap non vengono scambiati in borsa; si tratta piuttosto di accordi privati disposti con il pagamento di una commissione dalle banche d'affari.

Secondo una recente indagine pubblicata sull'"Economic and Portfolio Strategy", autorevole bollettino di Peter

L. Bernstein, i contratti di default swap in essere includono, in proporzioni pressappoco uguali, bond aziendali (o "single name") o crediti sui mutui, indici di credito come l'ABX e strumenti finanziari strutturati quali CDO e CLO. I venditori della protezione, o garanti, sono in particolare banche e hedge fund. Le banche potrebbero far fronte a circa 18.200 miliardi di dollari, mentre gli hedge fund creditizi hanno garantito circa 14.500 miliardi di dollari[6]. In un ambiente con bassi tassi d'insolvenza gli hedge fund avrebbero considerato la vendita di default swaps come una tranquilla fonte di reddito.

Gli analisti tendono a respingere la portata di queste cifre, forse a ragione, perché è ovvio che c'è un doppio conteggio se gli attori del mercato acquistano protezione per coprire le garanzie che hanno venduto. Ma, a differenza, poniamo, degli scambi di contratti futures, dove giornalmente si saldano tutte le posizioni nette e vengono fissati margini in contante per far fronte a ogni movimento avverso, i mercati "fuori borsa" (over the counter) in cui vengono scambiati i contratti di default swap non dispongono di condizioni così ben congegnate di regolazione giornaliera. Negli accordi fra una controparte e un'altra, un brusco cambiamento nei mercati può provocare notevoli dislocazioni.

E come avviene per i CDO, l'anello più debole nella catena sono gli hedge fund. Si calcola che i credit hedge fund rappresentino un terzo del capitale degli hedge fund, circa 750 miliardi di dollari, che abbiano un rapporto di indebitamento di 5-10:1. Gran parte dei fondi non potrebbe sopravvivere neanche a una richiesta dell'1-2% sulle loro garanzie prestate con i default swap. Banche commerciali e di investimento hanno in portafoglio grandi quantità di mutui a rischio e investimenti valutate alla pari perché assicurate per le insolvenze; ma, come rilevato dall'analista di Bernstein, nei loro rendiconti finanziari non vi sono riserve adeguate per perdite massicce o crediti inesigibili.

Si consideri come le eventuali insolvenze delle controparti degli hedge fund potrebbero diffondersi attraverso i mercati dei default swap. In questo caso, si dovrebbero svalutare interi portafogli di titoli assicurati, per riflettere il rischio intrinseco. L'inevitabile domanda di garanzie sottrarrebbe ingenti somme dai mercati del credito, mentre la corsa a farsi pagare da parte dei garanti inadempienti scatenerebbe una montagna di cause legali. In breve, ci troveremmo di fronte alla trombosi del sistema creditizio, in confronto alla quale "il problema dei mutui subprime è una passeggiata nel parco". È addirittura superfluo cercare di stimare la portata delle perdite.

Brusco atterraggio I: la recessione

È stato assai interessante osservare i previsori affannarsi a rincorrere gli eventi del 2007. A febbraio, alla riunione congressuale della Federal Reserve, il presidente Bernanke rappresentò ciò che il "New York Times" ha definito "un'economia sbiadita, né troppo calda, magari per l'inflazione, né troppo fredda, per l'aumento della disoccupazione". Anche dopo l'estate, quando il fallimento della Bear Stearns mise in luce la fragilità dei mercati finanziari strutturati, gli economisti sono rimasti fermi alle loro analisi ottimistiche. E la fiducia ostentata fino ad allora fu scossa solo dalla rapida successione di grandi svalutazioni patrimoniali di ottobre-novembre. Alla fine dell'autunno 2007, gli argomenti per prevedere una brutta recessione erano ormai inconfutabili.

Nei prossimi due anni saranno ricalcolati 350 miliardi di dollari in mutui subprime e residenziali a rischio, con valutazioni penalizzanti. Si registrerà un picco di insolvenze. Moltissime persone, forse due milioni circa, potrebbero perdere la casa.

I prezzi degli immobili continueranno a scendere. Le stime di consenso prevedono un calo reale del 10%, ma i più pessimisti (che ancora devono sbagliarsi in questo ciclo) si aspettano almeno un crollo del 30%. Molti consumatori saranno impantanati in mutui più alti del valore di mercato delle abitazioni.

La spesa per i consumi *deve* scendere per forza. Siamo passati da una media del 67% del PIL negli anni Novanta al 72% di inizio 2007. Come ha sottolineato Martin Feldstein, ex presidente del Consiglio di consulenza economica, l'aumento è stato finanziato soprattutto con il prelievo a prestito di 9000 miliardi di dollari dal valore delle case, non è più sostenibile. Mantenere quel livello dei consumi anche per tutta l'estate, accumulando debiti per acquisti con carta di credito, non farà che acuire la gravità del crollo futuro.

In generale chi esporta in America prodotti finiti ha ormai digerito il costo del tonfo del dollaro, ma le cose cambieranno. Tuttavia, gli esportatori di beni primari stanno attraversando perlopiù indenni il crollo della valuta statunitense, quindi i prezzi in dollari delle materie prime, e per primo il petrolio, aumentano rapidamente.

Le esportazioni americane continueranno a migliorare e nel lungo periodo dovrebbero compensare la diminuzione della spesa per i consumi. Il passaggio da una economia dei consumi a una fondata sulle esportazioni dovrebbe rappresentare un fattore determinante per cominciare a riemergere dalla recessione tra un paio di anni. Ma si tratterà di una fase dolorosa e ci vorrà del tempo.

La riduzione della disponibilità di credito, già manifesta, alimenterà la tendenza alla rovina. Nel novembre 2007, Jan Hatzius, analista della Goldman Sachs, stimava che le perdite causate da subprime e prodotti collegati presso le banche commerciali faranno ridurre il capitale bancario di circa 200 miliardi di dollari. Con un rapporto prestito/capitale medio di 10:1, scatterebbe una riduzione del credito per circa 2000 miliardi di dollari. Nel solo mese di novembre 2007, il mercato del credito totale si è ridotto del 9%: il calo mensile più rilevante mai registrato. Ma, stando alle previsioni di Hatzius, la contrazione del credito sarà molto più vasta.

Uno studio recente sulle politiche di indebitamento a lungo termine presso banche commerciali e di investimento, infatti, ipotizza che l'arretramento del credito potrebbe precipitare ulteriormente. Durante un ciclo finanziario-creditizio, le banche tendono a conservare un livello pressappoco costante di rapporto fra debito e capitale: poiché il capitale scema, queste contraggono la scorta di credito così come l'hanno espansa in fase di crescita. Le banche di investimento, in parte per il modo in cui gestiscono le loro posizioni commerciali, tendono ad aumentare i livelli di indebitamento durante un boom di risorse e a ridurli in fase di discesa. Gli hedge fund seguono il medesimo schema. Ma, siccome al momento hedge fund e banche d'investimento forniscono la metà circa di tutto il credito di mercato, una accelerazione nel deleverage, cioè nella riduzione della leva finanziaria, non potrebbe che peggiorare la contrazione totale del credito, rispetto ai precedenti cicli in cui operavano solo le banche commerciali.

Brusco atterraggio II: il tracollo del credito

Al momento di mandare in stampa questo libro, ci sono ampie testimonianze che la contrazione è già in atto, e che dovrebbe continuare per quasi tutto il 2008. La prima domanda riguarda la portata delle probabili perdite economiche dovute a inadempienze e svalutazioni. Nel novembre 2007, per la prima volta gli analisti hanno cominciato a far circolare cifre molto più alte delle precedenti, che adesso finalmente appaiono più realistiche. Nella tabella seguente sono riportate le mie stime, ancora più alte.

Nessuna di queste valutazioni può considerarsi estrema, come suggeriscono i commenti riportati nella tabella. Il ministro del Tesoro Henry Paulson sta studiando un programma per mitigare i rischi delle insolvenze dei mutui residenziali. Poiché qualunque misura del genere si rivelerà con tutta probabilità un palliativo, non ne ho tenuto conto nella tabella. Infine, è da rilevare che se molti CDO e altri bond a rischio, ma non in sofferenza, recupereranno fino alla pari alla scadenza dei rimborsi, non considererò questo elemento come ripresa. Le svalutazioni decise adesso sono una misura del rendimento che il titolare *dovrebbe* ricevere per il possesso di uno strumento a rischio, includendovi l'attuale valore del rimborso. Quelle perdite si verificano durante la vita dell'obbligazione non si recuperano con il rimborso del capitale. I miliardi di dollari in svalutazioni subite dalle banche sono senza dubbio reali e hanno profondi effetti sull'attività economica.

Sebbene le cifre della tabella siano abbastanza scoraggianti, i calcoli si basano su un andamento ordinato della crisi, come se tutte le parti interessate potessero concordare su una stima ragionevole del rischio, sopportassero le svalutazioni e proseguissero tranquillamente con le loro attività. Finora, tuttavia, non è andata così. La struttura del "super SIV" lanciato da Citigroup e dal Tesoro sembrava un tentativo manifesto di differire le svalutazioni. L'incongruenza delle quotazioni di mercato fa pensare inoltre a una consistente manipolazione dei numeri. Le tranche di CDO subprime di qualità media sono vendute a 90 presso la banca svizzera UBS e 63 alla Merrill, mentre sull'ABX, un indice di questi CDO molto diffuso, sono scambiate a 40. Indici analoghi dei CMBS, leveraged loans e Credit Default Swap fanno ritenere dubbie le valutazioni.

Il Center for Audit Quality, un centro studi sugli standard professionali per revisori, ha dichiarato che l'attuale sistema di valutazioni interne viola il regolamento del Financial Accounting Standards Board, che richiede l'uso di dati esteriori "visibili" prima di ricorrere alle stime interne. La dichiarazione del centro fa specifico riferimento all'ABX, quale esempio di dato di mercato verificabile. Le banche non dovrebbero, certo, seguire pedissequamente l'indice ABX, ma scostamenti rilevanti non sarebbero accettabili. Peraltro, se consideriamo che gli indici in questione, come lo stesso ABX, sono tutti creati e gestiti dalle banche maggiori, siamo di fronte a un palese conflitto di interessi[7]. A quanto è dato apprendere, a Wall Street comincia a montare il timore che gli esperti contabili avvicineranno le quotazioni agli indici esterni disponibili, operazione che implicherebbe svalutazioni mai viste prima. Tra l'altro, la situazione sarà aggravata anche dalla spinta delle agenzie di rating a recuperare sull'arretrato delle precedenti sovrastime di debito CDO.

Stime di insolvenza e riduzioni del valore nominale (in miliardi di dollari)

STRUMENTO	In essere	Percentuale insolvenze	Percentuale svalutazioni
Mutui residenziali			
Subprime e altre insolvenze ipotecarie ad alto rischio	$ 1500	20%	Non disponibile
Svalutazioni bond CDO* derivati da subprime e non insoluti	$ 1200	Non disponibile	25%
Subtotale			
Debito societario			
Insolvenze bond ad alto rendimento	$ 1000	10%	Non disponibile
Svalutazioni bond ad alto rendimento non insolventi	$ 900	Non disponibile	20%
Insolvenze CLO leveraged loans	$ 500	10%	Non disponibile
Svalutazioni CLO leveraged loans non insolventi	$ 450	Non disponibile	20%
Leveaged loans non in CLO	$ 1000		???
Subtotale			
Altri dati verificabili			
Insolvenze CMBS	$ 800	10%	Non disponibile
Svalutazioni titoli CMBS non insolventi	$ 720	Non disponibile	15%
Carte di credito	$ 900	7,5%	Non disponibile
Subtotale			
Dati non verificabili			
Declassamento *monolines*			???
Insolvenze e svalutazioni di Credit Default Swap			???
Totale complessivo dati verificabili			

* Sospesi = Totale corrente meno insolvenze.

Tasso di recupero	Perdita netta	Commento
50%	$ 150	Stima attuale quasi unanime
Non disponibile	$ 300	Stima probabilmente bassa. Grandi accordi recenti al 60-70% delle svalutazioni
	$ 450	
50%	$ 50	Tasso insolvenze 1990-1991
Non disponibile	$ 180	Aumento degli spread, per il 1991
50%	$ 25	Dovrebbe seguire l'andamento dei titoli ad alto rendimento
Non disponibile	$ 90	Dovrebbe seguire l'andamento dei titoli ad alto rendimento
		Tenuti perlopiù nei portafogli bancari e non valutati al valore di mercato. Le perdite dovrebbero seguire l'andamento del CLO, ma le banche possono differirne il riconoscimento o la svalutazione
	$ 345	
50%	$ 40	Sottoscrizione molto debole nel 2006-2007
Non disponibile	$ 108	Stima probabilmente bassa
Non disponibile	$ 67	Stima probabilmente bassa
	$ 215	
		Perdita potenzialmente molto elevata
		Perdita potenzialmente molto elevata
	$ 1010	

Ma torniamo un momento al 1998, alla soluzione della crisi LTCM. Di fronte alla minaccia di un tracollo finanziario globale, la Federal Reserve riunì venti banchieri di New York che decisero congiuntamente di stanziare 3,6 miliardi di dollari per risolvere la crisi. Nel 2008, invece, non c'è nessuno pronto a convocare un incontro ufficiale del genere, non c'è una sala conferenze grande a sufficienza da poter contenere le parti e nessuno sa chi mettere sulla lista degli invitati.

Prepariamoci a una crescita impressionante di svalutazioni di attività finanziarie per gran parte del 2008. Le diffuse inadempienze sulle garanzie accessorie, soprattutto da parte degli hedge fund specializzati nel credito, scateneranno vendite forzate dei depositi di garanzia. Le graduali riduzioni di valore comporteranno dismissioni da parte di fondi pensioni e compagnie di assicurazione per non violare le norme sull'obbligo di limitare i propri investimenti a obbligazioni con il rating più alto. Al dissolversi della protezione del credito, i possessori di tranche di CDO di primo grado liquideranno il loro patrimonio, come è loro diritto. A quel punto basteranno risultati anche moderatamente negativi per le *monolines* e mercati assicurativi del credito perché l'intero sistema finanziario si ritrovi di fronte a un'autentica catastrofe.

È assurdo essere arrivati fino a questo punto.

Minsky, Ponzi e la logica dei mercati

Hyman Minsky era un economista keynesiano famoso per la teoria delle crisi finanziarie. A differenza degli ideologi del libero mercato, seguaci della Scuola di Chicago, Minsky riteneva che crisi e instabilità fossero intrinseche ai mercati finanziari. L'economista prendeva a modello una serie di fasi del mercato, indotte da sviluppi strutturali positivi, come la crescita del mercato delle acquisizioni spinto dai titoli spazzatura negli anni Ottanta o le nuove tecnologie del credito dei primi anni Duemila. Le imprese che prendono parte alle prime fasi del ciclo di norma non sono indebitate; Minsky le definiva aziende "coperte", perché i loro introiti coprono le uscite di cassa. Il successo di questi pionieri attrae altri imprenditori, costretti per forza di cose a indebitarsi per migliorare i profitti. Le imprese speculative si indebitano al punto di dover chiedere denaro per pagare gli interessi – di solito indebitandosi a breve termine per finanziare posizioni di maggior rendimento a lungo termine. Nessuno di questi è un comportamento irrazionale; gli attori del mercato inseguono profitti a breve termine e alcuni di loro diventano anche molto ricchi.

Le fasi finali di un ciclo di Minsky arrivano con la proliferazione di imprese Ponzi[8], che devono indebitarsi per pagare tutti gli interessi, così che il loro carico debitorio continua a crescere. A un certo punto, si verifica un evento perturbatore, come il crollo della United Airlines nel 1989 o l'inadempienza russa del 1998, e i mercati rivedono le loro valutazioni: più il ciclo è andato avanti, più è violenta è la revisione.

Abbiamo ora raggiunto la fase Ponzi del ciclo del credito? Da quando Paul Volcker ha fugato i demoni dell'inflazione agli inizi degli anni Ottanta, il credito è stato il mercato con la crescita maggiore al mondo. Il PIL mondiale è aumentato in misura incredibile negli ultimi venticinque anni, ma non è niente in confronto all'esplosione del credito. Il totale delle attività finanziarie mondiali, che dovrebbero rappresentare i diritti sul PIL, grosso modo uguagliava il PIL mondiale nei primi anni Ottanta. Alla fine del 2005, secondo una recente analisi del Fondo Monetario Internazionale, le attività finanziarie globali erano pari a circa 3,7 volte il PIL totale. In altre parole, i crediti finanziari in circolazione coprono non solo il PIL di quest'anno, ma anche quello di molti anni a venire. Negli anni Ottanta i derivati del credito, ovvero i crediti sugli strumenti finanziari, erano ancora un mercato relativamente rudimentale. Il loro valore teorico alla fine del 2005, tuttavia, era tre volte più alto del totale di tutti gli strumenti finanziari, e più di dieci volte il PIL mondiale totale. Se riferiamo queste cifre al 2007, troviamo che sono aumentate ancora di più, con una tendenza a crescere.

Vale la pena soffermarsi un momento a scomporre il significato di questi numeri. I crediti finanziari, naturalmente, sono tali rispetto al patrimonio, che è di qualche multiplo superiore al PIL annuale. In modo analogo, il valore teorico di un derivato non si riferisce al derivato stesso, ma alle dimensioni del portafoglio a cui si riferisce. Ma l'enorme dimensione dei crediti finanziari e dei derivati è un indice significativo dell'indebitamento dell'economia mondiale, soprattutto degli Stati Uniti. L'indebitamento, come abbiamo visto, è il converso della volatilità. Un'opzione può essere valutata, ad esempio, al 5% del portafoglio di riferimento, ma anche un piccolo cambiamento nel valore del portafoglio determinerà delle variazioni cospicue nel valore delle opzioni. Se consideriamo che al momento il valore teorico dei derivati si aggira sui 500.000 milioni di dollari, rapide oscillazioni da 5-10 mila milioni del valore dei derivati sono del tutto plausibili e potrebbero provocare danni enormi.

Ma in che modo l'indebitamento ha potuto divenire tanto alto? Nella classe degli strumenti che abbiamo esaminato, vi sono relativamente pochi "nomi", ossia imprese, che registrano scambi frequenti: nelle migliore delle ipotesi siamo nell'ordine delle centinaia. Ed è un numero relativamente ristretto di istituzioni (in sostanza banche globali, banche d'investimento e hedge fund) a fare gran parte dell'attività di negoziazione. Questi soggetti hanno costruito un'immane torre di debiti di dubbia stabilità, vendendo e rivendendo l'uno all'altro e realizzando intanto profitti. È la definizione dello schema Ponzi. Finché un regime di liquidità liberalmente concessa previene le insolvenze, la torre potrà anche vacillare, ma rimane dritta. Bastano però delle piccole vibrazioni in qualunque parte della struttura per abbatterla, e i segnali già in evidenza lasciano presagire vibrazioni molto consistenti.

È qui che ci hanno condotto venticinque anni di strategia della Scuola di Chicago: a una disfatta che sarà come minimo della portata di quella provocata dal crollo degli anni Settanta.

Il parallelo con gli anni Settanta è importante per come quella crisi fu risolta. In uno dei grandi episodi della storia recente americana, Paul Volcker affrontò il problema in modo diretto, estirpò l'inflazione dall'economia, ristabilì la posizione internazionale del dollaro e preparò la strada per il boom economico degli anni Ottanta e Novanta.

Confrontiamo la strategia di Volcker con quella dei giapponesi, quando, alla fine degli anni Ottanta esplose la loro bolla patrimoniale: uno sfacelo paragonabile a quello a cui stiamo assistendo noi. Un Volcker giapponese non c'era. Invece di affrontare i problemi, la fitta rete di politici e li nascose. E quasi vent'anni dopo, il Giappone non si è ancora ripreso.

Oggi il settore finanziario americano è assai più solido rispetto agli anni Settanta. Eppure, fino a oggi la sua risposta alla crisi incombente, ormai innegabile, è stata quella di minimizzare e occultare. È la strada per trasformare una disfatta dolorosa in una tragedia in grado di protrarsi per qualche decennio.

1. Il termine "hedge fund" risale agli anni Cinquanta, quando una nuova categoria di fondi di investimento adottò strategie lunghe/corte di compravendita di azioni. Ad esempio, potevo comprare, o "allungare", il capitale azio-

nario di una compagnia siderurgica, ma mi proteggevo dal rischio vendendo allo scoperto o scommettendo contro un altro azionariato siderurgico che pensavo fosse più debole. Se le azioni della seconda compagnia crollavano per un motivo qualunque, i profitti sulla posizione corta compensavano le perdite sulla mia posizione lunga. Quella lunga/corta è ancora una strategia tipica degli hedge fund, sebbene non sia quella prevalente.

2. Va rilevato che nell'esempio ho supposto che il mio portafoglio segua all'incirca lo stesso schema del listino ABX di venti accordi. Ognuno di questi è un CDO di almeno 500 milioni di dollari, contiene migliaia di mutui ipotecari ed è dunque un buon campione di mercato. L'ABX è suddiviso in cinque categorie di rischio, ed è quindi possibile scegliere quella più idonea. Fino a poco tempo fa, la maggior parte dei Credit Default Swap era fatta su misura, ma l'introduzione degli indici, che sono piuttosto liquidi, riduce il costo della copertura. Il pagamento anticipato si applica solo quando lo swap è scambiato sotto la pari. Se invece è scambiato sopra la pari, come erano molti swap dell'ABX fino a poco tempo fa, il pagamento anticipato va in altre direzioni.

3. Spesso i fondi private equity preferiscono finanziare attraverso i leveraged loans, perché possono essere garantiti dalle attività finanziarie della compagnia, mentre in genere i titoli sono più a rischio. Dato che i leveraged loans sono così dipendenti da fattori esterni, non vale la pena ricorrere alla garanzia, ma, in caso di fallimento, hanno la precedenza sui titoli ad alto rendimento preesistenti. Per i fondi private equity, il passaggio ai mutui, in breve, è un modo per eliminare gli investitori precedenti nelle società finanziariamente sane.

4. Letteralmente, 'pagamento in natura' [N.d.T.].

5. Il settore delle carte di credito subprime è a forte rischio raggiro. Un'innovazione recente è la carta senza limiti o spese fisse, salvo le "commissioni di accettazione rimborsabili". Se il titolare fa il numero minimo di pagamenti richiesti, la "commissione di accettazione" viene rimborsata in piccole quote. Se si saltano questi pagamenti, si aggiungono interessi alla commissione di accettazione. I non abbienti aderiscono con entusiasmo all'offerta della carta e solo dopo i primi pagamenti si rendono conto che è una truffa.

6. In un contesto di bassa insolvenza, gli hedge fund avrebbero visto la vendita di default swap come rendita a zero commissioni.

7. Gli indici sono gestiti dalla Markit, una società privata con sede a Londra. L'istituto ha sedici banche tra i suoi azionisti, comprese tutte le maggiori dealer bank di derivati del credito e CDO. Gli strumenti e le compagnie di ogni indice sono proposti e votati dalle sedici banche. L'indice dei Credit Default Swap, ad esempio, comprende swap di 125 grandi compagnie, mentre l'ABX è composto da venti CDO e mutui subprime da 500 milioni di dollari, e in entrambi i casi scelti dalle banche. Ogni indice rimane valido per cinque anni, ma ogni sei mesi vengono create nuove versioni di ciascun indice.

8. Dal nome del raggiro architettato dal truffatore italo-americano Charles Ponzi: un falso affare nel quale i primi investitori sono remunerati con denaro fornito dagli investitori successivi per incoraggiarli ad assumersi rischi sempre maggiori [N.d.T.].

CAPITOLO 7

Chi vince e chi perde

I lavoratori americani danno il massimo sul lavoro, sotto ogni punto di vista. Non solo accumulano più ore dei loro colleghi di tutte le altre economie avanzate, ma hanno anche il più alto rendimento per ora di lavoro, con la sola eccezione dei pochi lavoratori della Norvegia, avvantaggiati dall'enorme produzione petrolifera del paese.

Il più alto rendimento orario e il maggior numero di ore di lavoro! Una risorsa straordinaria. Essendo i lavoratori più bravi del mondo, gli americani saranno di certo anche tra i più pagati e coccolati.

Beh, non proprio...

Prendiamo la storia della Travelport, azienda di prenotazioni on line. Nell'agosto 2006, la Blackstone, un operatore di private equity, ha acquistato la Travelport insieme a un partner minore. La Blackstone ha pagato un miliardo di dollari del proprio capitale, quindi ha utilizzato il bilancio della stessa Travelport per prendere in prestito altri 3,3 miliardi per completare l'acquisto. Ovviamente i due acquirenti si sono versati forti compensi per servizi finanziari prestati, anche in questo caso messi in conto alla Travelport. Dopo sette mesi, sono stati licenziati 841 dipendenti che, sulla base di una stima del costo globale (salari, indennità, uffici, telefono ecc.) di 125.000 dollari per dipendente, rappresenterebbero un risparmio di più di 100 milioni di dollari l'anno.

Successivamente i due partner hanno preso in prestito altri 1,1 miliardi dal bilancio della Travelport e se li sono portati in casa, probabilmente come ricompensa per il duro lavoro svolto fin lì. In soli sette mesi, dunque, hanno recuperato l'investimento iniziale di un miliardo, con annesso profitto, più tutte le parcelle bancarie e gli onorari annuali di gestione. E, ovviamente, erano anche i titolari dell'azienda. Da notare, inoltre, che i 100 milioni di dollari risparmiati con i licenziamenti coprirebbero quasi del tutto il servizio del debito sulla cifra di 1,1 miliardi di dollari. Una manovra eccellente: ciò che la stampa finanziaria definisce "creare valore". Anche se l'operazione suggerisce più il termine "saccheggio".

Quello che Blackstone fece, naturalmente, era *redistribuzione*, e non creazione, del valore. Anche i dipendenti licenziati possedevano cose di valore: un posto di lavoro, future possibilità di guadagno che ritenevano sicure, l'assicurazione sanitaria, i contributi per la pensione. Nell'insieme, il valore capitalizzato dei posti di lavoro e delle indennità doveva essere dello stesso ordine dei 1,1 miliardi di dividendi stornati dalla proprietà per finanziare l'operazione. Di costi ce n'erano altri, anche se il mercato non aveva trovato il modo di monetizzarli. Molti dipendenti licenziati, soprattutto quelli attorno ai cinquanta e sessant'anni, hanno avuto problemi a trovare un altro lavoro; altri hanno dovuto arrangiarsi senza assicurazione sanitaria. In tutto ciò, l'azienda era in condizioni forse peggiori di prima, visto che aveva dovuto accollarsi quattro miliardi di dollari di debiti. Insomma, il valore era stato distrutto, non creato.

I re dei private equity continuano a ritenersi maghi dell'amministrazione, non ingegneri finanziari. Ma, almeno nella fase più recente, i numeri dimostrano che il gioco dei private equity, come i CDO subprime, altro non è che un'operazione di arbitraggio basato sul denaro a basso costo e i prezzi degli asset in crescita. I ricercatori della Wharton School, dell'Università della Pennsylvania, hanno costruito un grande data-base degli utili dei fondi private equity, sulla base dei rapporti finanziari inviati ai clienti. L'analisi ha evidenziato che i soci di questi fondi guadagnavano dalle commissioni e dagli onorari fissi per la gestione del fondo una cifra doppia rispetto a quella ricavata dai profitti delle operazioni. A essere premiati, in altre parole, erano i più bravi a raccogliere fondi e a concludere transazioni, non i rozzi specialisti di ristrutturazioni. Per gli istituti finanziari più evoluti e avidi di denaro tanto vale occuparsi della facciata finanziaria: fare altro, in qualunque cosa che non sia la gestione di un rendiconto finanziario, sarebbe irrazionale, soprattutto quando è tanto semplice scappare via con la cassa.

I dividendi miliardari realizzati dai maghi delle acquisizioni non sono che una piccola onda nella lunga e sempre più inquietante marea che sta investendo la società americana: una disparità di ricchezza e redditi che non si vedeva dall'Età dell'oro.

Sperequazione

Uno degli sviluppi più notevoli dell'ultimo quarto di secolo è il drammatico spostamento di reddito imponibile verso i più ricchi. Tra il 1980 e il 2005, la quota di reddito imponibile del decile più alto della popolazione americana è passata dal 34% al 46%, con un aumento di circa un terzo. Il cambiamento di distribuzione all'interno del 10% più alto, tuttavia, è il dato realmente degno di nota. I più sfortunati tra il novantesimo e novantacinquesimo percentile, a dire il vero, hanno perso un po' di terreno, mentre chi era tra il novantacinquesimo e il novantanovesimo ha guadagnato. Nel complesso, comunque, le quote di reddito nella fascia di popolazione tra il novantesimo e novantanovesimo percentile sono rimaste perlopiù invariate (24% nel 1980, 26% nel 2005).

Quasi tutto l'aumento della quota degli introiti del decile più elevato è dunque andata al primo 1%, il "percentile migliore", che ha raddoppiato la propria quota di reddito nazionale, passando dal 9% al 19%. Anche all'interno di questo 1%, tuttavia, la distribuzione dei guadagni è radicalmente asimmetrica: quasi il 60% del reddito è andato al *decimo* superiore dell'1% della popolazione, e più di un quarto è andato nelle tasche del *centesimo* più alto di questo 1%. In generale, quindi, il decimo più ricco di questo 1% ha più che triplicato la propria quota di reddito (fino al 9% circa), mentre il centesimo più alto dell'1%, ovvero meno di 15.000 contribuenti, ha quadruplicato la propria quota, passando al 3,6% di tutto l'imponibile. Nel 2005 la dichiarazione dei redditi media di quelle 15.000 persone era di 26 milioni di dollari di entrate, mentre gli introiti per l'intero gruppo ammontavano a 384 miliardi di dollari.

I conservatori hanno duramente contestato queste cifre (e alcune delle critiche mosse erano anche condivisibili), ma hanno esagerato nell'altra direzione. I dati citati sono tratti dalle dichiarazioni dei redditi e non comprendono i trasferimenti pubblici, salvo la parte imponibile dei pagamenti della Previdenza Sociale. Alan Reynolds, del Cato Institute, fa notare che i trasferimenti totali (1500 miliardi di dollari nel 2005) eccedono il reddito imponibile dell'1% più alto della popolazione e che i dati tratti dalle dichiarazioni dei redditi "tralasciano quasi tutti gli altri trasferimenti, come quelli connessi con l'assistenza sanitaria per i meno abbienti, i buoni alimentari e il credito del reddito guadagnato". Anche se a dire il vero Reynolds non lo dice, la conseguenza logica è che i programmi di sostegno ai meno abbienti assorbono la gran parte dei trasferimenti. Di fatto, ammontano a circa un terzo dei trasferimenti totali, perlopiù sotto forma di servizi medici. I trasferimenti americani sono diretti soprattutto agli anziani, che hanno accumulato redditi discreti negli ultimi vent'anni circa.

Dovremmo esserne fieri. Prima dell'aumento dei pagamenti per la Previdenza Sociale degli anni Sessanta e Settanta, la fascia demografica degli americani anziani era quella più a rischio di povertà; adesso è invece quella che meno rischia di scivolare nell'indigenza. Tuttavia i trasferimenti hanno un impatto minimo sui redditi degli americani in età lavorativa e, salvo gli anziani, non influirebbero poi molto sul profilo della distribuzione che emerge dalle dichiarazioni dei redditi.

Reynolds obietta inoltre che i dati delle dichiarazioni dei redditi sopravvalutano la sperequazione perché "una quota crescente del reddito capitale delle [persone con] introiti modesti *non è riportata* perché include nel fondo pensionistico individuale o in altri piani pensionistici a tassazione differita [...], non disponibili per i ricchi". Oppure, come spiega in un altro articolo, "[contrariamente a quanto avviene per famiglie del ceto medio] la massa delle entrate da investimenti di coloro che si trovano nell'1% più abbiente della popolazione è riportata sulla dichiarazione dei redditi, poiché è quasi per intero imponibile e non soggetta a sgravi fiscali".

Il ragionamento di Reynolds non tiene. Il motivo per cui è imponibile la gran parte delle entrate da investimenti dell'1% superiore della popolazione è che le persone appartenenti a quella fascia possiedono molto: nel 2004 il 62% di tutti i redditi da impresa, il 51% dell'intero capitale azionario e il 70% di tutte le obbligazioni (comprese quelle in fondi pensionistici di vario tipo). Anche se è senz'altro vero che i beni a tassazione differita della fascia agiata rappresentano solo una piccola porzione della loro ricchezza netta, essi sono *comunque* molto più cospicui di quelli del ceto medio. Secondo uno studio realizzato nel 1999 dal Tesoro, il 43% delle agevolazioni fiscali dei programmi pensionistici di risparmio era andato al decimo più elevato delle famiglie americane, il 66% cento al quinto più ricco e solo il 12% ai tre quarti meno abbienti. Lo stesso schema vale anche per le esenzioni fiscali a beneficio definito, connessa con i sussidi sanitari deducibili per il datore di lavoro e i piani pensionistici tradizionali (al di fuori del settore pubblico, sono pochi i lavoratori della fascia più bassa coperti dai piani pensione classici). Le esenzioni fiscali connesse alla spesa sanitaria e pensionistica totale si avvicinano in dimensione al bilancio del servizio sanitario per gli anziani e avvantaggiano soprattutto le famiglie del quinto più agiato della popolazione.

A ogni modo, il dibattito sul maggiore o minore aumento della sperequazione in America negli ultimi decenni è stato definitivamente chiuso da Ben Bernanke, presidente della Federal Reserve e stimato economista di orientamento conservatore, durante un discorso di ampio respiro tenuto nel febbraio 2007. Esaminando tutti i dati a disposizione, Bernanke ha dimostrato l'aumento della disuguaglianza sociale e ha esortato gli economisti a scoprirne il perché.

Negli ultimi dieci anni, di fatto, gli economisti accademici hanno prodotto montagne di analisi e documenti sull'argomento. Tutti confermano un allargamento costante della disparità dei salari, che con ogni probabilità ha avuto inizio negli anni Sessanta, per poi accelerare ulteriormente negli anni Ottanta. La crescente disuguaglianza delle retribuzioni, inoltre, si è consolidata con una tendenza analoga nei trasferimenti, soprattutto per quanto riguarda l'assistenza sanitaria e le pensioni, che favoriscono senza dubbio i lavoratori meglio pagati. Ci sono anche prove evidenti del fatto che nei gruppi sociali con bassa specializzazione i redditi sono molto meno certi: una minore stabilità del posto di lavoro devasta il risparmio e provoca interruzioni nell'erogazione delle prestazioni di base.

Tra i motivi di fondo della crescente disparità sociale vi è il crollo del valore reale del salario minimo, la globalizzazione del lavoro e il declino della sindacalizzazione, la dispersione dell'istruzione e delle specializzazioni nell'ambito della forza lavoro e l'effetto del basso costo dei computer nel sostegno della produttività del personale altamente specializzato. Vale la pena evidenziare quest'ultimo punto poiché implica un insieme di effetti: non solo la diffusione della formazione post-universitaria accresce le disparità delle specializzazioni nella forza lavoro, ma Internet e le grandi capacità dei computer danno la possibilità ai lavoratori più qualificati di fare ancora di più.

Voglio soffermarmi un momento su una specifica analisi non perché la ritenga definitiva, ma perché mi sembra la più approfondita fra le decine e decine di documenti che ho esaminato. Gli autori della ricerca hanno costruito una banca dati dettagliata della distribuzione del lavoro, dei salari e dei livelli di istruzione dal 1963 al 2005, sulla base di indagini mensili del Ministero del Lavoro. I dati non sono perfetti, poiché i metodi di raccolta sono stati modificati molte volte durante il periodo considerato, ma presentano il ritratto più accurato possibile dei cambiamenti sociali del mercato americano del lavoro degli ultimi decenni.

Per gli autori dello studio, la tendenza alla maggiore dispersione del reddito da lavoro secondo il livello di istruzione ha avuto inizio almeno negli anni Sessanta, ma ha varie periodizzazioni. Dopo essere aumentato in termini generali negli anni Sessanta, il vantaggio di reddito dovuto a un superiore livello di istruzione è un po' diminuito negli anni Settanta. Il gap del reddito si è ristretto in particolare tra laureati e diplomati. (Sebbene gli autori non lo dicano esplicitamente, l'ondata di ventenni laureati della generazione dei baby boomer, che è entrata nella forza lavoro negli anni Settanta, deve aver spinto verso il basso l'aumento del reddito indotto dalla laurea).

Nel periodo seguente, dal 1979 al 1987, il differenziale di reddito legato al livello di istruzione è cresciuto in modo netto in tutti gli strati della forza lavoro. I diplomati hanno aumentato il loro vantaggio rispetto a chi ha abbandonato le scuole superiori, i laureati lo hanno aumentato sui diplomati e chi ha un titolo post-universitario lo ha aumentato rispetto ai laureati. La caduta del valore reale del salario minimo è stato un fattore indipendente della maggiore dispersione dei redditi medio-bassi. Anche la rapida diminuzione dei lavori sindacalizzati, ben retribuiti, senza particolari requisiti di istruzione, tipici della vecchia industria manifatturiera, può aver giocato un ruolo importante.

Durante gli anni Novanta e i primi del Duemila, il modello della dispersione si è spostato di nuovo verso quelle che gli autori definiscono linee di tendenza polarizzate. I redditi, crollati negli anni Ottanta per i lavoratori della fascia più bassa, si sono stabilizzati nel decennio seguente: anche se la posizione relativa non è migliorata, perlomeno ha smesso di peggiorare. Quanto allo strato mediano, che comprende lavoratori diplomati e qualche laureato di primo o secondo grado, il divario dei redditi si è ristretto. In effetti, i laureati privi di formazione post-laurea hanno perso parte del loro vantaggio sui non laureati. Infine, i lavoratori della fascia superiore, ovvero quelli in possesso di un'istruzione post-laurea, hanno accelerato la propria ascesa verso la stratosfera finanziaria.

Gli autori propongono diverse ipotesi per interpretare le tendenze più recenti. Nello strato inferiore, la stabilizzazione si spiega forse con la maggiore concentrazione di lavoratori nei servizi alla persona (inservienti, parrucchieri, camerieri) facilmente non automatizzabili; nel periodo considerato il salario minimo era così basso da non costituire un fattore rilevante nella stabilizzazione. La compressione nello strato mediano potrebbe essere conseguenza della automatizzazione di mansioni prima affidate a diplomati, mentre la crescente fortuna dello strato superiore è l'altra faccia della stessa medaglia. Mentre il lavoro ordinario un tempo svolto dai diplomati è ormai automatizzato, chi svolge mansioni intellettuali di livello superiore riesce a catturare un valore maggiore.

Credo che la spiegazione sia abbastanza plausibile. L'avvento delle banche dati on line e delle grandi capacità di elaborazione dei computer rendono gran parte delle vecchie funzioni di routine (trovare, inserire e analizzare dati) inutili. I dirigenti finanziari, soprattutto al di sotto dei cinquant'anni, possono accedere a tutti i dati di cui hanno bisogno dal loro desktop e analizzarli da soli, senza le schiere di operatori, ricercatori e analisti dei rapporti finanziari che un tempo riempivano gli strati intermedi delle grandi aziende. È inoltre probabile che la rapida crescita dell'industria dei servizi finanziari rappresenti un fattore indipendente, ma correlato. Negli ultimi anni nei servizi finanziari si formava un terzo dei profitti aziendali. Il settore è particolarmente avanzato nell'elaborazione di informazioni e sebbene offra buone retribuzioni a tutti i livelli, i dipendenti di grado superiore hanno fatto progressi eccezionali. Il reddito medio nazionale degli agenti di cambio, ad esempio, era di 250.000 dollari nel 2005. (Anche quando il loro contributo economico era negativo per lo scarso rendimento relativo dei fondi azionari).

La conseguenza di questa analisi, e di molte altre affini, è che la dispersione sempre più ampia del reddito potrebbe essere una caratteristica permanente delle economie moderne. Il Cato Institute, centro studi di orientamento libertario, vede con favore la prospettiva. Ecco come Brink Lindsey, direttore della ricerca dell'istituto, analizza la situazione in *The Age of Abundance*, best seller del 2006:

> Al margine inferiore della catena delle specializzazioni, i membri del proletariato operano entro orizzonti temporali e circoli di fiducia tanto ristretti che la loro vita è tormentata da caos cronico e disturbi. Al margine superiore, i membri dell'élite manageriale e dei professionisti accumulano livelli elevati di capitale umano sotto forma di competenza e relazioni, che consentono loro di produrre un valore economico significativo e di pretendere ricompense commisurate […]. I membri di questa fascia di norma leggono libri, seguono gli eventi dell'attualità, viaggiano all'estero, frequentano teatri e concerti di musica sinfonica e vanno a vedere film esteticamente ambiziosi. […] Peraltro, le persone con una capacità di reddito più alta tendono ad avere autodisciplina, il che consente loro di gestire con equilibrio la propria acquisitività con minori problemi per il resto delle proprie vite.

Echi degli Eloi e dei Morlocchi in *La macchina del tempo* di Wells. Il tono autocelebrativo sarebbe più facile da comprendere se la nostra élite esteticamente illuminata fosse un po' più generosa nei confronti delle persone a basso reddito, che, per quanti sforzi facciano, non riusciranno mai a

recuperare nei confronti dei più agiati. Di tutti i paesi industrializzati, l'America è forse il più duro nei confronti della
metà inferiore della popolazione. Anche le iniziative teoricamente a favore dei lavoratori con i redditi più bassi hanno
la sgradevole tendenza a indirizzare ancora più denaro verso
gli strati superiori.

Torniamo per un istante al "marketing dell'affinità
nera" degli intermediari dei mutui ipotecari, che negli ultimi anni hanno scandagliato i quartieri neri a basso reddito di New York (cfr. cap. 4) alla ricerca di proprietari di
casa per sfruttarli con nuovi mutui onerosi, che essi neanche comprendevano fino in fondo. Questi operatori creavano un "prodotto" per una catena di montaggio che
procedeva dalle banche ipotecarie quali Countrywide,
Fremont General e First Century fino alla macchina dei
CDO gestita da imprese come Merrill Lynch e Citigroup:
tutte operazioni che gonfiavano gli utili di Wall Street e
servivano a sostenere i cortigiani delle élite, quali ad esempio Lindsey e i suoi datori di lavoro al Cato Institute.

Se questo fosse solo un esempio isolato, potremmo
anche considerarlo un caso fortuito in un mondo complicato. Ma fa parte invece di un modello più ampio di iniziative ufficiali e non, che sembrano mirate a garantire i privilegi della nuova classe baronale americana. Non c'è un
complotto contro il ceto medio-basso: si tratta piuttosto
del risultato inevitabile dell'attuale sistema politico orien-
tato unicamente al denaro e combinato con "la tendenza
ad ammirare, e quasi adorare, il ricco e potente", che

Adam Smith indicava come "la maggiore e più universale causa di corruzione della nostra moralità".

Guerra di classe

Lo stretto legame tra istruzione e salario più alto evidenzia l'importanza delle opportunità di studiare per la metà inferiore della scala del reddito. È un dato di fatto, e nei paesi più avanzati le risorse finanziarie personali non sono quasi mai una barriera per l'istruzione dei giovani di talento.

Solo l'America ha scelto di affrontare il problema creando organismi come Sallie Mae. Nata sul modello della Fannie Mae, la Sallie Mae, ora SLM Corp., doveva creare un mercato secondario per i mutui agli studenti. Sotto la guida di Albert Lord, a lungo direttore generale dell'ente, Sallie Mae entrò nel settore dei prestiti diretti, e dopo una fase di transizione, fu privatizzata del tutto nel 2004. L'anno seguente, il primo da organismo privato, realizzò un sorprendente utile del 37% al netto delle imposte.

Il motivo di profitti tanto alti? Il fatto di essere beneficiaria di privilegi straordinari. In primo luogo, il 90% dei prestiti concessi è garantito dal contribuente. Se una studentessa intendesse consolidare più prestiti, quasi sempre sarebbe obbligata a rivolgersi al prestatore corrente. Ma se è la SLM, di certo il più importante erogatore di mutui per studenti, ad averle concesso il primo prestito, poi la studentessa non è libera di consolidarlo in un accordo migliore con un altro prestatore. Chi concede mutui agli studenti è esente da qualunque legge statale sull'usura: se un ragazzo risulta inadempiente, tasse, penali e spese di incasso aumentano a dismisura. I servizi resi dagli erogatori dei mutui per studenti è assai povero: è ormai accertato che molte "inadempienze" si verificano perché il mutuante non si premura di contattare i debitori per avvertirli delle scadenze. La riscossione dei mutui per studenti, le carte di credito e altre forme di debito sono ormai una linea separata delle attività di SLM, che nel 2005 ha rastrellato 800 milioni di dollari solo nella "gestione del debito". La SLM è anche nota per attuare strategie di marketing aggressivo direttamente nei campus, che includerebbero, tra l'altro, la corruzione dei responsabili degli uffici prestiti universitari.

Con profitti così elevati, i dirigenti SLM ricevono retribuzioni più che buone. Nel 2003 i compensi totali percepiti da Albert Lord ammontavano a 12,7 milioni di dollari, ma nel 2005 il valore di mercato delle sue opzioni era salito a ben 189 milioni di dollari.

Ovviamente, l'estrema redditività della compagnia attirava l'interesse di operatori di private equity, tanto che nella primavera del 2007 è stato stipulato un accordo di privatizzazione da 25 miliardi di dollari. Tuttavia, il compratore principale, J.C. Flowers, e la sua banca si sono tirati indietro quando il nuovo Congresso a maggioranza democratica ha tagliato in modo netto i sussidi alla SLM e ad altre società di mutui per studenti. Povero Lord; da quella transazione avrebbe ricavato un profitto di quasi

250 milioni di dollari. Alla stesura di questo libro, la SLM ha avviato una causa contro Flowers e le sue banche per portare a termine l'accordo.

Passando dall'altra parte della frontiera del reddito, l'America è l'unico paese dove la maggior parte degli studenti arriva alla laurea con un pesante carico di debiti. Dal 1980, il costo dell'istruzione nelle università pubbliche è quasi raddoppiato, a causa dell'inflazione, mentre i redditi della famiglia media sono rimasti grosso modo stagnanti. Ma i programmi federali per i prestiti agli studenti più meritevoli hanno subito riduzioni costanti: questo, tra le altre cose, per coprire le agevolazioni fiscali, che vanno in larga misura a vantaggio degli americani più benestanti[1].

C'è un modo per migliorare la situazione? In realtà un modo ci sarebbe. Anche il governo gestisce un programma di prestiti federali diretti per gli studenti che, secondo l'ufficio per il bilancio del Congresso, offre più o meno lo stesso servizio di prestatori privati e sussidiati, quali la SLM. Si stima che il costo delle sovvenzioni attraverso il programma di prestiti diretti sia di 4,50 dollari ogni 100 (costi amministrativi compresi), mentre è di 11 dollari ogni 100 per i mutuanti privati. Tuttavia, come accaduto anche lo scorso anno, gli stanziamenti per il programma si limitano a un mero 23% del totale dei sussidi federali, lasciando il rimanente 77% ai prestatori privati. Se tutti i mutui fossero finanziati attraverso il programma di prestiti diretti, i risparmi potrebbero coprire i prestiti per un altro milione di studenti.

Solo che è piuttosto improbabile. Indipendentemente dalle buone intenzioni originarie del legislatore sul tema, la situazione attuale ha ormai messo in chiaro che il sostegno agli studenti è un obiettivo secondario: indirizzare palate di denaro al settore finanziario e alla sua facoltosa élite è il vero fine primario.

Vi sono implicazioni a lungo termine. Un altro recente studio sulla crescente disuguaglianza dei redditi evidenzia due fattori che sono risultati determinanti a partire dalla fine degli anni Ottanta. Il primo è il rapporto diretto tra reddito e grado di istruzione, come accennato. Il secondo è il fatto che, per la prima volta nella storia americana, il livello di istruzione dei cittadini degli Stati Uniti[2] non sta al passo con il cambiamento tecnologico. È una svolta radicale in una tradizione di almeno due secoli. Thomas Jefferson contribuì a fondare l'Università della Virginia e per questo può essere definito a ragione il primo "presidente dell'istruzione". Quasi tutti gli Stati americani cominciarono a fare investimenti massicci nel settore dell'istruzione pubblica a partire dagli anni Venti dell'Ottocento. Al culmine della Guerra Civile, Abraham Lincoln e il Congresso repubblicano crearono il sistema universitario delle concessioni demaniali; era la prima volta che un governo riteneva che l'istruzione superiore dovesse essere accessibile anche per la classe lavoratrice. Un disegno di legge apposito introdotto dopo la Seconda Guerra Mondiale fece del ceto medio americano il primo al mondo con un'istruzione di livello universitario. Nella nostra generazione, però, quella nobile eredità è stata subordinata all'imperativo di dare agli Albert Lord del mondo l'opportunità di guadagnare i loro 250 milioni di dollari.

Di aneddoti del genere ce ne sono un'infinità[3]. Prendiamo in esame il piano del presidente Bush per "privatizzare" la Previdenza Sociale, fulcro dell'agenda legislativa del suo primo mandato. Il sistema della Previdenza Sociale si trova chiaramente a gestire dei disavanzi attuariali a lungo termine, che però raramente toccano il livello di crisi. Nel corso del tempo sono stati varati numerosi piani (ognuno con differenti combinazioni di adeguamento dell'età pensionabile, copertura dei salari ecc.) che avrebbero dovuto assicurare la solvibilità senza cambiamenti radicali. Uno di questi, quello degli economisti dell'Istituto Brookings, era stato certificato come solido sia da parte dell'attuario della Previdenza Sociale, sia dall'Ufficio del Bilancio del Congresso. Se l'amministrazione lo avesse adottato, al Congresso sarebbe passato quasi certamente con l'ampio sostegno di maggioranza e opposizione.

Il motivo principale alla base del deficit nei fondi pensionistici era che l'attuario prevedeva un tasso medio di crescita economica dell'1,6% dal 2020 al 2075, una stima assai inferiore al 3,8% della crescita media effettiva dal 1929. Secondo molti economisti la valutazione era troppo bassa, ma non inverosimile. Una forza lavoro sempre più anziana e ridotta, oltre a un'immigrazione relativamente bassa, alza il rischio di una stagnazione prolungata.

Il supposto vantaggio del piano di privatizzazioni

dell'amministrazione Bush, tuttavia, dipendeva quasi del tutto dalla previsione, a tempi indefiniti, di rendimenti azionari del 6,5% in termini reali. Questa previsione è però incoerente con la proiezione di tassi di crescita a lungo termine quasi da recessione, almeno se concordiamo che gli utili a lungo termine del mercato sono connessi direttamente alla crescita e ai profitti, come dicono tutti gli economisti. Modelli di previsione più realistici hanno invece evidenziato che con il piano dell'amministrazione quasi tutti i beneficiari si sarebbero trovati in condizioni economiche peggiori rispetto al sistema attuale[4]. Se le proiezioni del governo fossero state collegate a un programma di fondi comuni di investimento, difficilmente avrebbe passato la verifica della SEC, la commissione americana che controlla la borsa.

Nel complesso, l'ottusità dell'amministrazione e la spinta del Congresso per piani alternativi, l'esagerazione della crisi e la sopravvalutazione (o il travisamento) di profitti e perdite per i beneficiari lasciano ipotizzare che dirigere nuovi flussi di denaro su Wall Street fosse un obiettivo di importanza quanto meno pari all'integrità attuariale del sistema.

Gli eccessivi privilegi dei servizi finanziari

Vi sono, però altri fattori da considerare e che vanno al di là delle debolezze dell'amministrazione Bush. Di recente Martin Wolf, economista ed editorialista del "Financial Times", rilevava che nel lunghissimo periodo gli utili globali dei servizi finanziari saranno circa il doppio di quelli del resto delle attività economiche. Ciò contraddice un principio fondamentale del libero mercato, ossia che nel corso del tempo i profitti delle imprese debbano eguagliarsi.

Alla base del vantaggio permanente dei servizi finanziari vi è il fatto che questi non sono sul serio in competizione sul libero mercato. Producono profitti elevati perché costituiscono operazioni ad alto rischio, come evidenziato dal livello di indebitamento a cui sono esposti rispetto ad altri settori economici. Nei mercati davvero liberi, i periodi ad alto rischio e gli alti profitti sono compensati da intervalli di perdite cospicue. Ma nei servizi finanziari, anche se i profitti elevati vanno a dirigenti e azionisti, di norma le perdite sono in parte socializzate.

Prendiamo il caso della Countrywide Financial. Nell'estate del 2007, quando è scoppiata la crisi dei mutui sulle abitazioni, l'azienda ha perso l'accesso ai finanziamenti per le operazioni in pronti contro termine, una forma normale di prestito istantaneo fra istituzioni finanziarie. Il finanziamento in pronti in termine è sceso di 30 miliardi tra giugno e settembre. Se la Countrywide non avesse sostituito quelle linee di credito, probabilmente sarebbe risultata insolvente o avrebbe dovuto procedere a svendere i suoi asset sani.

Interviene la Atlanta Federal Home Loan Bank, con un prestito per 22 miliardi di dollari, che porta il totale della sua esposizione verso Countrywide a 51 miliardi di dollari. I mutui sono assicurati da ipoteche, che la banca mutuante può scontare fino al 50%, e la banca insiste anche perché nessuna delle garanzie accessorie "mostri caratteristiche predatorie". Malgrado il sapore sgradevole della politica della Countrywide, forse l'azione della banca mutuante aveva una sua logica. I mercati ipotecari erano già in picchiata, e tamponare la Countrywide poteva evitare danni senza dubbio peggiori.

Ma questo dimostra la tesi di Wolf. Nel 2006 Angelo Mozilo, amministratore delegato della Countrywide, ha percepito 48 milioni di dollari, ma ne ha realizzati altri 100 milioni con la vendita di azioni Countrywide prima del crollo del mercato. Forse i suoi azionisti pensavano che ne valesse la pena poiché fino a quel momento quei titoli avevano avuto un rendimento ottimo. Solo che la Countrywide aveva condotto un gioco molto pericoloso, perdendo liquidità e compensandola con l'indebitamento[5]. Nel 2007, tutto il rischio accumulato è improvvisamente emerso: Mozilo e i suoi azionisti erano ormai sull'orlo del baratro. D'un tratto, però, è arrivata la fatina buona del governo federale, giusto in tempo per scaricare sui contribuenti americani una grossa fetta del rischio che correva la Countrywide. Di fatto il ministro Paulson ha infatti emesso un bond esentasse di salvataggio per ipoteche a rischio, primo probabile passo della socializzazione delle perdite delle banche ipotecarie.

Il dubbio è se le varie Countrywide del mondo siano imprese che si assumono il rischio oppure enti pubblici.

Non si può essere entrambe le cose. Se il governo deve esporsi con assicurazioni dei depositi, sportelli federali di prestito o assicurazioni federali implicite concesse a istituti "troppo importanti per fallire", l'assicurazione di rischio da parte delle banche dalla politica va sottoposta a controlli rigorosi. Le banche prudenti e avverse al rischio che si comportano come una impresa di pubblici servizi hanno bisogno di amministratori intelligenti del credito, non di giocatori d'azzardo con buste paga a otto cifre.

Ho il sospetto che l'estremo risalto dei servizi finanziari nella crescita economica degli USA negli ultimi 25 anni sia un fattore determinante in molte delle vicende che ho descritto fin qui. I grandi consolidamenti di banche e banche di investimento in mega-operatori finanziari hanno fatto proliferare pletore di dirigenti con mega-retribuzioni. Oltre ad aver spinto quote crescenti di denaro liquido verso la cima della piramide retributiva, tutto ciò ha rafforzato l'influenza politica di Wall Street, come evidenziato dai tagli costanti delle imposte sui redditi da capitale e dividendi, e il persistere delle assurde agevolazioni fiscali per i fondi private equity.

La potenza del settore ha senza dubbio contribuito ai recenti incredibili aumenti dell'indebitamento finanziario. È solo negli ultimi anni, con la crescita prodigiosa dei bilanci di Wall Street, che le "transazioni principali", i profitti dalle negoziazioni di titoli in conto della banca piuttosto che dei clienti, sono diventate una fonte di profitto predominante. L'indebitamento rappresenta la linfa delle negoziazioni ad alta redditività ed è estremamente sensibile anche ai più piccoli cambiamenti del costo dei fondi.

Le aziende dell'economia reale, come le imprese dell'acciaio, i produttori di computer o le ditte di software, solo di rado toccano un livello di indebitamento elevato; quindi un aumento modesto dei tassi della Fed non rappresenta una catastrofe per il costo dei prestiti in corso né le esclude dal mercato. Ma un aumento di mezzo punto dei tassi può risultare devastante per un istituto altamente indebitato. Ad esempio, nel 1994 fu proprio un aumento di mezzo punto dei tassi a provocare il crollo del mercato da 1000 miliardi di dollari delle Collateralized Mortgage Obligations. E oggi basta un cambiamento anche relativamente piccolo di spread su una moltitudine di titoli a rischio a gettare nel panico gli investitori indebitati e a distruggere gli utili. Alan Greenspan è senza dubbio il responsabile dell'avventata politica monetaria di quasi tutti gli anni Duemila, ma sarebbe comunque stato soggetto a una immane pressione in quella direzione da parte dei suoi amici di Wall Street.

***

The Way We Live Now, uno dei migliori e più aspri romanzi di Anthony Trollope, descrive la Londra del 1870, quando sia la società sia il governo erano schiavi di una nuova classe di ricchi speculatori finanziari. Nel seguire le tracce della corruzione dilagante, piccola e grande, che tocca anche le persone degne di rispetto, il romanzo assume un tono malinconico, quasi elegiaco, come se Trollope avesse intuito il tramonto dei giorni di gloria dell'Inghilterra, quando "britannico" era sinonimo di solida integrità e di imprese senza eguali. Difatti, nell'arco di soli trent'anni gli Stati Uniti avevano ormai raggiunto o superato la Gran Bretagna quasi in ogni ambito economico, e il loro margine di superiorità si ampliava di giorno in giorno.

È possibile che oggi l'America si trovi proprio in quella fase. Per quasi tutto il decennio scorso, imprese e governo hanno offerto uno spettacolo desolante. Le immani truffe delle Enron e delle WorldCom. Le avide illusioni e le frodi consapevoli alla base delle assurde valutazioni erronee dei subprime e dei CDO. La spudorata vendita del governo, messa in atto attraverso una serie di fandonie in stile Sallie Mae. E poi l'elio monetario immesso dalla Federal Reserve che ha alimentato le bolle patrimoniali, scatenato l'orgia dei consumi per tenere a bada i contribuenti e mandato gli operatori di Wall Street nella stratosfera finanziaria, svalutando, forse irrimediabilmente, il dollaro.

Se vogliamo una lettura meno apocalittica della situazione, stiamo assistendo agli ultimi giorni di un altro ciclo politico-ideologico durato venticinque anni: il rantolo del capitalismo finanziario selvaggio, di stampo Scuola di Chicago, che si è inserito nel vuoto creato negli anni Settanta dal crollo del modello keynesiano-liberal.

Il grande storico Arthur M. Schlesinger è stato forse il primo a ipotizzare l'esistenza di questi cicli attribuendoli a una specie di legge di Gresham[6] della motivazione politica. Ogni spostamento di potere in America richiede la costruzione di grandi coalizioni, così i migliori in campo, sia conservatori sia liberal (o "radicali" nella terminologia di Schlesinger), "si ritrovano in cattive compagnie".

Il conservatore ponderato trova i suoi principali alleati nell'autocompiacimento o nella comoda mediocrità, nell'apatia e nella stupidità delle moltitudini stremate e nell'aggressivo interesse personale delle classi privilegiate.
Il "radicale" onesto trae molto del suo sostegno da demagoghi egotisti e da sperimentatori sconsiderati, da chi vuole cambiare il mondo solo perché non riesce a tirare avanti nel mondo che c'è, da *poseurs* e dilettanti, e da insoddisfatti che amano disturbare per il gusto di farlo.

I cicli politici cambiano quando un lungo periodo di egemonia conservatrice o liberal porta alla ribalta gli elementi più vili, egoisti o sciocchi. Credo che le riforme di mercato e di vigilanza introdotte negli anni Ottanta dai fautori del conservatorismo economico e monetario abbiano dato un contributo di rilievo al recupero della competitività e dell'energia economica negli anni Ottanta e Novanta. Ma, dal momento che si sono imposte le spinte più sgradevoli della visione moderata, il paese è stato condotto sull'orlo del disastro finanziario, economico, politico e morale. Tutti i segnali indicano che siamo al punto di svolta di un nuovo ciclo, come nel 1980.

Se riusciamo ad affrontare con coraggio i problemi che abbiamo dinanzi e ad attraversare i prossimi due anni più o meno come abbiamo fatto nel periodo 1979-1982, potremo cominciare a rimuovere i detriti dei problemi che ci ha lasciato la svolta del ciclo. Nel prossimo capitolo farò una mia breve lista delle questioni da affrontare.

1. Soprattutto a causa dei tagli alle imposte sui redditi da capitale, le aliquote delle imposte sui redditi delle 400 famiglie più benestanti, l'1% circa delle entrate complessive, sono passate dal 29,9% del 1993 a un misero 17,3% del 2003. La situazione è stata all'origine delle ormai celebri rimostranze di Warren Buffett, potente imprenditore americano, il quale osservò che la sua aliquota di imposta era inferiore a quella della sua segretaria.

2. L'analisi ha preso in esame i nati negli Stati Uniti per escludere l'eventuale impatto dell'immigrazione.

3. Il libro *Free Lunch* di David Cay Johnston, giornalista del "New York Times", è forse la raccolta recente più completa in materia.

4. L'irrealistica previsione sul mercato azionario non era che l'esempio più evidente. Pochi avevano compreso che ai propri contributi in conto personale sarebbe stato addebitato un tasso annuale tra il 2 e il 3,5% al di sopra del tasso di inflazione per compensare le perdite dei fondi fiduciari, quindi anche una rendita positiva sul conto personale: anche una performance dei conti personali positiva ma inferiore al tasso obiettivo avrebbe sopportato quel costo. Inoltre, la transizione al nuovo sistema avrebbe richiesto circa 1000 miliardi di dollari che il governo avrebbe dovuto prendere in prestito per compensare i disavanzi dei fondi fiduciari causata dai prelievi dai conti personali (stime indipendenti parlavano invece di 2000 miliardi di dollari). Le coperture della Previdenza Sociale per l'assicurazione sulla vita e per i disabili non furono neppure prese in considerazione.

5. Dal 2003 al terzo trimestre del 2007, i disavanzi dei flussi di cassa della Countrywide hanno toccato i 38 miliardi di dollari. Non c'è stato un anno positivo. Nello stesso periodo, i prestiti federali percepiti sono aumentati di 44 miliardi di dollari coprendo così tutti i disavanzi. Nel terzo trimestre del 2007, la Countrywide ha spostato 14 miliardi di dollari in ipoteche dal suo conto negoziazioni allo status di prestito permanente, presumibilmente per

evitare ulteriori svalutazioni del valore nominale. [Le regole contabili prescrivono che uno strumento finanziario disponibile per la vendita sia valutato a valori di mercato, mentre quelli tenuti a scadenza possono, in linea di massima essere valutati a costo storico, N.d.T.]. I dati sono tratti dai documenti della SEC, la Commissione di controllo sulla borsa, relativi alla Countrywide.

6. Teoria economica secondo la quale "il denaro cattivo scaccia quello buono". Fu enunciata con riferimento alla caduta del valore intrinseco delle monete d'argento rispetto a quelle d'oro, a motivo della caduta del prezzo dell'argento rispetto a quello dell'oro. Se i valori nominali non si adeguano, i pagamenti verranno effettuati con la moneta deprezzata, mentre quelle di metallo pregiato saranno conservate oppure esportate, e così tenderanno a sparire dalla circolazione [N.d.T.].

CAPITOLO 8

Ritrovare l'equilibrio

Negli anni Novanta avevo rapporti d'affari con diverse aziende della Silicon Valley e spesso mi capitava di andare a San
Francisco in aereo, e poi, dopo aver noleggiato una macchina, dirigermi a sud sulla Route 101. Una volta, chissà perché,
presi per sbaglio la Route 1, che costeggia l'oceano. Non
c'ero mai stato prima ed ero sorpreso da tanta bellezza: le
dune vergini, le spiagge immense, la splendida miscela di toni
terra e turchese. Poi, mentre la scena mi passava davanti agli
occhi, chilometro dopo chilometro, ebbi una specie di disso-
nanza cognitiva. "Ma che succede? Dove sono i fast food, i
motel, i condomini, i negozi a schiera?". Poi, finalmente,
realizzai: "Ah, una volta c'era qui un'*amministrazione*".

Nei vent'anni successivi alla Seconda Guerra Mondiale, la California, con governi a guida sia repubblicana sia
democratica (Earl Warren, Goodwin Knight e Edmund
"Pat" Brown), stabilì un nuovo standard di qualità per le
amministrazioni locali. Le grandi università, le autostrade,
gli acquedotti, l'attenzione alla conservazione dell'ambiente: tutto ciò che ha fatto della California uno Stato affasci-
nante (forse anche troppo) risale proprio a quel periodo.

Nonostante, il dogma della Scuola di Chicago, ovvero che
il problema per eccellenza è il governo, in realtà il governo

è stato spesso una parte importante della soluzione dei mali americani. Faccio questa affermazione ben consapevole del fatto che anche il buon governo californiano alla fine ha raggiunto un tale stato di inefficienza da scatenare una rivolta fiscale senza precedenti, con il famoso referendum sulla Proposition 13[1] del 1978. Fu un episodio di svolta fondamentale per smontare il vecchio consenso keynesiano liberal, confermato poi dalla svolta delle elezioni del 1980.

Ma adesso, dopo venticinque anni passati a svuotare il governo, negli Stati Uniti il settore pubblico è impoverito e corrotto, e ne stiamo pagando il prezzo. Entro un paio d'anni, quando avremo finito di leccarci le ferite della disfatta dei nostri mercati finanziari, saremo costretti a ritrovare un equilibrio. E la priorità assoluta sarà quella di ristabilire una vigilanza efficace sul settore finanziario.

La regolamentazione finanziaria

Le sculture sulla facciata del New York Stock Exchange hanno per titolo *L'integrità che protegge il lavoro dell'uomo*. Ma forse gli investitori avrebbero ragioni per chiamarle *Il rischio dell'acquirente*.

Nell'estate 2007, Moody's, Standard and Poor's e Fitch annunciarono la prima riduzione del rating di tripla A e doppia A delle obbligazioni CDO garantiti da ipoteche immobiliari. Fu il grande esordio di quella che sarebbe diventata un'interminabile sequela di tagli al ribasso del rating in tutti i mercati CDO e CLO. Oggi, titoli appena emessi e valutati come investimenti di alta qualità vengono subito riqualificati come spazzatura, di solito causando perdite ingenti, del 20-30% o più, secondo i prezzi di mercato. I fondi comuni monetari di investimento inglesi, i programmi di investimento in fondi sovrani arabi e le banche tedesche hanno tutti subito perdite ingenti. Ma se il mondo perderà fiducia nei mercati americani, i costi a lungo termine saranno molto più alti di una svalutazione di bilancio di mille miliardi una volta per tutte.

Sono state proprio la trasparenza e l'integrità dei mercati finanziari americani a renderli una gigantesca calamita per gli investimenti stranieri, anche quando, come oggi, la performance finanziaria e la forza della valuta non lo giustificherebbero. Questa reputazione è stata in larga misura il frutto di un'eccellente regolamentazione dei mercati sotto la guida della SEC.

Lo schema di vigilanza americano si basa sull'intuizione che il governo sostiene al meglio i mercati finanziari garantendo che gli investitori ricevano informazioni attendibili. Per gestire l'imponente volume dei titoli emessi in America, il legislatore ha previsto un sistema che funziona con una squadra centrale relativamente ridotta e che si affida all'integrità della revisione contabile, della professione legale e delle agenzie private di rating. Tuttavia, dopo un quarto di secolo di fanatismo anti-regolamentazione e una lunga serie di fiaschi, dal crollo delle casse di risparmio alla Enron, alla WorldCom, fino ad arrivare al caos attuale dei CDO, la credibilità di quel sistema (e con essa il potere di attrazione dei mercati americani) è ormai a rischio.

Solo i dogmatici più inveterati possono guardare alla storia dei boom e dei fallimenti finanziari e arrivare alla conclusione che i mercati hanno sempre ragione. I disastri prodotti dai nostri ultimi esperimenti farebbero vacillare anche la fede più incrollabile. Dietro al sipario non c'è un genio benevolo che con mente matematica guida i mercati verso l'efficienza, ma una truppa sgangherata di squali, persone oneste, ciarlatani e qualche intellettuale serioso, che per lo più giocano con i soldi degli altri.

Abbiamo il settore finanziario più sviluppato del mondo, anche se tendiamo a pagare troppo i suoi specialisti. Ma è un settore sempre esposto ad attacchi di febbre da lemming (quegli animaletti che compiono suicidi collettivi). Mentre la materia prima della finanza è passata dai vecchi e ingombranti lingotti d'oro a dati che viaggiano quasi alla velocità della luce, la smania di buttarsi dal dirupo è sempre più frequente e coinvolge sempre più soggetti. Se i regolatori non riescono quasi mai a prevenire i crolli, dovrebbero almeno essere più rapidi a somministrare la medicina quando la febbre comincia ad aumentare, almeno per impedire che i lemmings si buttino da altezze eccessive.

Ogni programma mirato a ristabilire la fiducia nei mercati americani deve partire dalle banche. I prestiti a operatori molto indebitati dovrebbero prevedere requisiti di capitalizzazione penalizzanti. Assurdità quali il prestito delle banche di brokeraggio a hedge fund che non pubblicano i bilanci andrebbero semplicemente impedite. Regole di requisiti di capitale analoghe a quelle in vigore per le banche dovrebbero valere per tutte le entità che concedono credito, compresi intermediari come gli operatori di mutui ipotecari, che si propongono solo di immagazzinare mutui in vista di una loro cartolarizzazione. Gli enti che originano i mutui non dovrebbero tenersi in carico le prime perdite, mentre gli accordi put-back dovrebbero essere soggetti requisiti di capitale molto più rigorosi di adesso. Il contabili non dovrebbero ammettere l'acquisto di protezione assicurativa sul credito da operatori poco capitalizzati: in tal modo le compagnie di assicurazione monoline e gli hedge fund con alta leva finanziaria verrebbero sottratti al rischio delle operazioni più rischiosa dell'attività di assicurazione del credito.

Strumenti complessi come i derivati sul credito dovrebbero essere negoziati in un contesto di mercati e non in un regime di transazioni bilaterali (*over the* counter), con margini di garanzia stabiliti dalle autorità di mercato, per eliminare i rischi della controparte e agevolare la liquidazione nei periodi più difficili. Le grandi banche intermediarie potrebbero creare un mercato siffatto per transazioni reciproche senza molte difficoltà. Vi sarebbe una perdita di efficienza dovuta all'onere di accantonare i margini; ma ne varrebbe ben la pena, per il guadagno di sicurezza che ne deriverebbe.

Il Congresso dovrebbe prendere seriamente in considerazione un ritorno a qualche forma della legge Glass-

Steagall, che prevedeva la separazione tra banca commerciale e banca di investimento. L'uso del finanziamento civetta è un buon esempio degli abusi recenti. Oggi, le banche di investimento che si fanno concorrenza tra di loro per ottenere le consulenze spesso accompagnano le loro proposte offrendo alle imprese finanziamenti ponte provenienti dalle loro divisioni di banca commerciali. Questo significa usare implicitamente i soldi dei correntisti per ottenere onorari di investimento, ed è il genere di abuso che potrebbe essere bloccato con una versione aggiornata della legge Glass-Steagall.

Si tratta solo dei primi punti di un lunghissimo elenco. Non c'è dubbio che tutto questo renderebbe più caro il credito, toglierebbe alcuni decimi di punto alla crescita del PIL e renderebbe molto meno divertente l'attività bancaria. Ma la finanza non deve neanche diventare un casinò.

Assistenza sanitaria

Il secondo e ultimo esempio è la Sanità. Ne parlo perché è una macchina imponente, perché fa discutere e perché è senz'altro un tema di rilevanza nazionale.

I conservatori di orientamento liberista si battono da tempo per far sì che la Sanità si trasformi in un settore molto più "di mercato". Purtroppo, comincia a somigliare a una caricatura dell'industria automobilistica nazionale, specializzata in SUV e Hummer, perché è solo lì che ci sono margini di profitto. Se si confrontano le procedure avanzate, la medicina americana è la migliore al mondo. Ma si fanno pasticci terribili nelle attività più noiose e a basso margine che hanno alti rendimenti solo nel medio e lungo termine, come l'assistenza perinatale e la gestione delle terapie per i pazienti molto costosi con malattie croniche multiple.

La crescente pressione per tagliare le spese dell'assistenza sanitaria è fuori luogo. La Sanità è uno dei settori dell'economia più dinamici e innovativi. È un importante vettore di elettronica e biotecnologia e dà un contributo positivo ai problemi di squilibrio esterno americani. In generale è anche un buon datore di lavoro che paga salari sopra la media e offre numerose possibilità di avanzamento professionale e semiprofessionale (assistenti a medici e chirurghi, tecnici della diagnostica, operatori della terapia inalatoria ecc.).

La teoria economica, semmai, suggerisce che la sanità dovrebbe espandersi rapidamente. Più si è ricchi più si hanno possibilità di aumentare la spesa sanitaria. Anche a fronte di tassi di crescita da bassi a moderati, è irragionevole pensare che l'economia non possa sostenere l'espansione della Sanità al 25 o 30% del PIL, come presumo che avverrà attorno al 2030. Persino a quel livello, potremo comunque continuare a consumare più "giocattoli" domestici ed elettronici provenienti dall'Asia, anche se non allo stesso ritmo di prima.

Detto questo, però, la sanità americana è anche dispendiosa e si trova in uno stato di caos operativo. Nonostante spendiamo il doppio pro capite rispetto ad altri paesi avanzati, non riceviamo un buon servizio. Molti problemi derivano dall'ostinata convinzione che l'assistenza sanitaria sia un mercato di consumo come un altro. No, non è così.

Nei mercati normali, di solito hanno la meglio i concorrenti più rapidi a lanciare un nuovo prodotto. I settori più avanzati della sanità americana seguono questo schema, e immettono sul mercato nuove tecnologie più velocemente di ogni altro paese: però questo *non* è un bene. Esempio calzante è l'introduzione dello stent cardiaco (una minuscola protesi a rete che mantiene aperte le arterie) negli anni Novanta e Duemila. L'adozione delle ultime generazioni di stent è avvenuta con rapidità eccessiva, ma poi, man mano che arrivavano i dati, si è dovuto fare marcia indietro e applicare la nuova tecnologia solo alle categorie di pazienti più adeguate. Gli altri paesi lo hanno adottato con cautela e sono arrivati a un utilizzo stabile per gradi, mentre gli americani hanno dovuto fare altrettanto procedendo a sbalzi. In America i cicli di rapida adozione della tecnologia producono profitti finanziari più elevati per aziende farmaceutiche, produttori di attrezzature tecniche e avidi medici di base, ma spesso questa medicina non funziona, ed è anche molto costosa. Un fenomeno affine è la palese preferenza accordata alle terapie che prevedono rimborsi sostanziosi, a prescindere dai vantaggi reali rispetto ad alternative altrettanto efficaci e meno costose.

In secondo luogo, ed è assurdo per un paese che è leader mondiale nell'impiego delle nuove tecnologie, l'America è ultima tra i paesi avanzati nella gestione computerizzata della Sanità. I medici di base sono, in generale, quelli che meno dispongano di sistemi elettronici di archivio e ancor meno in grado di ordinare una ricetta via computer, di accedere ai risultati delle analisi di un paziente o alla documentazione di un ospedale. Se la sanità fosse un mercato normale, una mezza dozzina di grandi società avrebbero già assunto tutti i medici, messo fuori gioco i piccoli gruppi e costruito sistemi di archivio e scambio di informazioni. Solo che non è così, dunque è il governo che deve prendere l'iniziativa.

Infine, è ormai chiaro che il tradizionale metodo americano di finanziare l'assistenza sanitaria sulla base della busta paga è vicino al collasso. Con il continuo aumento della quota della spesa sanitaria sul PIL, la metà inferiore dei salari non riesce a tenere il passo con le contribuzioni, né i lavoratori riescono a pagare le indennità privatamente. Per quanto l'assistenza sanitaria non sia un diritto in senso legale, tutti i paesi avanzati, a eccezione degli Stati Uniti, hanno definito degli standard sanitari di riferimento come elemento basilare per un tenore di vita dignitoso. Considerati i vasti incrementi di ricchezza nazionale negli ultimi vent'anni, è vergognoso che non si sia ancora provveduto a norme del genere.

Non mi soffermerò sulle possibili soluzioni, ma queste dovranno implicare per forza un'espansione dell'azione di governo. Dovremmo smettere di combattere battaglie ideologiche sull'eventuale ruolo dell'amministrazione in materia e cominciare a concentrarci sulle misure necessarie a rendere il sistema sanitario efficace ed efficiente.

Ci saranno forse altre priorità nella lista – istruzione, infrastrutture, rendimento energetico – ma nella maggior parte dei casi sarà necessario il sostegno del settore pubblico, in alcuni casi, come la stessa Sanità, occorrerà un aumento delle tasse. Questo vuol dire affrontare senza mezzi termini l'ideologia dominante degli ultimi venticinque anni, secondo la quale espandere le risorse pubbliche è sempre sbagliato.

I limiti dei mercati

Uno dei postulati dell'economia della Scuola di Chicago è che l'allocazione delle risorse da parte del governo riduce sempre la produttività. Come dichiarazione di principio è palesemente sbagliata. Il governo federale ha investito una grande quantità di denaro nell'industria dei semiconduttori e nello sviluppo di Internet, ad esempio, e oggi è evidente che siamo in condizioni economiche migliori anche grazie a questo sforzo. Sin dalla nascita della repubblica, gli investimenti in opere pubbliche (canali, ferrovie, autostrade, aeroporti) hanno quasi sempre prodotto ritorni importanti. Nel XIX secolo, una commissione parlamentare inglese individuava nei grandi investimenti americani nella pubblica istruzione un vantaggio competitivo fondamentale. In altre parole, la spesa del governo può essere produttiva o no, secondo quanto si è investito e in quale direzione.

C'è però una ragione sostanziale dietro all'avversione per la spesa pubblica. È vero che ogni settore privilegiato (e le imprese pubbliche sono particolarmente inclini a diventarlo) alla fine si gonfia fino a trasformarsi in una zavorra o addirittura in una minaccia per la salute dell'economia. Si tratta però di una disquisizione generale sul privilegio, sia che esso derivi da sovvenzioni fiscali o da altre fonti. Il tracollo finanziario descritto in questo libro è stato senza dubbio il frutto delle troppe attenzioni dedicate al settore finanziario, concimandolo con denaro non sottoposto a vincoli, sostenendolo con speciali agevolazioni fiscali per gli operatori del settore e provvedendo il balsamo di nuovi fondi ogni volta che incespicava o si feriva anche solo in superficie.

La vera premessa di base della Scuola di Chicago a sostegno di una riduzione del peso del settore pubblico è quella assai più debole che i liberi mercati trovano sempre le soluzioni migliore. Questa pretesa, infatti, presuppone che gli economisti sappiano riconoscere la soluzione migliore. Gli economisti fautori del libero mercato sono soliti utilizzare lo standard dell'ottimalità paretiana (da Vilfredo Pareto, famoso economista del XIX secolo). Una distribuzione tale che nessun membro di un gruppo possa migliorare la propria situazione senza che alcun altro peggiori la propria è Pareto-efficiente. Il problema è che esistono sempre risultati molteplici che soddisfano questi requisiti, e spesso la maggior parte di essi non sono molto allettanti. Una società nella quale tutti hanno pari ricchezza è Pareto-efficiente, ma altrettanto può esserlo una società dove una sola persona ha la metà di tutto e gli altri possiedono tutti la stessa quota. In entrambi i casi, nessuno potrebbe arricchirsi senza impoverire qualcun altro.

Dall'epoca di Pareto, alcuni dei più grandi economisti hanno affrontato il tema della distribuzione e proposto metodi interessanti per risolvere il problema. Nessuno, però, ha proposto qualcosa che sia d'uso pratico. I dati sono difficili da trattare, i risultati analitici sono spesso contraddittori e persino gli stessi autori ammettono che i modelli funzionano solo in mercati perfetti, condizione che non corrisponde a nessun luogo in cui vive l'essere umano. Gli economisti di orientamento liberista, quindi, di solito ricorrono a una misura riferita al prodotto complessivo, come la crescita del PIL o la produttività nazionale, come misura surrogata del miglior risultato. In questo modo, però, la concorrenza tra i diversi sistemi sociali si riduce al principio che vince il paese con più "giocattoli", il che è ridicolo.

La Francia, per esempio, da molti anni ha una crescita economica inferiore agli Stati Uniti, anche se il rendimento orario per lavoratore è grosso modo lo stesso. Era di poco sotto l'America nell'ultima indagine sulla competitività e di poco sopra in quella precedente. Il ceto medio francese ha case e automobili più piccole rispetto al ceto medio americano, ma segue una dieta migliore, ha molto più tempo libero e una maggiore sicurezza economica mentre la distanza tra il vertice e la fascia mediana è assai meno ampia che negli stati Uniti. La Francia non è affatto un paese perfetto. Come risulta, sindacati e settore pubblico locali godono di troppi privilegi e la questione razziale è sempre più ingestibile. Nel complesso, però, molti americani, soprattutto quelli che non si trovano in cima nella distribuzione del reddito, farebbero volentieri a cambio con i francesi.

In altre parole, tutto si riduce a una questione di gusto e di equilibrio e di opinione. A mio parere, il passaggio avvenuto negli anni Ottanta da una gestione economica incentrata sul governo a una più orientata al mercato è stato un fattore determinante nella ripresa economica americana degli anni Ottanta e Novanta. Ma l'entità dell'attuale disastro finanziario lascia ipotizzare che abbiamo raggiunto il punto in cui la religione del mercato è diventata il problema, piuttosto che la soluzione. E dopo una corsa lunga venticinque anni è ora di intraprendere un'altra strada.

---

1. Referendum antitasse che segnò l'inizio della rivolta fiscale e della lunga "rivoluzione neoliberista" sfociata poi nel reaganismo (Ronald Reagan fu infatti governatore della California prima di conquistare la Casa Bianca) [N.d.T.].

NOTE BIBLIOGRAFICHE

Laddove non specificato diversamente, tutti i dati economici sugli Stati Uniti provengono da fonti ufficiali del governo.

CAPITOLO 1
La morte del liberalismo

Per Elbert Gary e la competitività dell'acciaio americano vedere Kenneth Warren, *Big Steel, The First Century of the United States Steel Corporation, 1901-2001*, University of Pittsburgh Press, Pittsburgh PA 2001, 32-50 e 249-58. La citazione sull'abbassamento dei prezzi è tratta da Mark Ruetter, *Sparrows Point and the Rise and Ruin of American Industrial Might*, University of Illinois Press, Urbana IL 2004, 395. La citazione di Galbraith si trova in John Kenneth Galbraith, *The Affluent Society*, Houghton Mifflin, Boston MA 1958, 351; tr. it. *La società opulenta*, Edizioni di Comunità, Milano 1963. L'espressione "capitalismo manageriale" è di Alfred D. Chandler: vedere il suo *Scale and Scope, The Dynamics of Industrial Capitalism*, Harvard University Press, Cambridge MA 1990; tr. it. *Dimensione e diversificazione: le dinamiche del capitalismo industriale*, Il Mulino, Bologna 1994. Per quanto riguarda le fusioni degli anni Sessanta, vedere il mio *The Coming Global Boom*, New York 1990, 64-5. A proposito della Pinto e della Vega, Dan Lienert, *The Worst Cars of All Time*, "Forbes", 27 gennaio 2004.

Il discorso sulla demografia si basa sul libro di Richard Easterlin, *Birth and Fortune: The Impact of Numbers on Personal Welfare*, Basic Books, New York 1980. La citazione di Herbert Stein si trova in Robert L. Bartley, *The Seven Fat Years and How to Do It Again*, The Free Press, New York 1992, 27, una buona storia economica dell'epoca, ricca di dettagli seppure un po' faziosa. I prezzi dell'oro provengono dal Global Financial Data. La citazione sul programma contro l'inflazione di Carter è tratta dal "New York Times", 26 maggio 1979. Le frasi di Romney e Burns si trovano in *Seven Fat Years* di Bartley, 29, 27. Le citazioni di Tyson vengono da John Zysman e Laura Tyson, a cura di, *American Industry in International Competition: Government Policies and Corporate Strategies*, Cornell University Press, Ithaca NY 1983, 5, 7. La frase sul Giappone si trova in William S. Dietrich, *In the Shadow of the Rising Sun: The Political Roots of American Economic Decline*, Pennsylvania State University Press, University Park PA 1991, 247. Per gli studi della Commissione sulla produttività industriale del MIT vedere *The Working Papers of the MIT Commission on Industrial Productivity*, The MIT Press, Cambridge MA 1989. Per quanto riguarda il Giappone e l'IBM vedere Charles H. Ferguson e Charles R. Morris, *Computer Wars*, Times Books, New York 1993. La frase di Grove è tratta da un'intervista che rilasciò a Ferguson e a me durante le ricerche per *Computer Wars*. Per le estreme opinioni di Friedman sulla deregolamentazione vedere Milton e Rose Friedman, *Free to Choose: A Personal Statement*, Harvest Books, New York 1990, 207-10 sul controllo delle droghe; tr. it. *Liberi di scegliere*, Longanesi, Milano 1981.

CAPITOLO 2
Wall Street trova il suo credo

La citazione di Frank Knight viene da Johan Van Overtveldt, *The Chicago School*, Agate Press, Chicago 2007, 67. La frase di James Stewart è tratta dal suo *Den of Thieves*, Touchstone, New York 1992, 17-18. Il passaggio di Bartley su Steiger e sul venture capital si trova in Robert L. Bartley, *Seven Fat Years*, 61, 143-44. Per un'analisi sul rapporto tra tasse e investimenti da venture capital vedere Paul A. Gompers e Josh Lerner, *What Drives Venture Capital Fund Raising?*, "Working Paper 6906", NBER (National Bureau of Economic Research, Ente nazionale di ricerca economica), gennaio 1999. Sulla fine del controllo sui prezzi del petrolio, le citazioni dal "Times" sono di Robert D. Hershey, *Why Gasoline Is Getting Cheaper*, 12 aprile 1981, e Douglas Martin, *Economic Gains Tied to Ending Oil Price Curbs*, 8 settembre 1981. I dati sull'efficienza dell'energia provengono dal Dipartimento per l'Energia degli Stati Uniti, *Energy Intensity Indicators*, http://intensityindicators.pnl.gov/total_highlights.stm, aggiornato il 1° giugno 2006. Le valutazioni sugli elementi strutturali in contrapposizione all'efficienza dell'energia ebbero inizio solo nel 1980. Pare comunque che il ridimensionamento delle industrie che facevano un uso intensivo dell'energia abbia avuto una considerevole accelerazione negli anni Ottanta, in parte perché la nuova apertura agli esiti del mercato facilitò l'eliminazione di parecchi pesi morti del mondo industriale. Per i dati non provenienti dagli Stati Uniti, *Primary Energy Supply per Unit of GDP* (tabella), "Energy Balances of OECD Countries, 2003-2004", International Energy Agency, Paris, France 2006, II 333.

Per una storia della lotta contro l'inflazione dei primi anni Ottanta, vedere l'indispensabile libro di William Greider, *The Secrets of the Temple: How the Federal Reserve Runs the Country*, Simon & Schuster, New York 1987, anche se la prospettiva populista che pervade tutto il libro spesso svia il giudizio di Greider. Per "il candidato di Wall Street", 47. Nel passaggio sulla guerra contro l'inflazione condotta dalla Fed, utilizzo sia Greider che il "New York Times" per quanto riguarda il contesto, mentre la parte più sostanziale del racconto, compresa la lotta per aderire ai principi monetaristi, è tratta quasi interamente dalle trascrizioni delle riunioni del FOMC (Federal Open Market Committee, Comitato federale del mercato libero), disponibili sul sito internet della Federal Reserve www.federalreserve.gov. Si tratta di sbobinature delle registrazioni fatte durante gli incontri, che sono state leggermente rimaneggiate per facilitarne la comprensione senza però essere mai state riviste dai partecipanti, e che contengono anche le appendici inserite dallo staff tecnico. Queste trascrizioni sono disponibili al pubblico solo dopo cinque anni, perciò Greider non ha potuto avervi accesso; all'epoca in cui ha scritto il suo libro, Alan Greenspan sosteneva che erano state tutte distrutte. La frase di Volcker che inizia con "C'è sicuramente…" viene da un'intervista, mentre quella sul "clamore" è in una delle trascrizioni del FOMC, 6 ottobre 1979, 8-9. L'editoriale *La Verdun di Volcker* è tratto dal "New York Times" del 14 ottobre 1979. Il passaggio "Anche da parte dei lavoratori…" viene da una trascrizione del FOMC, 20 maggio 1980, 17. La frase di Volcker "Se abbandoniamo…" è in Greider, *Secrets of the Temple*, 465.

Le fonti più importanti per il boom degli LBO sono James Stewart, *Den of Thieves* e Connie Bruck, *The Predators' Ball: The Inside Story of Drexel Burnham and the Rise of the Junk Bond Raiders*, Penguin, New York 1989. Ne faccio una descrizione anche in un capitolo del mio *Money, Greed, and Risk*, Times Books, New York 1999: in quel periodo ho lavorato come consulente di valutazione per diversi fondi buyout. *Money, Greed, and Risk* contiene anche una lunga analisi della crisi delle S&L, con un'estesa lista di fonti. Non esistono numeri definitivi sul costo totale che il governo ha dovuto sostenere. Secondo il membro dello staff dell'FDIC (Federal Deposit Insurance Corporation; Organismo federale di assicurazione dei depositi bancari) con cui ho parlato nel 1998, le S&L insolventi sono state chiuse così in fretta e i loro registri erano in un tale disordine che si è dovuto rinunciare a tirare la somma finale.

Per lo scontro sul primo bilancio di Clinton vedere il resoconto giorno per giorno di Bob Woodward, *The Agenda: Inside the Clinton White House*, Simon and Schuster, New York 1994; tr. it. *La Casa Bianca dei Clinton*, Sperling & Kupfer, Milano 1994. La dichiarazione di Greenspan sull'"esuberanza irrazionale" è del 5 dicembre 1996. Vedere David Leonhardt, *Remembering a Classic Investment Theory*, "New York Times", 15 agosto 2007. Per il "nuovo paradigma" vedere *Greenspan and His Friends*, "Time", 10 novembre 1997. Per la "Rubinomics", Glenn Hubbard, *The Contradictions at the Heart of Rubinomics*, "Financial Times", 18 novembre 2003. Ho sentito Rubin fare le stesse dichiarazioni anche in alcuni suoi discorsi durante delle conferenze politiche. Per dati empirici sui deficit e sui tassi d'interesse vedere *Long-Term Effects of Chronically Large Federal Deficits*, Congressional Budget Office, 13 ottobre 2005. Gli analisti elencano un'infinità di motivi per cui i deficit sono negativi per il paese, ma non includono mai i tassi d'interesse più alti. Il risultato comune di molteplici studi è che gestire un deficit dell'1% del PIL per dieci anni farebbe crescere i tassi di interesse a lungo termine di 30 punti base. Questo risultato non dovrebbe sorprendere: il debito aggiunto degli Stati Uniti viene rimesso in vendita all'interno di un mercato globale di circa 40.000 miliardi di dollari. Un paio di centinaia di miliardi in più sono solo rumore di fondo. Per deficit e inflazione vedere Chryssi Giannitsarou e Andre Scott, *Inflation Implications of Rising Government Debt*, "Working Paper No. 1264", NBER, ottobre 2006, che suggerisce delle interazioni "estremamente modeste". I fattori che avrebbero portato al boom degli anni Novanta sono enunciati nel mio *The Coming Global Boom*, "Atlantic Monthly", ottobre 1989, basato principalmente sul lavoro di Ed Yardeni che all'epoca era a capo degli economisti della Prudential-Bache.

CAPITOLO 3
Bolle speculative: prove tecniche

Un'analisi esaustiva dei primi due episodi di questo capitolo si trova nel mio *Money, Greed, and Risk*, 184-205, 140-50 e 158-64. Lo stato attuale del fondo Vranos è tratto dal "Financial Times", 10 ottobre 2007. Per l'episodio di LTMC, faccio riferimento soprattutto all'ottimo resoconto di Roger Lowenstein, *When Genius Failed: The Rise and Fall of Long-Term Capital Management*, Random House, New York 2000. La frase "mangiano come polli..." e la domanda di Mayer sulle ragioni dello scandalo sono tratte da Martin Mayer, *The Fed*, The Free Press, New York 2001, 267-68. Le quattro citazioni di Greenspan provengono da: Lowenstein, *When Genius Failed*, 106; una testimonianza di fronte all'House Committee on Banking and Financial Services, 16 settembre 1998; osservazioni fatte durante la Chicago Conference on Bank Structure and Competition, 8 maggio 2003; una testimonianza di fronte all'House Committee on Banking and Financial Services, 1° ottobre 1998. L'esempio della Countrywide è preso da Gretchen Morgenson, *Inside the Countrywide Lending Spree*, "New York Times", 26 agosto 2007. Sulla mancanza di denaro della Black-Scholes Fischer Black ha scritto moltissimi articoli, come ad esempio *How to Use the Holes in Black-Scholes*, "Journal of Applied Corporate Finance", inverno 1989, 78-83. In diversi punti del suo libro su LTCM, comunque, Lowenstein sostiene che Merton in particolare pensava che la matematica fosse in grado di arrivare molto vicino alla Verità. Il dirigente della Merrill Lynch è Dan Napoli, una delle fonti per *Money, Greed, and Risk*. La citazione viene da un'intervista. Napoli fu licenziato dopo lo scandalo LTCM in cui Merrill perse moltissimo, facendo chiaramente da capro espiatorio. Il conto di prestito di LTCM passò nelle mani del dirigente più anziano dell'azienda, che evitò tutti i sistemi di gestione del rischio di Napoli.

CAPITOLO 4
Un muro di denaro

I miei ringraziamenti vanno a Nouriel Roubini, per avermi dato accesso gratuito al Roubini Global Economic Monitor (RGE Monitor), un'imponente collezione di documenti aggiornati su argomenti riguardanti il credito e l'economia attuali. Per quanto riguarda i "trentun mesi consecutivi", il numero era stato citato da Robert Shiller durante un simposio ufficiale al Council on Foreign Relations, 11 settembre 2007 (utilizzando l'indice al consumo, io ho calcolato un periodo ancora più lungo). Le altre affermazioni di Shiller presenti in questa sezione e il paragone tra Burns e Greenspan sono tratti dallo stesso simposio. Il "nuovo paradigma nella gestione del credito" di Greenspan è la citazione di un discorso all'American Bankers Association, 5 ottobre 2004. La "muraglia" di cui parla il banchiere e la frase sul denaro "che li inseguiva" sono prese dal "Wall Street Journal", 3 novembre 2005. La citazione di William McChesney Martin sul "portare via gli alcolici" è tratta da Martin Mayer, *The Fed*, 165. Il racconto dell'operato della Fed è basato sulle note del FOMC, disponibili sul sito www.federalreserve.gov. La citazione dell'"Economist" a proposito del "sistema della finanza mondiale" è tratta da *The Disappearing Dollar*, 2 dicembre 2004. L'"incosciente" di Roach viene dal simposio del CFR. Lo studio *Asset Price Bubbles and Monetary Policy* si trova nell'*ECB Monthly Bulletin*, aprile 2005, 47-60; 53-4 per le citazioni. La newsletter finanziaria si trova in *Facts & Trends, Gary D. Halbert's Weekly E-Letter*, 28 agosto 2007.

I dati di Merrill sull'immobiliare sono tratti da *A Home-Grown Problem*, "Economist", 10 settembre 2005. Per i prezzi dell'immobiliare e l'inflazione vedere Dean Baker, *Midsummer Meltdown: Prospects for the Stock and Housing Markets*, Center for Economic and Policy Research, agosto 2007, 8. Gli indici per misurare i prezzi delle case sono molteplici. Dimitri B. Papadimitrou *et al.*, *The Effects of a Declining Housing Market on the U.S. Economy*, "Working Paper 506", Levy Economics Institute of Bard College, luglio 2007, usa indici diversi da Baker, ma arriva praticamente alle stesse conclusioni.

Le fonti per il resoconto sulla bolla immobiliare, oltre a quelle già citate, includono: Faten Sabry e Thomas Schopflocher, *The Subprime Meltdown: A Primer*, NERA Economic Consulting, giugno 2007; Joseph R. Mason e Joshua Rosner, *How Resilient Are Mortgage-Backed Securities to Collateralized Debt Obligation Market Disruptions?* (introduzione), presentato all'Hudson Institute, 15 febbraio 2007; John B. Taylor, *Housing and Monetary Policy*, presentato al simposio della Federal Reserve su "Immobili, finanza immobiliare e politica monetaria", Jackson Hole, Wyoming settembre 2007. Per l'interazione tra finanza immobiliare e spesa per i consumi vedere Alan Greenspan e James

Kennedy, *Sources and Uses of Equity Extraction from Housing*, Consiglio della Federal Reserve, 2007; Christian Menegatti e Nouriel Roubini, *The Direct Link between Housing and Consumption: Wealth Effect and Home Equity Withdrawal*, RGE Monitor, settembre 2007; Karen E. Dynan e Donald L. Kohn, *The Rise in Household Indebtedness: Causes and Consequences*, Consiglio della Federal Reserve, 8 agosto 2007. Per un ricco compendio sugli abusi nei finanziamenti vedere la dichiarazione di Michael D. Calhoun, presidente del Center on Responsible Lending, *Calculated Risk: Assessing Nontraditional Mortgage Products*, rilasciata davanti al Senate Committee on Banking, Housing, and Urban Affairs, 20 settembre 2006. La protesta di Mozilo si trova in Gretchen Morgenson e Geraldine Fabrikant, *Countrywide's Chief Salesman and Defender*, "New York Times", 11 novembre 2007. La storia del signor Jordan e i documenti recenti sull'industria di New York, comprese le mappe dell'insolvenza, sono stati forniti da Sarah Ludwig del Neighborhood Development Advocacy Project e da Meghan Faux dei South Brooklyn Legal Services. Recentemente Meghan Faux ha fatto una dettagliata presentazione degli abusi all'Assemblea dello Stato di New York. Per il rapporto tra ceti benestanti e subprime vedere *The United States of Subprime*, "Wall Street Journal", 10 ottobre 2007. Vedere anche *Briefing: America's Economy, Getting Worried Downtown*, "Economist", 23 novembre 2007, per un resoconto sul crescente pessimismo.

Satyajit Das, *Credit Derivatives, CDOs, and Structured Credit Products*, Wiley Finance, New York 2005, è un testo molto esauriente sugli altri strumenti misteriosi. Il valore teorico dei Credit Default Swap è preso dalle indagini semestrali dell'ISDA (International Swaps and Derivatives Association, Associazione internazionale degli swap e dei derivati). Per i leveraged loans e i subprime nei CDO vedere, ad esempio, *CDO Spotlight: Is Fortune for Structured Finance CDOs Tied to RMBS Performance for Better or Worse?*, Standard & Poor's, 7 settembre 2005 (sul motivo per cui i gestori di CDO preferiscono i subprime), e *CDO Spotlight: The Covenant Lite Juggernaut Is Raising CLO Risks – And Standard & Poor's Is Responding*. A proposito dei CDO sintetici, vedere *Structured Credit Special Report, Synthetic Overview for CMBS Investors*, Derivative Fitch, 6 giugno 2007, e *Synthetic CDOs, the Next Level*, Global Legal Group, gennaio 2006. Le sfide nell'ambito dei modelli elaborati dalle agenzie sono analizzate con dovizia di particolari in *CDO Spotlight: Update to General Cash Flow Analytics Criteria for CDO Securitizations*, Standard & Poor's, 17 ottobre 2006. Sugli ABCP (Asset-Backed

Commercial Paper) vedere *Asset-Backed Commercial Paper & Global Banks Exposure – 10 Key Questions*, inchiesta di Fitch Ratings, 10 settembre 2007. Su tutti gli aspetti dell'assicurazione, sono disponibili moltissimi resoconti e ricerche provenienti da tutte e tre le agenzie di rating, S&P, Moody's e Fitch, la maggior parte dei quali sono accessibili al pubblico. S&P pubblica periodicamente anche dei riepiloghi e delle stime di mercato. Anche Mason e Rosner, *How Resilient* contiene una buona analisi dell'indebitamento insito nei CDO degli MBS (Mortgage-Backed Securities, titoli garantiti da mutui ipotecari). L'esempio di Janet Tavakoli è tratto dalla nota in fondo a pagina 26. Paul J. Davies, *Sales of Risky 'Synthetic' CDOs Boom*, "Financial Times", 12 febbraio 2007, contiene uno spettro di stime di mercato non del tutto ufficiali. Il mio racconto dei fatti riguardanti la Bear Stearns e gli ABCP è basato su numerosi articoli della stampa finanziaria. Per la liquidazione della Rhinebridge vedere Neil Unmack, *Rhinebridge Commercial Paper SIV May Not Repay Debt*, Bloomberg, 18 ottobre 2007. La frase "sciopero dei compratori" è di Gillian Tett, *Investors in Commercial Paper Go On Strike*, "Financial Times", 10 settembre 2007. Per il caos crescente nei mercati dei SIV vedere Paul J. Davies, *Banks Bear Strain of Short-Term Debt Market Troubles* e *SIVs Face Fight to Survive, Says Moody's*, e Gillian Tett, *Superfunds Struggle to Take Off*, "Financial Times", rispettivamente 15 novembre, 9 novembre e 25 ottobre 2007.

CAPITOLO 5
Uno tsunami di dollari

I principali studi e resoconti che ho utilizzato nell'analisi del commercio americano e della sua posizione nel quadro degli investimenti includono: Ben S. Bernanke, *The Global Savings Glut and the U.S. Current Account Deficit*, Federal Reserve, 10 marzo 2005, e *Global Imbalances: Recent Developments and Prospects*, Federal Reserve, 11 settembre 2007; Maurice Obstfeld e Kenneth Rogoff, *The Unsustainable Current Account Position Revisited*, "Working Paper 10869", NBER, ottobre 2004; *Oil-Exporting Countries: Key Structural Features, Economic Developments, and Oil Revenue Recycling*, "ECB Monthly Bulletin", luglio 2007, 75-86; Michael Dooley e Peter Garber, *Is It 1958 or 1968? Three Notes on the Longevity of the Revived Bretton Woods System*, giugno 2005 (versione inedita tratta dall'RGE Monitor);

Nouriel Roubini, *The Instability of the Bretton Woods 2 Regime*, luglio 2007 (versione inedita tratta dall'RGE Monitor); Barry Eichengreen, *Global Imbalances and the Lessons of Bretton Woods*, "Working Paper 10497", NBER, maggio 2004; Joshua Aizenman, *Large Hoarding of International Reserves and the Emerging Global Economic Architecture*, studio presentato alla Growth and Business Cycles Conference, University of Manchester, 12-13 luglio 2007; Stephen Jen, *The Biggest Dollar Diversifiers Are American*, Morgan Stanley Global Economic Forum, 20 luglio 2007, e *China Quarterly Update*, World Bank Office, Pechino maggio 2007. La frase sulla "più grande inadempienza" dell'"Economist" si trova nel numero del 17-23 novembre 2007.

Per i dettagli sui surplus dei singoli Stati e sui *sovereign wealth funds* le principali fonti sono: *Remarks by Undersecretary for International Affairs Clay Lowery on Sovereign Wealth and the International Financial System*, Dipartimento del Tesoro degli Stati Uniti, giugno 2007; Stephen Jen, *How Big Could Sovereign Wealth Funds Be by 2015?*, Morgan Stanley Global Economic Forum, 4 maggio 2007; *China's New Sovereign Wealth Fund: Implications for Global Asset Markets*, "Insights", Henderson Global Investors, edizione 14-17, luglio 2007; Brad Setser e Rachel Ziemba, *What Do We Know About the Size and Composition of Oil Investment Funds?*, RGE Monitor, aprile 2007; *Sovereign Wealth Funds: The New Bogeyman of International Finance?*, Economist Intelligence Unit, 4 luglio 2007; Esther Pan, *Backgrounder: China, Africa, and Oil*, Consiglio sulle relazioni estere, 26 gennaio 2007; Serhan Cevick, *The Challenging Trail of the Weaker Dollar*, Morgan Stanley Global Economic Forum, 20 settembre 2007; Ramin Toloui, *Petrodollars, Asset Prices, and the Global Financial System*, "Capital Perspectives", PIMCO, gennaio 2007; Caroline Newhouse-Cohen, *Japan's Balance of Payments*, BNP Paribas, luglio 2007; and *Managing Japan's Foreign Reserves*, "Japan Times", 3 agosto 2007.

CAPITOLO 6
Il sistema si smonta

Tra le fonti per il ruolo degli hedge fund nella finanza strutturata: l'inchiesta della Fitch Ratings, *Hedge Funds: An Emerging Force in the Global Credit Markets*, 18 luglio 2005; l'inchiesta *Hedge Funds: The Credit Market's New Paradigm*, 5 giugno 2007; *Assigning Credit Ratings to Hedge Funds*, 17 aprile 2007; l'inchiesta della Asset-Backed, *Midyear 2006 Term ABS Recap and Outlook*, 26 luglio 2006; l'inchiesta della Asset-Backed, *Term ABS Credit Action Report: August 2007*; *Credit Derivatives Update*, 6 marzo 2007, e l'inchiesta *CDX Survey-Market Volumes Continue Growing while New Concerns Emerge*, 16 luglio 2007. Anche il reportage speciale sul credito strutturato della Derivative Fitch *CDO Asset Management in a Time of Illiquidity*, 21 settembre 2007; Benedikt Goderis *et al.*, *Bank Behavior with Access to Credit Risk Transfer Markets*, Center Discussion Paper ISSN 0924-7815, Tilburg University, ottobre 2006; Günter Frank e Jan Pieter Krahnen, *Default Risk Sharing between Banks and Markets: The Contribution of Collateralized Debt Obligations*, "Working Paper 11741", NBER, novembre 2005; Adam B. Ashcraft e João A.C. Santos, *Has the Credit Default Swap Market Lowered the Cost of Corporate Debt?*, Federal Reserve Bank of New York, Staff Report n. 290, luglio 2007. L'indagine Fitch con i prime broker si trova in *Hedge Funds: The New Credit Paradigm*: le due citazioni sono alle pagine 7 e 5. L'indagine della Deloitte sulle procedure di valutazione è *Precautions That Pay Off: Risk Management and Valuation Practices in the Global Hedge Fund Industry*. Il resoconto (stranamente) non è datato, ma l'indagine di cui parla è stata condotta nell'estate del 2006. La parte sul commercio interno di hedge fund con lo scopo di alimentare prezzi fittizi viene da Susan Pulliam *et al.*, *U.S. Investors Face an Age of Murky Pricing*, "Wall Street Journal", 12 ottobre 2007. Markit Inc. ha pubblicato un'ampia documentazione a sostegno dei suoi indici. Il mio grazie va a Teresa Chick e Gavan Nolan che lavorano in questa compagnia per le spiegazioni dettagliate e il materiale documentario, e per aver confermato i dettagli delle operazioni degli indici ABX. I passaggi su Bear, Merrill e i mercati attuali sono tutti tratti dalla stampa finanziaria.

Per lo sviluppo dei mercati ad alto rendimento e tassi di default vedere Edward I. Altman, *Global Debt Markets in 2007: New Paradigm or the Great Credit Bubble?*, "Journal of Applied Corporate Finance" 19, n. 3, estate 2007, 17-31; *U.S. Ratings Distribution: A Twenty-Five-Year March to Junk*, Global Fixed Income Research, Standard & Poor's, novembre 2006; Martin Fridson, *Could Default Rates Escalate Rapidly?*, "Distressed Debt Investor", autunno 2006; *U.S. Financing Gap: Long-Term Gloom Not Short-Term Stress*, J.P. Morgan Chase, Economic Research Note, 21 settembre 2007; Bank of America Business Capital, *How Second-Lien Lenders Might Fare When Bank-*

ruptcies Increase; Why Due Diligence May Be Getting Short Shrift; Why the Use of Covenant-Lite Loans Is Growing in Europe, tutti presi da "CapitalEyes", luglio/agosto 2007; *Loan Issuance Boom Shifts Refinancing Risk Strongly to the Loan Market*, Fitch Ratings, 26 luglio 2007; *High-Yield and Leveraged Loan Market Review, Second Quarter 2007*, 27 agosto 2007; Henny Sender, *Banks Grease the Leveraged Loan Machine*, "Wall Street Journal", 10 ottobre 2007; e James Mackintosh, *Banks Use Discounts to Tempt 'Vulture Funds'*, "Financial Times", 4 ottobre 2007. Ringrazio molto William Ackman, presidente dell'hedge fund Pershing Square Capital, per avermi fatto utilizzare una sua inedita presentazione scritta per una conferenza di investitori, *Who's Holding the Bag?*, maggio 2007. Per l'economia dei fondi private equity si può fare riferimento a Andrew Metrick e Ayako Yasuda, *The Economics of Private Equity Funds*, University of Pennsylvania, Wharton School, Dipartimento di Finanza, 9 settembre 2007. Il resoconto della Financial Services Authority è *Discussion Paper: Private Equity, A Discussion of Risk and Regulatory Engagement*, novembre 2006, e le citazioni sono alle pagine 64-66. La citazione di Greenspan si trova in un discorso del 16 maggio 2006, che mi è stato fornito da Satyajit Das. Per quanto riguarda le carte di credito vedere Peter Gumble, *The $915 Billion Bomb in Consumers'Wallets*, "Fortune", 1° novembre 2007, e la dichiarazione di Sheila C. Bair, presidente dell'FDIC, *Improving Credit Card Consumer Protection*, U.S. House of Representatives, Financial Services Committee, 7 giugno 2007.

Mi sono stati molto utili anche i punti di vista più ampi dei seguenti saggi: Michael D. Bordo, *The Crisis of 2007: The Same Old Story, Only the Players Have Changed*, commenti, Federal Reserve Bank of Chicago and International Monetary Fund Conference: Globalization and Systemic Risk, 28 settembre 2007; Claudio E.V. Borio, *Change and Constancy in the Financial System: Implications for Financial Distress and Policy*, "Working Paper No. 237", BIS, ottobre 2007; IMF (International Monetary Fund, Fondo monetario internazionale), Chapter 2: *Do Market Risk Management Techniques Amplify Systemic Risks?* "Global Financial Stability Report", settembre 2007, 52-76. Infine, Joseph R. Mason e Joshua Rosner, *Where Did the Risk Go? How Misapplied Bond Ratings Cause Mortgage-Backed Securities and Collateralized Debt Obligation Market Disruptions*, ancora in bozze, è un contributo importante per la comprensione degli egregi fallimenti delle agenzie di rating con questo tipo di strumenti.

La frase di Bernanke sull'"economia sbiadita" è del "New York Times", 14 febbraio 2007. Per un'altra nota di pessimismo vedere Martin S. Feldstein, *Housing, Credit Markets, and the Business Cycle*, "Working Paper No. 13471", NBER, ottobre 2007. Anche Christian Menegatti e Nouriel Roubini, *The Direct Link Between Housing and Consumption: Wealth Effect and the Home Equity Withdrawal*, RGE Monitor, aprile 2007. In aggiunta alle fonti citate nelle note al capitolo 4, può essere utile anche una collezione di atti dei congressi datati a partire dall'11 ottobre 2007: American Enterprise Institute Conference, *Deflating the Housing Bubble II*, disponibili sul sito www.aei.org. Le previsioni citate provengono principalmente dalla stampa finanziaria: ho cercato di tenerle aggiornate il più possibile mentre il libro andava in stampa. Per le diverse politiche d'indebitamento tra le banche commerciali e d'investimento vedere Tobias Adrian e Hyun Song Shin, *Liquidity and Leverage*, settembre 2007, presentato per la prima volta alla Sixth BIS Annual Conference, *Financial Systems and Macroeconomic Resilience*, 18-19 giugno 2007. I dati sui CMBS vengono da *Commercial Mortgage Alert*, la bibbia dell'industria. Vedere in particolare il numero del 16 novembre 2007. Per un buon riassunto sui *monolines* vedere Gillian Tett, *Downgrade Fears Dog Monolines*, "Financial Times", 8 novembre 2007. L'analisi del mercato dei Credit Default Swap si basa su Ted Seides, CFA (Chartered Financial Analyst), *The Next Dominos: Junk Bond and Counterparty Risk*, che in origine si trovava nella newsletter di Peter Bernstein *Economics and Portfolio Strategy*, riportata poi nella newsletter di John Mauldin *Outside the Box*, 26 novembre 2007. Tutti i dati nella tabella della mia stima delle perdite provengono da fonti citate in altre parti di questo libro. Per il Center on Audit Quality vedere *Measurements of Fair Value in Illiquid (or Less Liquid) Markets*, 3 ottobre 2007, documento disponibile al centro.

Per quanto riguarda Hyman Minsky vedere Martin H.Wolfson, *Minsky's Theory of Financial Crises in a Global Context*, "Journal of Economic Issues", 1° giugno 2002. Il passaggio sui leverage qui segue da vicino il prospetto di una presentazione di Andrew Sheng alla Tenth Annual International Banking Conference, Federal Reserve Bank of Chicago, 27-28 settembre 2007. I dati sugli asset finanziari e derivati vengono dalle Statistical Appendices al *Global Financial Stability Report*, IMF, aprile 2007. Ho anche approfittato moltissimo delle chiacchierate con Satyajit Das, che ha partecipato a numerose sue presentazioni.

CAPITOLO 7
Chi vince e chi perde

I dati sulla produttività sono stati raccolti dall'International Labor Organization delle Nazioni Unite; vedere, ad esempio, CNNMoney.com, *U.S. Workers: World's Most Productive*, 3 settembre 2007. La storia della Travelport è tratta da Ianthe Jeanne Dugan, *How a Blackstone Deal Shook Up a Work Force*, "Wall Street Journal", 27 luglio 2007. Per la natura dei tassi di private equity vedere Andrew Metrick e Ayako Yasuda, *The Economics of Private Equity Funds*, University of Pennsylvania, Wharton School, Dipartimento di finanza, 9 settembre 2007. Questo saggio è stato ampiamente riportato anche dalla stampa finanziaria, come ad esempio in Tracey Tennille, *It's the Fees, Not the Profits*, "Wall Street Journal", 13 settembre 2007.

I dati sulle tasse sono di Emmanuel Saez e Thomas Piketty, *Income Inequality in the United States, 1913-1998*, pubblicato inizialmente nel "Quarterly Journal of Economics" 118, n. 1, 2003, 1-39. Le tabelle e le figure aggiornate fino al 2005 si possono scaricare in formato Excel dal sito http://elsa.berkeley.edu/~saez. I calcoli di questa sezione sono miei; i dati comprendono anche i proventi dei capital gains (che stranamente non fanno molta differenza). Per il punto di vista di Alan Reynolds vedere il suo *The Truth about the Top 1%*, "Wall Street Journal", 25 ottobre 2007, e *Has U.S. Income Inequality Really Increased?*, "Policy Analysis No. 586", Cato Institute, 8 gennaio 2007. Le citazioni di Reynolds si trovano tutte nell'articolo del "Wall Street Journal", tranne la frase sulla "massa delle entrate", che proviene da pagina 7 dello studio del Cato Institute. La stima delle quote dei programmi di trasferimento destinati in particolare ai poveri è mia e si basa sui prospetti dettagliati contenuti in *The President's Budget, FY 2008 Budget Proposals, Other Materials*. I dati sulla distribuzione dei beni di lusso provengono da Arthur B. Kennikell, *Currents and Undercurrents: Changes in the Distribution of Wealth, 1989-2004*, Finance and Economics Discussion Series 2006, 13, Federal Reserve System, agosto 2006: vedere in particolare la tabella a pagina 29. Per la distribuzione delle agevolazioni fiscali per i dipendenti vedere Peter Orszag e Robert Greenstein, *Toward Progressive Pensions: A summary of the U.S. Pension System and Proposals for Reform*, Pension Rights Center, 2001, 10. Per la cronaca, Reynolds sostiene anche che molti dei profitti delle obbligazioni a rendimento più alto derivano dal fatto che le entrate non sono più state dichiarate come redditi dell'azienda, ma come redditi di privati, di soci, proprietari ecc., in modo da poter approfittare della tassazione più bassa. Anche se giudica correttamente il passaggio che è avvenuto, è anche vero che, nonostante le apparenze, il Bureau of Economic Analysis riferisce di alcune aziende che hanno comunque avuto guadagni da record. L'analisi di Kennikell sulla distribuzione dei beni finanziari delle aziende mostra che la quantità di obbligazioni a rendimento più alto provenienti dalle aziende continuavano a crescere rapidamente, nonostante i guadagni fossero passati a forme private. La tesi di Reynolds, che il passaggio delle entrate abbia gonfiato i profitti delle obbligazioni, implica che il valore dei beni delle aziende stesse crollando in modo considerevole, cosa che sembra piuttosto improbabile.

Il discorso di Bernanke è in Ben S. Bernanke, *Speech before the Greater Omaha Chamber of Commerce, Omaha, Nebraska*, Federal Reserve System, 6 febbraio 2007. Lo studio a cui faccio riferimento nel testo è David Autor, Lawrence Katz e Melissa Kearney, *Trends in U.S. Wage Inequality: Revising the Revisionists*, NBER, marzo 2007. Altri saggi utili al riguardo sono: Claudia Goldin e Lawrence F. Katz, *Long-Run Changes in the U.S. Wage Structure: Narrowing, Widening, Polarizing*, "Working Paper No. 13568", NBER, novembre 2007; Ian Dew-Becker e Robert J. Gordon, *Where Did the Productivity Growth Go? Inflation Dynamics and the Distribution of Income*, "Working Paper No. 11842", NBER, dicembre 2005 (che evidenzia i guadagni esorbitanti degli amministratori delegati "di grido" e dei manager di hedge fund); Wojciech Kopczuk *et al.*, *Uncovering the American Dream: Inequality and Mobility in Social Security Earnings Data Since 1937*, "Working Paper No. 13345", NBER, agosto 2007 (uno studio a lungo termine che registra un netto incremento dell'ineguaglianza dopo il 1970 e che mostra come l'aumento della mobilità dei salari delle donne negli ultimi decenni nasconda il calo della mobilità dei salari degli uomini); Flavio Cunha e James J. Heckerman, *The Evolution of Inequality, Heterogeneity and Uncertainty in Labor Earnings in the U.S. Economy*, "Working Paper No. 13526", NBER, ottobre 2007 (che documenta la crescita dell'incertezza dei guadagni nei gruppi a basso reddito). La citazione di Lindsey è presa da Brink Lindsey, *The Age of Abundance: How Prosperity Transformed America's Politics and Culture*, Collins, New York 2007, 329. La frase di Adam Smith è citata in David Cay Johnston, *Free Lunch: How the Wealthiest Americans Enrich Themselves at Government Expense (And Stick You with the Bill)*, Portfolio, New York 2007, 283 (i miei ringraziamenti a Johnston per avermi prestato una bozza del suo libro. I numeri delle pagine citate potrebbero differire nella versione finale).

Per la storia della Sallie Mae vedere David Cay Johnston, *Free Lunch*, 151-57. I dati sui profitti provengono dai resoconti annuali della SLM. Vedere anche il sito www.studentloanjustice.org. Ho verificato i dettagli sulle procedure dell'industria anche con un ex dirigente della My Rich Uncle, un concorrente e critico della SLM. Il titolo dello studio del CBO sui sussidi è *Subsidy Estimates for Guaranteed and Direct Student Loans*, novembre 2005. Vedere anche Kate Sabatini e John S. Irons, *Student Loans in Bush's Budget: Government Will Continue to Pay Billions to Banks*, Center for American Progress, febbraio 2006 (per ottenere la cifra di 4,50 dollari ho aggiunto alla stima del sussidio preventivato anche il costo amministrativo supplementare del programma). Per quanto riguarda il discorso sulla Previdenza Sociale, le mie fonti principali sono i resoconti annuali, per i rispettivi anni, dei consigli d'amministrazione dell'OASDI (Old age, survivors and disability insurance, nome ufficiale della Previdenza Sociale); *Strengthening Social Security and Creating Personal Wealth for All Americans*, rapporto della Commissione presidenziale, dicembre 2001, praticamente una bozza della legislazione del governo federale; Peter A. Diamond e Peter R. Orszag, *Saving Social Security*, Brookings Institution, 2003, cioè il piano legittimato sia dal CBO che dall'attuario della Previdenza Sociale. L'articolo di Martin Wolf è *Why Banking Remains an Accident Waiting to Happen*, "Financial Times", 27 novembre 2007. Le regole dell'Atlanta Home Loan Bank e la frase sulle "caratteristiche predatorie" provengono da una lettera aperta di Richard A. Dorfman, presidente e amministratore delegato, pubblicata sul sito della banca il 28 novembre 2007, probabilmente in risposta alle critiche contro le transazioni della Countrywide. La frase di Schlesinger è tratta da Arthur M. Schlesinger Jr., *Arthur M. Schlesinger Sr.: «New Viewpoints in American History» Revisited*, "New England Quarterly" 61, n. 4, dicembre 1988, 483-501, p. 500.

CAPITOLO 8
Ritrovare l'equilibrio

Per i primi annunci di tagli vedere *S&P Correct: Global CDO Deals Exposed to Subprime RMBS Reviewed*, 10 luglio 2007. Per un'analisi ragionata ed esauriente dell'incessante aumento del rischio nel mondo bancario americano nelle generazioni passate vedere Arthur E. Wilmarth Jr., *The Transformation of the U.S. Financial Services Industry, 1975-2000: Competition, Consolidation, and Increased Risk*, "University of Illinois Law Review" 2002, n. 2, 216-476. Il passaggio sulle politiche per la salute fa stretto riferimento al capitolo sulla politica del mio recente *The Surgeons: Life and Death in a Top Heart Center*, Norton, New York 2007. Per un'eccellente analisi del lancio sul mercato dello stent cardiaco vedere *Drug-Eluting Stents: A Paradigm Shift in the Medical Device Industry*, "Case OIT-50", Stanford Graduate School of Business, 13 febbraio 2006.

GLOSSARIO

ABCP – Asset Backed Commercial Paper

L'ABCP è una forma di commercial paper (vedi alla voce) che è garantita da altre attività finanziarie. Gli ABCP sono in genere investimenti a breve termine, che maturano tra gli 80 e i 180 giorni, emessi da banche o altre istituzioni finanziarie per soddisfare necessità di finanziamento a breve termine. Sono stati largamente impiegati dalle "società veicolo" sponsorizzate dalle banche (vedi *Conduit* e SIV), che si finanziavano con carta commerciale a breve per investire i titoli a lungo termine rappresentativi del credito i quali costituivano la garanzia per gli ABCP. Tuttavia, nel 2007 e nel 2008 il valore di quei titoli è caduto. Di conseguenza non è stato possibile rinnovare quelli in scadenza. Ne è derivato un serio problema per le istituzioni finanziarie coinvolte, che, non potendosi più finanziare con la carta commerciale, hanno dovuto ricorrere alle linee di credito delle banche sponsor.

ABS – Asset Backed Securities

Si tratta di particolari titoli, simili alle obbligazioni, che derivano da operazioni di cartolarizzazione (vedi alla voce). Tali titoli corrispondono un interesse fisso o variabile e il rimborso del capitale, come le obbligazioni, grazie ai flussi finanziari provenienti da un pool di crediti che viene venduto, di solito da una banca, a una "società veicolo" (vedi *Conduit*) che emette le ABS. In particolare, se il pool di crediti sottostante è costituito da mutui ipotecari, le ABS prendono il nome di MBS (Mortgage Backed Securities) (vedi CMBS e RMBS). In altre parole le ABS sono titoli di debito aventi come garanzia sottostante flussi finanziari provenienti da particolari tipologie di crediti (quali crediti di leasing, prestiti personali al consumo, flussi finanziari derivanti dall'utilizzo delle carte di credito, polizze assicurative, e via dicendo). Le ABS sono uno strumento di trasferimento dei crediti e dei rischi connessi dai bilanci delle banche a prenditori terzi non bancari.

ABX
È un indice di prezzo di alcune categorie di ABS.

Agency Problem
Il cosiddetto Agency problem è il problema che si manifesta quando un soggetto (detto *principal*) affida a un altro soggetto (*agent*) un compito o un mandato in vista dei propri interessi. A motivo di un privilegio informativo dell'agente, questi può essere indotto a perseguire gli interessi propri anziché quelli del mandante, agendo in conflitto d'interessi. Ad esempio, un manager può appropriarsi a suo vantaggio di risorse della società, a danno degli azionisti. Soprattutto nella finanza, i casi di problemi di agenzia, ossia di conflitti d'interesse in pregiudizio degli investitori, sono pervasivi. In teoria vi potrebbero essere contratti ottimali, che, con appropriati incentivi, allineano gli interessi delle due parti.

Agenzia di rating
Agenzia specializzata nella valutazione del rischio di credito di un emittente di obbligazioni, ovvero di una obbligazione strutturata garantita da una pluralità di mutui ipotecari. Le maggiori agenzie di rating sono Moody's, Standard&Poor's, Fitch. Il massimo del rating è AAA (o una misura equivalente). Gli strumenti massimamente rischiosi sono classificati NI, ossia *non investment grade*. Gli statuti di molti investitori istituzionali vietano l'investimento in titoli con un rating al di sotto di una certa soglia. I rating possono essere modificati nel tempo, al rialzo o al ribasso.

ALT-A
Classe di mutui il cui profilo di rischio cade tra i cosiddetti "mutui prime" e i cosiddetti mutui "subprime". Tipicamente, chi sottoscrive questa tipologia di mutui ha una storia personale priva d'insolvenze, ma una bassa capacità di produrre redditi che consentano di far fronte al servizio del mutuo e un elevato rapporto fra valore del prestito e reddito. Questi mutui vengono concessi a un tasso intermedio fra i mutui prime e quelli subprime.

Arbitraggio
Operazione finanziaria che consiste nello sfruttare momentanee differenze di prezzo di beni o titoli identici fra diverse piazze, o in gene-

re differenze di prezzo non giustificate da fattori "fondamentali". Gli arbitraggi, che permettono di guadagnare senza rischio, sono dovuti a momentanee imperfezioni dei mercati. L'operare degli arbitraggisti riduce le differenza tra i prezzi di uno stesso bene o titolo, e, in pratica, aumenta l'efficienza del mercato. Tuttavia le operazioni di arbitraggio su un titolo sono esposte a un rischio di liquidità: uno shock improvviso può renderne impossibile la vendita senza subire perdite.

ARM – Adjustable Rate Mortgage

È un mutuo ipotecario a tasso variabile, ove il rischio di tasso d'interesse è trasmesso dal prestatore al creditore.

Basis points

Unità di misura corrispondente a un centesimo di punto percentuale, con cui si indicano le variazioni dei tassi d'interesse, dei cambi, dei rendimenti dei titoli di Stato e dei titoli obbligazionari.

Cartolarizzazione

Il processo di cartolarizzazione consiste nella trasformazione di un credito, o anche di flussi di cassa futuri, in un titolo obbligazionario. Per esempio, supponiamo che la banca abbia fra le sue attività un certo numero di prestiti immobiliari; la banca può decidere di cartolarizzarli, cioè di emettere dei titoli che hanno come garanzia quei mutui. Questi titoli sono poi venduti a investitori privati o istituzionali, e così la banca rientra dei soldi prestati ai mutuatari: i fondi che la banca ottiene possono essere usati per espandere la propria attività. I titoli cartolarizzati hanno, come le obbligazioni normali, una scadenza e un tasso di interesse, e il servizio del debito è legato ai rimborsi e ai pagamenti di interessi da parte degli originali mutuatari. La banca, oltre al vantaggio di mobilizzare quelle attività poco liquide, si viene a spogliare anche del rischio legato a quei mutui: il rischio è passato agli investitori. Le attività a fronte delle quali avviene la cartolarizzazione possono essere le più diverse: dai prestiti in sofferenza o incagliati ai prestiti ponte per operazioni di acquisizioni, ai mutui fondiari, ai crediti connessi alle carte di credito, ai prestiti agli studenti universitari (in USA, student loans), o a un portafoglio di "microprestiti" per gli acquisti di auto. Anche i Governi, a livello statale e locale, possono cartolarizzare: per esempio, in Italia l'Inps può cartolarizzare i crediti contributivi nei confronti delle aziende. Le cartolarizzazioni presentano modalità diverse per quanto riguarda il trasferimento di rischio. Nel caso dei mutui, ad esempio, allentano il rapporto fra il mutuante originario e il mutuatario e possono quindi portare, come è successo in America nel caso dei subprime, a una troppo facile concessione di prestiti immobiliari. Per attenuare questo problema si propone l'imposizione di un obbligo di mantenere nei bilanci dell'ente che cartolarizza una porzione dei titoli cartolarizzati, così da allineare gli interessi degli investors con quelli dell'emittente (vedi anche ABS e *Subprime*).

Cash flow – flusso di cassa

Nell'accezione più generale, per flusso di cassa si intende una movimentazione monetaria (in entrata o in uscita) legata a una transazione. I flussi di cassa relativi a un titolo obbligazionario, ad esempio, sono rappresentati dal prezzo di acquisto del titolo, in uscita, e, in entrata, dal flusso (opportunamente scontato) delle cedole corrisposte durante la vita del titolo e dal rimborso del capitale (entrate).

CBO – Collateralized Bond Obligation

I CBO sono titoli obbligazionari che rappresentano un pacchetto di obbligazioni, solitamente ad alto rischio e a basso rating o addirittura prive di rating. I CBO, d'altra parte, poiché hanno come valore sottostante una varietà di obbligazioni, offrono una diversificazione del rischio sufficiente da poter essere oggetto di rating. I CBO sono strutturati in modo simile ai CMO ma, diversamente da questi, rappresentano diversi livelli di rischio creditizio.

CDO – Collateralized Debt Obligation

I CDO fanno parte della famiglia degli ABS, e sono titoli che non sono sottoposti a regolamentazione sui mercati. Tipicamente l'emissione di CDO parte da una "società veicolo" (SPV, o special purpose vehicle) cui viene conferito un portafoglio complesso di mutui, solitamente ipotecari, residenziali e non, ma anche obbligazioni societarie ad alto rendimento, e altro. Il portafoglio include crediti di rischio diverso. Il CDO viene poi suddiviso in tranche. Quella più bassa e più esposta (*equity tranche*) assorbe il primo x% delle perdite del portafoglio; le tranches dette mezzanino assorbono le perdite successive; la tranche (*senior tranche*) subisce perdite solo se le perdite totali del portafoglio eccedono la quota assorbita da quelle inferiori. A motivo di questa protezione, la tranche senior ottiene solitamente il massimo rating, ossia la tripla A. Il rating scende mano mano per le tranche inferiori; la *equity tranche* è priva di rating. Naturalmente, più alto è il rating di una tranche, minore è il suo rendimento. Il grado di protezione di una tranche, e dunque il suo rating, è determinato in base a complesse valutazioni statistiche e matematiche compiute sugli asset sottostanti.

Esistono CDO al quadrato (e anche più) nel caso di portafogli composti da tranche di altri CDO. Le tranche di un CDO possono acquistare una copertura assicurativa per perdite dovute a insolvenze dei mutui sottostanti da apposite agenzie, per il tramite di CDS, o Credit Default Swaps. I CDO sintetici hanno come sottostante i CDS.

I CDO sono strumenti molto complessi e di difficile valutazione e dunque assai opachi. Non sono omogenei e, sia all'emissione sia successivamente, vengono trattati in transazioni bilaterali (*over the counter*), mancando un mercato ampio e spesso. Anche se il mercato dei CDO è grande, al momento della crisi la novità e la scarsa liquidità hanno condotto a paralisi delle negoziazioni e a incertezze nella valutazione una volta che le perdite di alcune delle componenti di questi titoli (per esempio, i prestiti subprime) hanno minacciato la protezione delle tranche più elevate.

CDS – Credit Default Swap

Strumento della più ampia famiglia dei derivati su crediti, che consente di trasferire il rischio di credito relativo a una determinata attività finanziaria sottostante (*reference obligation*) da un soggetto che intende acquisire copertura dal suddetto rischio (*protection buyer*) a un soggetto che intende prestarla (*protection seller*). Nel Credit Default Swap questi, a fronte di un premio periodico, si impegna a effettuare un pagamento finale al *protection buyer* in caso di insolvenza del debitore cui fa capo la *reference obligation*. Il Credit Default Swap è in effetti come una polizza di assicurazione. Se, per esempio, il valore dei titoli acquistati è di 100.000 euro (facciali), e il CDS è di 120 punti base, vuol dire che A deve pagare ogni anno 1200 euro per essere sicuro del rimborso. I CDS sono quotati in mercati *over the counter* (vedi voce): se il costo dovesse balzare, mettiamo, a 800 punti base, vuol dire che il mercato teme che il debitore avrà difficoltà a far fronte ai propri impegni.

Clearing house

Sono organismi (*clearing house*) che agiscono come mediatori delle transazioni e che operano come camera di compensazione di tutte le transazioni che avvengono sul mercato definendo le posizioni nette dei singoli operatori. Sono presenti nei mercati organizzati, come quello azionario e alcuni mercati dei derivati. Se opera come controparte centrale (ad esempio la cassa di compensazione e garanzia in Italia), intrattiene essa, e non le controparti, rapporti di credito e debito maturati dagli operatori sulle loro posizioni nette. Riduce pertanto i rischi di controparte, dando un importante contributo a un efficiente funzionamento dei mercati.

CLO – Collateralized Loan Obligation

Essenzialmente una forma di CDO in cui i prestiti sottostanti sono stati concessi dalle banche ad aziende di media/grande dimensione: recentemente soprattutto a operatori di private equity. I prestiti, poiché a rischio, sono cartolarizzati e proposti in tranche agli acquirenti in base a un rating. In genere alla base vi sono prestiti concessi ad aziende con alto indebitamento in rapporto al fatturato – tipicamente perché frutto di leveraged buyout (vedi alla voce) o perché l'azienda ha ottenuto prestiti per acquisire altre aziende.

CMBS – Commercial Mortgage Backed Securities

Queste obbligazioni appartengono all'area delle Asset Backed Securities (ABS). Si tratta di titoli cartolarizzati che hanno come valori sottostanti prestiti immobiliari concessi per acquisto di costruzioni non residenziali (uffici, fabbriche, centri commerciali ecc.). Come per le altre ABS, vi sono rischi di credito (la possibilità che il debitore ultimo fallisca) e rischi di liquidità (la possibilità che il titolo diventi illiquido perché il mercato, come è successo in molti casi nel 2007-2008, venga paralizzato dall'incertezza sull'effettivo valore dei titoli).

CMO – Collateralized Mortgage Obligation

Il CMO è uno strumento finanziario creato nel 1983 dalle banche d'investimento Salomon Brothers e First Boston per Freddie Mac, special purpose entity (vedi *Conduit*), del tutto separata dalla istituzione che ha generato i mutui ipotecari sottostanti al CMO. Quei mutui, e i mutui di cassa che essi generano, rappresentano una garanzia per l'investitore.

Commercial paper

Sebbene sia spesso usata come sinonimo di polizza di credito commerciale, con l'espressione commercial paper si indica uno strumento del mercato monetario il cui documento rappresentativo è costituito da un "pagherò cambiario". È stato ampiamente usato per finanziare, a breve, gli investimenti in CDO, e in genere in ABS, compiuti da veicoli fuori bilancio sponsorizzati dalle banche (SIV, o Structured Investment Vehicles), che in tal modo acquisivano attività a scadenza lunga, e spesso illiquide, con passività liquide a breve termine. La specie usata a tal fine è quella dei RMCP (Residential Mortgage Commercial Paper), garantiti dalle obbligazioni di credito in portafoglio. Quando il valore di queste è crollato, la fonte di provvista delle SIV si è essiccata, rendendo necessario l'intervento delle banche sponsor.

Conduit

Il conduit è conosciuto anche come special purpose entity, special purpose vehicle o "società veicolo". Si tratta di un ente societario creato per uno scopo specifico, di solito – ma non sempre – da un istituto finanziario. Per esempio, se una banca vuole cartolarizzare una serie di prestiti immobiliari, conferisce questi prestiti a una "società veicolo" appositamente creata, e su questa base di attività la nuova società emette i titoli cartolarizzati. Al di fuori della finanza, possono essere creati conduit per altri scopi. È essenziale che questi conduit non abbiano legami formali con la casa madre, altrimenti verrebbero riconosciuti come parte integrante del gruppo e i loro bilanci dovrebbero essere consolidati, impedendo il trasferimento del rischio e l'alleggerimento dei requisiti di capitale. Questa separazione viene meno se la banca sponsor è costretta, per impegni espliciti o reputazionali (evitare la brutta figura di far fallire una società a essa riconducibile), ad attivare una linea di credito, che deve comparire in bilancio: come è appunto avvenuto con la crisi del 2007-2008.

Contratto a termine (forward)

Con un contratto a termine (o forward) due controparti si impegnano a scambiarsi a scadenza, a prezzi prefissati, uno specifico bene, titolo, valuta o qualsiasi altro strumento finanziario. In gergo, si dice che chi acquista assume una posizione lunga (al rialzo) e chi vende assume una posizione corta (al ribasso). A differenza dei contratti future, che sono negoziati con regolamentazioni ben delineate, i contratti forward sono accordi non standardizzati tra privati.

Credit crunch

Vuol dire "stretta creditizia", e può emergere dagli spontanei anda-
menti dell'economia o essere provocata dalle autorità monetarie. Si
ha il primo caso quando le banche, preoccupate dalla solvibilità dei
creditori, o dovendo ridurre il proprio attivo a motivo di una sua svalutazione e di carenza di capitale, concedono prestiti a condizioni più
rigide aumentando i tassi o chiedendo più garanzie. Si ha il secondo
caso quando la politica monetaria delle banche centrali diviene più
restrittiva. Il credit crunch al quale ora assistiamo è del primo tipo:
sono le banche a inasprire le condizioni di credito perché il loro capitale è stato eroso dalle minusvalenze dovute alla crisi dei mutui.

Fannie Mae e Freddie Mac

Fannie Mae, la Federal National Mortgage Association (FNMA),
fu creata nel 1938 come agenzia governativa sia per concedere mutui
ipotecari "qualificati", sia per acquistare mutui fondiari concessi da
altri soggetti, finanziandoli con l'emissione di obbligazioni. Fannie
Mae fu privatizzata nel 1968, divenendo di proprietà di azionisti
privati. Ginnie Mae, la Government National Mortgage Association
(GNMA), nacque dalle costole di Fannie Mae durante la privatizzazione di quest'ultima, per garantire particolari classi di mutui. Diversamente da Fannie e Freddie, le sue obbligazioni sono garantite dal
governo federale. Freddie Mac, la Federal Home Loan Mortgage
Corporation (FHLMC), fu creata nel 1970 per impedire che Fannie
agisse in condizioni di monopolio. Le tre sono ufficialmente definite
"entità sponsorizzate dal governo": la presunzione è sempre stata
che esse godessero di una garanzia implicita dell'amministrazione
federale.

Fondi comuni d'investimento

Sono patrimoni autonomi, privi di personalità giuridica, suddivisi
in quote di pertinenza dei partecipanti, la cui gestione è affidata ad
apposite società (in Italia SGR – Società di gestione del risparmio), che
ne curano l'investimento, con alcune limitazioni, in strumenti finanziari, crediti o altri beni immobili o mobili. Il patrimonio del fondo è
distinto sia da quello della società di gestione sia da quello dei partecipanti e deve essere depositato presso una banca.

I fondi comuni d'investimento immobiliari sono fondi d'investimento chiusi, cioè in cui il rimborso delle quote viene garantito ai

partecipanti solo a scadenze predeterminate, che investono in immobili, diritti reali immobiliari e partecipazioni in società immobiliari.

Fondi sovrani

Sono denominati fondi sovrani i fondi di investimento controllati direttamente dai governi di alcuni paesi, che vengono utilizzati per investire in strumenti finanziari (azioni, obbligazioni, immobili), i surplus fiscali o le riserve di valuta estera. I fondi sovrani sono nati soprattutto nei paesi forti esportatori di petrolio: Emirati Arabi Uniti, Qatar, Norvegia, ma anche Singapore, dove, grazie al notevole surplus fiscale, il governo ha costituito il fondo Temasek, uno dei primi nati e uno dei più attivi, soprattutto nelle imprese del Sud-Est asiatico. Molto attivi sono anche i fondi sovrani di Abu Dhabi e quello di Dubai, che detiene una quota del 5% nella Ferrari. La Cina dispone di ingenti riserve di valuta estera, grazie al suo notevole surplus commerciale, in gran parte investite in titoli di Stato statunitensi. Nel 2007 è stato costituito il China Investment Corporation, un fondo d'investimento con una dotazione di 200 miliardi di dollari attivo sul mercato azionario; fra i maggiori investimenti del neonato fondo è stato l'acquisto di una quota pari a circa il 10% del gestore di *private equity* Blackstone, cui ha fatto seguito l'investimento da 5 miliardi di dollari nella banca Morgan Stanley. La crisi dei mutui subprime che ha messo in difficoltà molte banche americane ha fatto emergere il peso crescente dei fondi sovrani, intervenuti con i loro capitali in istituti come Citigroup, UBS, Merrill Lynch e Barclays. La nascita di un fondo sovrano cinese, l'accresciuta importanza di quelli arabi e i possibili investimenti da parte di fondi russi hanno destato preoccupazioni in Europa e negli USA per le possibili interferenze da parte di governi stranieri (e non democratici) sulla gestione delle industrie. La Commissione Europea ha chiesto ai governi nazionali di fissare i settori "strategici" per la sicurezza nazionale nei quali introdurre restrizioni agli investimenti da parte dei fondi sovrani.

Future

È un contratto a termine standardizzato e negoziabile, che dà diritto all'acquisto di una attività finanziaria in una data futura a un prezzo prefissato (prezzo d'esercizio o *strike price*). Caratteristica fondamentale del future è il cosiddetto "effetto leva", capace di amplificare notevolmente i guadagni, ma allo stesso tempo esponendo chi ne fa utilizzo a rischi di perdite altrettanto elevate. I mercati dei future hanno origini antiche che si possono far risalire al Medioevo, quando servivano a soddisfare le necessità di agricoltori e mercanti (vale a dire che i primi contratti di questo tipo erano basati su merci). Il primo contratto ufficiale di tipo future trovò applicazione a Chicago nel 1848, proprio con riferimento ai prodotti agricoli. Caratteristica dei contratti future è che le posizioni aperte vengono riprezzate attraverso un meccanismo detto di marking to market (vedi voce): la posizione aperta in acquisto o in vendita è ricalcolata sulla base del prezzo corrente: ciò determina addebiti o accrediti di margini a seconda della posizione aperta – in pratica chi investe sui future deve ogni giorno saldare le perdite o incassare i guadagni in base all'andamento del prezzo, al contrario di quanto avviene per un normale contratto forward dove guadagni e perdite sono saldati solo alla data di scadenza. Gli operatori che intervengono sul mercato dei future possono sommariamente essere classificati come: *hedger* (vedi voce), *speculatori* (vedi voce) e *arbitraggisti* (vedi voce).

Hedge fund

Sono fondi non regolamentati, il cui patrimonio può essere investito in qualunque tipologia di attività indicate nel regolamento, assumendo anche posizioni corte e in deroga alle norme prudenziali di contenimento e frazionamento del rischio. Obiettivo di questi fondi è conseguire il rendimento più alto tra quelli consentiti dai mercati finanziari senza alcuna preclusione per quel che riguarda sia le aree d'investimento sia il tipo di strumento finanziario. L'accesso agli hedge fund è limitato ai clienti facoltosi, e pertanto non ritenuti bisognosi di protezione, a motivo di un limite minimo di investimento, solitamente assai elevato. Gli hedge fund operano di solito con una leva finanziaria (rapporto fra valore dell'attivo e capitale del fondo) assai elevata. Fanno grande uso di derivati.

Hedging

Con il termine di hedging si fa riferimento, in ambito finanziario, a una strategia d'investimento disegnata per ridurre il profilo di rischio mediante l'utilizzo di strumenti derivati quali opzioni, vendite allo scoperto e contratti future e forward.

L'utilizzo di tali strumenti finanziari consente di ridurre la volatilità di un portafoglio riducendo di conseguenza la possibilità di perdite.

Una strategia di hedging può inoltre permettere di assicurarsi una performance predeterminata anche in presenza di movimenti di mercato opposti a quelli previsti.

Indice azionario

Gli indici azionari sono la media ponderata del valore di un paniere di titoli azionari rappresentativi della capitalizzazione della borsa. Esistono differenti metodologie di calcolo degli indici, a seconda della ponderazione che viene attribuita alle azioni del paniere.

Fra i principali indici mondiali ricordiamo gli americani S&P 500 e Nyse Composite, l'italiano S&P Mib, l'inglese FTSE 100, il CAC 40 (Francia), il DAX 30 (Germania) e il Topix (Giappone). Tra i pochi indici price weighted rimasti, i due più importanti sono il Dow Jones (USA), l'indice di borsa più antico della storia, e il Nikkei 225 (Giappone).

Gli indici azionari possono essere classificati anche in base al settore industriale cui fanno riferimento i titoli presenti nel portafoglio (ad esempio gli indici Stoxx settoriali) o alla zona geografica cui appartengono (ad esempio indici MSCI). La quasi totalità degli indici è calcolata sulla base del puro prezzo di mercato.

Interest spread (differenziale di rendimento)

È la differenza fra il rendimento di un qualsiasi titolo e quello di un titolo ritenuto privo di rischio, quale è il titolo emesso da uno Stato sovrano, o fra il tasso di interesse su un prestito e un tasso ufficiale, a parità di denominazione valutaria e di scadenza. Il differenziale e il suo movimento nel tempo sono un indicatore dell'apprezzamento del rischio del titolo, o del prestito, e della sua variazione. Ad esempio, in condizioni di turbolenza finanziaria aumenta solitamente lo spread fra il rendimento dei titoli emessi da paesi emergenti e quelli del Tesoro americano; o quello emesso dai paesi finanziariamente più deboli della zona dell'euro (ad esempio i BTP italiani) e l'equivalente titolo emesso dalla Germania (il Bund); o quello fra le obbligazioni emesse dai privati e i titoli di Stato. Nella presente crisi finanziaria ha assunto grande importanza lo spread fra i tassi interbancari, che sono quelli a cui le banche si prestano reciprocamente fondi non garantiti a breve termine (da un giorno a sei mesi), e il tasso di riferimento fissato dalle autorità monetarie: il forte aumento verificatosi in quello spread ha "misurato" la crescente sfiducia reciproca fra le banche, ciascuna timorosa di una possibile insolvenza dell'altra.

LBO – Leveraged Buyout

Il leveraged buyout o LBO è una particolare tipologia di operazione di acquisizione di una società con l'impiego di una elevata leva finanziaria. Il debito contratto viene generalmente poi ripagato o con i flussi di cassa generati dall'impresa acquisita o vendendo rami dell'azienda (o business unit non strategiche). In questo secondo caso si parla anche di break-up. La nuova società avrà un indebitamento finanziario maggiore, quindi tale strumento si dovrebbe applicare con società target caratterizzate da un basso grado di leva finanziaria, e con un'alta capacità di produrre cash flow, per ripagare gli oneri finanziari aggiuntivi.

Leva finanziaria (leverage)

Rapporto tra il valore delle posizioni nette attive in strumenti finanziari (prestiti o titoli) e il valore del patrimonio. Nel caso delle banche la leva è sempre superiore all'unità, poiché le banche finanziano i loro impieghi con le passività costituite dai depositi, dalle obbligazioni emesse e da altre forme di finanziamento. Più in generale la leva finanziaria misura il rapporto fra esposizione al rischio e patrimonio: numerosi strumenti finanziari derivati hanno, in questo senso, una forte leva finanziaria implicita (*embedded leverage*), come avviene ad esempio nel caso delle opzioni.

Il ricorso a un leverage elevato è caratteristico di numerose entità finanziarie non regolate, quali gli hedge fund e i veicoli fuori bilancio delle banche, i quali, in periodo di abbondanza di credito e di euforia finanziaria, si indebitano fortemente a breve per investire a lungo termine (con un leverage spesso superiore a 10:1), per ottenere un effetto moltiplicativo dalla differenza tra la redditività del capitale investito e il costo del denaro.

Nel caso di entità finanziarie regolate (come i fondi comuni d'investimento) il contratto con l'investitore deve indicare se l'intermediario è autorizzato a fare uso, in relazione alle caratteristiche della gestione prescelta, della leva finanziaria e in che misura.

L'uso di una elevata leva finanziaria può provocare, in caso di risultati negativi della gestione o quando cada improvvisamente il valore dell'attivo, situazioni di difficoltà, quali si sono manifestate con evidenza nel corso della presente crisi. Le istituzioni coinvolte sono costrette a una brusca riduzione del leverage (*deleveraging*) con una riduzione delle poste in bilancio e, nel caso di banche, con una riduzione del credito (*credit crunch*).

Leveraged Buyout – vedi **LBO**

Mark-to-market

È un'applicazione del criterio detto del *fair value* alla contabilità: vuol dire valutare le attività in base ai prezzi di mercato anziché al costo storico. Nell'ottica di stabilire la "verità dei bilanci" e renderla trasparente i principi contabili solitamente impongono di usare il mark-to-market per valutare attività e passività finanziarie. Rispetto ai vantaggi di attendibilità e di trasparenza, il criterio del mark-to-market può esasperare la volatilità dell'attivo, con effetti pro-ciclici, in periodi di forti aumenti o forti cali dei prezzi degli strumenti finanziari.

Obbligazione

L'obbligazione (il termine inglese è *bond*) è un titolo di credito emesso da società o enti pubblici che attribuisce al possessore il diritto al rimborso del capitale più un interesse. Di solito, il rimborso del capitale avviene, alla scadenza, al valore nominale e in un'unica soluzione, mentre gli interessi sono liquidati periodicamente (trimestralmente, semestralmente o annualmente). Il tasso d'interesse corrisposto può essere fisso o variabile, in relazione a un parametro di riferimento: per esempio, il tasso interbancario più un margine nel caso di mutui fondiari a tasso variabile; o il costo della vita.

Opzione

Contratto a premio che conferisce il diritto, ma non l'obbligo, per l'acquirente di acquistare (opzione *call*) ovvero vendere (opzione *put*), alla o entro la data di scadenza, una determinata attività finanziaria o reale a un prezzo acquisito (prezzo di esercizio o *strike price*). Il diritto è rilasciato dal venditore (*writer*) all'acquirente (*holder*) contro pagamento di un premio che costituisce il prezzo dell'opzione. Quando l'epoca di esercizio della facoltà è unica, l'opzione è di tipo cosiddetto europeo; qualora, invece, sia prevista la possibilità di esercizio della facoltà in qualunque momento tra l'acquisto dell'opzione e la scadenza della stessa, l'opzione è di tipo cosiddetto "americano".

Il prezzo dell'opzione è calcolato in base a una formula complessa (di Myron e Scholes), in cui ha grande importanza la volatilità del titolo sottostante.

Le opzioni servono in prevalenza come strumento di copertura: ad esempio chi ha una posizione "lunga" su un titolo azionario può coprirsi con un'opzione *put* (in vendita) sull'indice per ammortizzare gli effetti di un calo delle quotazioni.

Il rischio del compratore di una *call* è limitato al premio pagato per l'acquisto: se il prezzo della azione (o della merce) cade al di sotto del prezzo di esercizio il compratore perderà solo il premio. Il beneficio potenziale, in caso di aumento del prezzo di mercato al di sopra di quello d'esercizio, è invece illimitato e pari alla differenza fra i due prezzi. Al contrario, per il venditore di *call* il beneficio è limitato al premio, mentre la perdita è potenzialmente illimitata. Simmetricamente all'opzione *call*, con l'opzione *put* il venditore può perdere un multiplo del premio (quando il prezzo dello strumento sottostante sale al di sopra del prezzo d'esercizio), mentre per il compratore, che può perdere solo il premio, il beneficio è potenzialmente illimitato.

Over the counter – OTC

Si tratta di un termine che nasce dall'abitudine di rimanere nei dintorni di Wall Street per trattare affari nei bar (sul bancone, *counter*, appunto). Lì avveniva la negoziazione di titoli che non erano presenti nei circuiti ufficiali di borsa (oggigiorno le contrattazioni *over the counter* avvengono per via telefonica o telematica). I mercati *over the counter* (OTC) non hanno contratti e modalità di compravendita standardizzati e non sono legati a una serie di norme (ammissioni, controlli, obblighi informativi...) che regolamentano i mercati ufficiali; sono anche privi di una infrastruttura (*clearing e settlement*) che assicuri la sistemazione giornaliera delle posizioni. I titoli negoziati OTC e non su un mercato soffrono di scarsa liquidità a motivo dell'assenza di una pluralità di compratori e di venditori. La gran parte dei titoli legati al credito (ABS, CDO, ecc.) sono trattati solo OTC. Lo stesso vale per la gran parte degli strumenti derivati, come i CDS.

Portafoglio

Un portafoglio è un insieme di attività finanziarie posseduto da un investitore. Un portafoglio può essere concentrato su una o poche attività, o diversificato, fra molte. Data la combinazione fra rischio e rendimento prescelta dall'investitore, esistono portafogli ottimali. La diversificazione riduce il rischio.

Price/earning ratio o P/E

Indice dato dal rapporto tra la quotazione di un titolo e l'utile per azione. Viene utilizzato dagli operatori finanziari per valutare la redditività dell'investimento in un dato titolo quotato. Corrisponde al reciproco del rendimento di un titolo. Se, per esempio, il *price/earning ratio* di un'azione è pari a 15 (occorrono 15 anni di questi utili per recuperare il capitale investito al momento dell'acquisto dell'azione), il P/E è di 1/15 = 6,7%. Quando l'indice è basso il titolo è sottovalutato, quando è alto il titolo è sopravvalutato. Il P/E ha notevoli limiti come indicatore della redditività a medio termine, poiché deve supporre che gli utili correnti siano una valutazione corretta anche di quelli futuri.

Private equity

Investimento da parte di soggetti specializzati, in special modo fondi, in società quotate e non. I fondi di venture capital acquisiscono quote di imprese in fase di start-up. L'operatore di private equity è un soggetto che finanzia piccole società con buone prospettive di sviluppo, con l'intento di farle crescere e poi smobilitare le sue partecipazioni a prezzi più elevati. I grandi operatori di private equity oggi acquisiscono quote di controllo di grandi società per ristrutturarle e a volte per smembrarle. L'acquisto avviene con una forte leva finanziaria, soprattutto attraverso la concessione di prestiti ponte da parte delle banche, che saranno restituiti sfruttando il valore estratto dalla società acquisita.

Pronti contro termine

Operazione mediante la quale un soggetto vende a pronti una determinata quantità di titoli o valuta e contemporaneamente si impegna ad acquistare a un termine convenuto con la medesima controparte la stessa quantità di titoli a un prezzo stabilito.

Rischio

Il rischio è un concetto connesso con le aspettative. Indica un potenziale effetto negativo sul valore di un bene che può derivare da determinati processi in corso o da determinati eventi futuri. Nel linguaggio comune, *rischio* è spesso usato come sinonimo di probabilità di perdita. La valutazione del rischio combina la probabilità del verificarsi di un evento con l'impatto che questo evento potrebbe avere. Una valutazione del rischio misurata in base alla probabilità di un evento (ad esempio di insolvenza del debitore di un'obbligazione) e alla variabilità richiede una conoscenza della curva di distribuzione: che può essere imperfetta se si basa su una storia passata che sottovaluta accadimenti futuri (come è avvenuto nel caso delle probabilità di insolvenza dei mutui americani). Un investitore può avere una diversa propensione per il rischio (alta o bassa). In periodi di euforia finanziaria aumenta la propensione al rischio (o appetito per il rischio), che molto spesso si manifesta in una sottovalutazione del rischio.

RMBS – Residential Mortgage Backed Securities

Queste obbligazioni appartengono all'area delle Asset Backed Securities (ABS): si tratta di titoli cartolarizzati che hanno dietro prestiti immobiliari concessi per acquisto di edifici residenziali. Le emittenti sono "società veicolo" create dalle banche, e i titoli sono segmentati secondo il grado di rischiosità. Come per le altre ABS, vi sono rischi di credito (la possibilità che il debitore ultimo fallisca) e rischi di liquidità (la possibilità che il titolo diventi illiquido perché il mercato, come è successo in molti casi nel 2007-2008, viene paralizzato dall'incertezza sull'effettivo valore dei titoli).

SIV – Structured Investment Vehicle

Il SIV è un fondo che si indebita a breve sul mercato del commercial paper (vedi ABCP) e usa questi fondi per comperare titoli a lungo termine (ABS, CMBS, RMBS e altri titoli cartolarizzati). La differenza fra il rendimento di questi ultimi e il costo (più basso) del finanziamento a breve rappresenta l'utile del SIV. I titoli lunghi in portafoglio del SIV possono tuttavia perdere di valore, fino a scendere al di sotto delle passività (la "carta commerciale" emessa dal SIV) e così il SIV può diventare insolvente. C'è poi anche un rischio di liquidità: il SIV deve rinnovare continuamente i suoi debiti a breve e i mercati che lo riforniscono possono paralizzarsi se c'è una crisi di fiducia; e la stessa crisi può paralizzare i mercati dei titoli lunghi, impedendo al SIV di vendere questi ultimi per far fronte ai suoi impegni a breve.

Società veicolo – vedi **Conduit**

Special purpose entity – vedi **Conduit**

Special purpose vehicle – vedi **Conduit**

Speculazione

La speculazione è l'attività dell'operatore che entra sul mercato nel momento presente, assumendo posizioni il cui esito, positivo o negativo, dipenderà dal verificarsi o meno di eventi aleatori su cui egli ha formulato delle aspettative. Se le aspettative sono corrette, l'operazione speculativa produrrà un profitto, nel caso contrario si avrà una perdita. Sovente nell'attività speculativa il valore atteso non si fonda su stime statistiche robuste, o quantomeno significative, ma deriva da una attività previsiva puramente soggettiva. Comunque le operazioni speculative sono solitamente a rischio elevato con la prospettiva di altrettanto grossi guadagni. La speculazione può essere stabilizzante, quando contribuisce ad attenuare i movimenti di mercato, destabilizzante in caso contrario.

Strumenti derivati

Strumenti finanziari i cui valori dipendono dal valore (prezzo) di un'altra attività sottostante. Le due principali categorie di derivati sono: a) i contratti a termine, che vincolano entrambe le parti all'acquisto o alla vendita o allo scambio di determinate quantità di uno strumento finanziario a un prezzo prefissato e a una determinata data (fanno parte di questa categoria i future, i forward e gli swap); b) contratti di opzione, che danno all'acquirente il diritto ma non l'obbligo di comprare una quantità determinata di un'attività finanziaria o reale a un prezzo prefissato a una data stabilita o entro una data specifica.

I titoli derivati hanno raggiunto recentemente una diffusione enorme nel mondo grazie alla globalizzazione dei mercati, all'innovazione finanziaria e alla contestuale introduzione dei computer per la trasmissione degli ordini. Esistono derivati strutturati per ogni esigenza e basati su qualsiasi variabile. Gli utilizzi principali sono: arbitraggio, speculazione e copertura (detta hedging). Le variabili alla base dei titoli derivati sono dette attività sottostanti e possono avere diversa natura: azioni, obbligazioni, indici, una commodity come il petrolio o anche un altro derivato. I derivati sono oggetto di contrattazione soprattutto *over the counter* (vedi), in mercati di solito non regolamentati.

Subprime

Nel linguaggio americano i prestiti subprime sono i prestiti immobiliari di peggiore qualità, in quanto concessi a soggetti con elevato rischio di insolvenza: con precedenti episodi di insolvenza, con capacità di reddito basse o neppure accertate, privi di altri cespiti di ricchezza. La concessione di mutui subprime negli Stati Uniti è fortemente aumentata grazie sia all'innovazione finanziaria, che consentiva alle istituzioni che concedevano i mutui di trasferire il rischio di credito impacchettandolo in strumenti finanziari ceduti a terzi (vedi ABS, CDO), sia alle condizioni di abbondante liquidità, che favorivano un'espansione del credito. L'aumento delle insolvenze dei debitori subprime ha innescato la crisi finanziaria.

Swap

Accordo tra due parti che si impegnano a scambiarsi periodicamente flussi di cassa in entrata o in uscita calcolati secondo modalità prestabilite. Il caso più classico è quello dell'*interest rate swap* (IRS), in cui due parti si scambiano periodicamente flussi di cassa (vedi *cash flow*) calcolati come interessi a tasso fisso e interessi a tasso variabile su un capitale nozionale prestabilito. Ad esempio: chi compra un IRS paga periodicamente un tasso fisso (si ponga il 5%) e ottiene dalla controparte un tasso variabile (si ponga il tasso interbancario). La finalità di questo strumento è la gestione dei rischi finanziari (ad esempio: trasformando un debito a tasso fisso a tasso variabile o per cambiare la valuta degli interessi da pagare).

SWF – vedi Fondi sovrani

Tasso interbancario

Per sopperire a momentanei scompensi di cassa, per le banche c'è il mercato interbancario, in cui quelle che hanno un surplus di fondi li prestano a quelle che ne hanno bisogno. Ogni mattina le 50 principali banche europee devono comunicare i tassi di interesse che intendono praticare alle operazioni di debito/credito con le altre banche (tasso interbancario) e si provvede poi al calcolo della loro media ponderata con relativi tassi Euribor, che si distinguono a seconda della durata (da *overnight* a una settimana a 12 mesi) e che vengono usati come parametro di indicizzazione dei mutui ipotecari a tasso variabile.

Trading

Attività di acquisto o di vendita di beni o valori su un mercato organizzato, svolta da intermediari specializzati (*dealer*) con il fine di lucrare la differenza tra prezzi di acquisto o vendita (*spread*).

Venture capital

Con tale espressione si è soliti definire una particolare metodologia di finanziamento, specie in imprese con elevata potenzialità di crescita, che viene effettuata mediante apporto di capitale di rischio, generalmente sotto forma di una partecipazione di minoranza. Il venture capital viene solitamente effettuato da società specializzate, da investitori istituzionali e attraverso la costituzione di fondi di investimento chiusi.

INDICE DEI NOMI

ANTIDOTI

Stampa
Print on web s.r.l.
via Napoli, 85
03036 Isola del Liri (FR)
per conto di Elliot Edizioni s.r.l.